U0622386

北京市哲学社会科学"十一五"规划项目

服装产业经济学丛书

我国服装区域品牌培植模式的探索与实践

◎ 曹冬岩 陈桂玲 穆雅萍 陆亚新 姜 川 编著

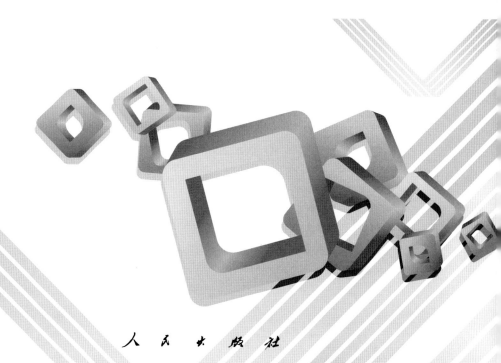

人民出版社

策划编辑:郑海燕
封面设计:徐　晖
版式设计:东昌文化
责任校对:张杰利

图书在版编目(CIP)数据

我国服装区域品牌培植模式的探索与实践/曹冬岩、陈桂玲、穆雅萍、
　　陆亚新、姜川 编著. -北京:人民出版社,2011.7
ISBN 978 - 7 - 01 - 009974 - 3

Ⅰ.①我… 　Ⅱ.①曹… 　Ⅲ.①服装工业-品牌战略-工业企业管理-
　　研究-中国　Ⅳ.①F426.86

中国版本图书馆 CIP 数据核字(2011)第 106817 号

我国服装区域品牌培植模式的探索与实践

WOGUO FUZHUANG QUYU PINPAI PEIZHI MOSHI DE TANSUO YU SHIJIAN

曹冬岩、陈桂玲、穆雅萍、陆亚新、姜　川 编著

人民出版社 出版发行

(100706　北京朝阳门内大街 166 号)

北京凌奇印刷有限责任公司印刷　新华书店经销

2011 年 7 月第 1 版　2011 年 7 月北京第 1 次印刷
开本:710 毫米×1000 毫米 1/16　印张:18
字数:240 千字　印数:0,001-2,500 册

ISBN 978 - 7 - 01 - 009974 - 3　定价:38.00 元

邮购地址 100706　北京朝阳门内大街 166 号
人民东方图书销售中心　电话 (010)65250042　65289539

前　　言

　　纺织服装产业是我国国民经济的传统支柱产业和重要的民生产业,经历了 30 年的高速发展之后,产业正进入重要的变革和转型期。随着文化创意产业的发展和我国服装产业集群的升级,服装产业从制造业向时尚创意产业的转型已是大势所趋,对品牌、设计等产业链高端环节的建设正在逐步推进,服装区域品牌的建设是这种转变的驱动力之一。

　　服装区域品牌是指在某一个特定的区域内,依托服装产业集群以及特定的服装区域文化形成的具有较大市场占有率和较强的社会影响力,为该区域内所有服装企业所共同拥有的以区域著称的集体品牌。作为一个公共品牌,以服装区域品牌的建设引导服装产业的转型和产品升级,并以区域品牌的聚集效应、激励效应以及外部的巨大经济效应,推动产业结构优化,增强区域产业核心竞争力,是我国主要服装产业聚集区所产生的一个重要现象,这种发展正受到蓬勃发展的文化创意产业的影响。如何在这种产业发展的背景下,通过政策推动以及市场合力,创造有鲜明区域形象的服装区域品牌,必然成为各地区服装产业发展进程中亟须解决的问题。

　　本书通过系统分析纽约、洛杉矶、安特卫普等城市和地区服装区域品牌的发展历史以及在产业转型中服装区域品牌的发展方向,并特别选取我国虎门服装、深圳女装、杭州女装、上海服装等具有典型意义的服装区域品牌,对其发展阶段与发展状况进行全景描述,以此为基础,构建了服装区域品牌的建设要素并提出了文化创意产业背景下的服装区域品牌建设框架,同时,结合北京服装区域品牌的发展特点提供了可借鉴的发展模式与创新性解决方案。

　　本书是北京市哲学社会科学规划"十一五"规划项目《文化创意产业背景下北京服装区域品牌发展对策研究》的最终成果并受到其出版资助,在此致以诚挚的感谢,在本书的写作过程中,作者查阅了大量相关的国内外资料,在此特予以说明,并致以诚挚谢意。

作者
2011 年 2 月

目　　录

第一章　服装区域品牌概述

第一节　区域品牌概念及内涵分析

一、区域品牌理论的起源和发展

(一)国外区域品牌理论的起源和发展

美国市场营销协会提出,品牌即一种名称、术语标记、符号或者图案,或者是它们的相互组合,用以辨认某个销售或者某群销售者的产品或者服务,并使之同竞争对手的产品或者服务相区别。

随着经济全球化的趋势日益明显,地区之间的竞争也日益加剧。为了应对区域竞争的挑战以及满足区域发展的需要,各地区开始注重区域特征、区域形象以及区域品牌的塑造。因此,区域品牌化作为区域发展的一种新的战略手段,悄然兴起并受到越来越广泛的关注。区域品牌化研究最早由凯勒(Keller)等人展开。凯勒(1998)认为,当地理位置像产品或服务那样品牌化时,品牌名称通常就成为这个地区的实际名称。品牌化使得人们意识到该地区的存在,并产生与之有关的联想。当一个地区在目标消费者心目中创造了适当的品牌联想时,区域品牌就产生了,从而创造了使消费者选择在该地"消费"的机会。[①]

目前,区域品牌化的英文表达尚未统一,西方理论文献中出现了 place branding、country/ nation branding、city branding、regional

---

① 　孙丽辉、毕楠、李阳、孙领:《国外区域品牌化理论研究进展探析》,《外国经济与管理》2009 年第 31 卷第 2 期,第 41 页。

branding、destination branding、location branding、cluster branding、urban branding、community branding 等多种表示"区域品牌化"的术语，但以"place branding"的采用频率为最高。从国外区域品牌化相关研究文献来看，"区域品牌"一词应是对以地理区域命名的公共品牌的统称，是涵盖了国家品牌、城市品牌、地区品牌、目的地品牌、地理品牌、集群品牌等多种类型区域品牌的属概念。①

目前，国外学者还未能给出区域品牌的确切定义，较有代表性的是兰提西(Rainisto,2001)给出的区域品牌定义，他认为"区域品牌是一个地区的附加吸引力，塑造区域品牌的核心问题是构建区域品牌识别"。区域品牌由许多要素组成，如名称、标志、包装、声望等(Shimp,2000)，而区域产品是一个区域向其消费者提供的全部产品的组合兰提西(2001)。Kavaratzis(2005)则根据艾克(Aaker)的品牌定义来界定区域品牌的含义，认为"(区域)品牌是功能、情感、关系和战略要素共同作用于公众的大脑而形成的一系列独特联想的多维组合"。艾伦(Allen,2007)根据公司品牌的定义(公司组织框架下的产品或服务品牌)，将区域品牌定义为政治/地理框架下的产品或服务品牌。②

也有的学者从区域营销的角度来界定区域品牌。区域营销中的"区域"概念是基于地理位置的地区，它可以是国家、省、市、城镇甚至社区。③ 区域营销是继产品营销、服务营销后又一新的营销理论和营销实践领域。作为区域营销中的区域品牌是最复杂的品牌概念。第一，区域品牌的对象几乎无所不包，例如行业、产品、服务、文化、自然资源

---

① 孙丽辉、毕楠、李阳、孙领：《国外区域品牌化理论研究进展探析》，《外国经济与管理》2009 年第 31 卷第 2 期，第 41 页。

② 孙丽辉、毕楠、李阳、孙领：《国外区域品牌化理论研究进展探析》，《外国经济与管理》2009 年第 31 卷第 2 期，第 41 页。

③ Kotler, P. Gertner, David: "Country as Brand, Product and Beyond: A Place Marketing and Brand Management", *Journal of Brand Management*, 2002, 9 (4-5), pp. 249-261.

甚至气候、位置都可成为区域品牌营销的对象。第二,区域产品比起传统的产品和服务更具有复杂性和独特性。早期城市推销的研究者阿什沃思与伍德(Ashworth & Voogd)认为区域产品具有以下特点:(1)城市产品是消费者获取的服务以及对服务的体验的集合,对于每个人而言,区域就是一个产品;(2)区域产品在空间上表现为层级结构,存在于当地、区域和国家三个层面上,与管理者、营销者以及消费者均有关;(3)区域产品可以被多重销售,即设施和产品属性可以同时被不同消费目的的消费者消费。第三,区域产品和品牌融合在一起,即区域本身既是产品,又是品牌,如区域可作为旅游目的地等产品参与竞争,也可作为品牌来经营。第四,文化作为区域产品,也可成为区域品牌的独特属性以及区域发展的杠杆因素。①

(二)国内区域品牌理论的起源和发展

我国对区域品牌的研究是从 2001 年左右开始的。改革开放以来,随着我国产业集群的蓬勃发展,在浙江、江苏、广东、福建等产业集群地区出现了名牌产品聚集化成长和品牌区域化现象,为学术界提出了一系列亟待研究的课题,区域品牌的理论研究开始受到国内部分学者的关注。② 2001 年,北京大学王缉慈在有关企业集群研究论著中,最早关注区域产业集群整体品牌现象,创造性地提出"整体品牌"、"区域品牌"、"区位品牌"概念。浙江学者自 2002 年起采用"区域品牌"概念分析研究浙江块状经济发展形成的区域产业集群整体品牌现象。2000年广东省理论界首倡"专业镇"概念,广东区域产业集群经济发展主要是以专业镇经济形式呈现,专业镇经济是广东经济发展的特色和优势所在,专业镇经济承载着广东经济发展辉煌、支撑着广东经济强省地位,区域产业集群品牌成为广东专业镇经济的"名片"。广东学者 2002

---

① 蒋廉雄、朱辉煌、卢泰宏:《区域竞争的新战略:基于协同的区域品牌资产构建》,《中国软科学》2005 年第 11 期,第 108 页。

② 孙丽辉、盛亚军、徐明:《国内区域品牌理论研究进展述评》,《经济纵横》2008 年第 11 期,第 121 页。

年开始关注产业集群"集体品牌"现象(符正平,2002),2004 年起开始较为系统进行区域产业集群品牌理论探讨与个案实证研究。[①]

2005 年以后,对区域品牌的研究进入了一个新的阶段。这一时期,学术界主要从区域品牌的内涵、性质与特征、形成机理与影响因素、区域品牌与企业品牌的关系、区域品牌的效应、区域品牌资产及其评估、区域品牌管理等方面进行较为系统的研究。同时,广东、福建、浙江等各地政府鉴于当地区域品牌化的效应,纷纷将创建区域品牌作为政府推动本地经济发展的重要战略决策,并制定区域品牌甚至是区域国际品牌发展战略规划,全面开展区域品牌创建的试点工作,将区域品牌创建工作提升到一个新的高度。[②]

二、区域品牌的内涵

(一)区域品牌的术语界定

"国内理论界关于区域产业集群整体品牌所采用的概念术语多达五类 10 余种。即:①空间范畴＋品牌。如"区位品牌"、"区域品牌"、"地域品牌"、"地区品牌"、"地方品牌"、"地理品牌"、"产地品牌"、"原产地品牌"等。②集群(簇群)＋品牌。如"集群品牌"、"簇群品牌"、"企业集群品牌"、"企业群品牌"、"产业集群品牌"等。③空间范畴＋集群(簇群)＋品牌。如"区域产业集群品牌"、"区域产业簇群品牌"等。④空间范畴＋产业＋品牌。如"区域产业品牌"等。⑤公共特性范畴＋品牌、公共特性范畴＋空间范畴＋品牌。如"集体品牌"、"区享品牌"、"公共品牌"、"共有品牌"、"共享地理品牌"等。中央及地方政府 2004—2007年间出台的有关促进产业集群发展的指导意见文件中,均强调将产业集群整体品牌建设纳入名牌发展战略体系,但采用的概念术语失之规

---

① 全清、杨晓芹:《区域产业集群品牌理论研究梳理及评论——基于广东学者研究文献的考察》,《经济前沿》2008 年第 12 期,第 21 页。

② 孙丽辉、盛亚军、徐明:《国内区域品牌理论研究进展述评》,《经济纵横》2008 年第 11 期,第 121 页。

范,有的文件同时采用了"区域品牌"、"产业集群品牌"等多个概念术语。①

有的学者提出区域品牌的实际内涵是区域产业集群品牌,其认为:营销学中的"品牌"概念指具有企业产品或服务识别功能的名称、专用名词、标记、标志或它们的组合。将基于区域产业集群发展而形成的产业集群整体品牌命名"区域品牌"存在三大缺陷:(1)"区域品牌"是一个广义的集合概念。根据区域地理特征的差异,区域品牌可分为区域自然地理品牌(如"重庆·中国雾都")、区域历史地理品牌(如"曲阜·孔子故里")、区域行政地理品牌(如"北京·中国首都")、区域经济地理品牌(如"温州鞋"、"佛山陶瓷"、"浏阳鞭炮")。区域产业集群整体品牌属区域经济地理品牌。(2)"区域品牌"是一个标示企业产品品牌辐射范围的营销学概念。企业产品品牌按辐射范围分为区域品牌、国内品牌、国际品牌。"区域品牌"特指在一定区域内享有良好声誉、拥有较高市场占有率的产品品牌。将以区域产业集群为载体的产业集群整体品牌命名为"区域品牌",容易与标示企业产品品牌辐射范围的"区域品牌"混淆。前者"区域"特指产业集群所在地域,后者"区域"特指企业产品品牌辐射的地域范围。(3)将基于区域产业集群发展而形成的产业集群整体品牌命名"区域品牌",仅突出了品牌的"地域"要素,而忽略了"产业"要素。综上所述,基于区域产业集群发展而形成的产业集群整体品牌应统称"区域产业集群品牌"(简称"区域产业品牌"),它包含"区域"(地理区位载体)、"产业集群"或"产业"(经济活动载体)、"品牌"(产业声誉/产品市场影响)三大元素,一般由地理名称和产业名称(或产品通用名)组合而成。"区域产业集群品牌"(或"区域产业品牌")即指特定区域产业集群发展所累积的产业(或产品)的知名度和美誉度等声誉;是以区域、产业(或产品)名称标示的集体品牌;是集群内部众多企

---

① 吴传清、刘宏伟:《区域产业集群整体品牌的名称术语规范研究》,《中国经济评论》2008 年第 8 卷第 1 期(总第 74 期),第 37 页。

业品牌精华的浓缩和提炼;是产业集群整体发展水平(产业规模、产品技术与质量水平、产品市场占有率)的综合体现。[1]

就采用频率而言,无论是理论文献还是政府文件,以"区域品牌"一词采用率最高。因此,本书仍采用区域品牌这个术语。

(二)区域品牌的性质与内涵

目前,国内学者对于区域品牌的概念还没有统一的界定。考察学术界有关此类品牌概念界定的研究成果,其分析视角可分为 3 类:(1)突出"产业产品"元素。强调此类品牌是在某个行政(地理)区域范围内形成的具有相当规模和较强生产能力、较高市场占有率和影响力的产业产品,形成以生产区位地址为名的品牌(孙宏杰,2002;贾爱萍,2004;洪文生,2005)。(2)突出"地域"元素。强调此类品牌是以某地域及其内部的优势产业而合作命名的特定地区名称(如"中国瓷都——景德镇"等),蕴涵着独特的地理特征、资源优势和悠久的人文历史资源(胡大立等,2006)。(3)突出"声誉"元素。强调此类品牌是某地域的企业品牌集体行为的综合体现,且在较大范围内形成了该地域某行业或某产品较高的知名度和美誉度。(夏曾玉、谢健,2003)。[2]

关于区域品牌的性质主要有以下三种观点:(1)两要素观点。这种观点认为,区域品牌具有区域性和品牌效应两方面属性。区域性是指区域品牌一般限定在一个地区或一个城市的范围内,带有很强的地域特色;品牌效应是指区域品牌往往代表着一个地方产业产品的主体和形象,对本地区的经济发展起举足轻重的作用。熊爱华(2007)认为:区域品牌是指产业在区域范围内形成的具有相当规模和较强制造生产能力、较高市场占有率和影响力的企业和企业所属品牌的商誉总和。它包含两个要素:一是区域性,二是品牌效应。(2)三要素观点。这种观

---

① 吴传清、李群峰、朱兰春:《区域产业集群品牌的权属和效应探讨》,《学习与实践》2008 年第 5 期,第 24 页。

② 倪焱平:《基于博弈论的区域产业品牌培育途径及主体问题探讨》,《经济前沿》2008 年第 2 期,第 46 页。

点认为,产业集群区域品牌是区域经济、产业集群和品牌营销等行为活动的复合,包含区域特性、品牌内涵和产业基础三个要素。区域特性是区域品牌的重要组成要素。区域本质上是一种行政和地理的概念,一般带有很强的地域特色,任何区域品牌的形成都与本区域的特色密切相关,区域内的经济、自然、历史文化和社会资源都影响到本区域内产业的选择和发展。品牌内涵是构成区域品牌的基本要素。区域品牌是某地域的企业品牌、产业品牌集体行为的综合体现,拥有品牌的一般内涵。产业基础(或称产业实力)构成了区域品牌的基本内容。区域内特定产业、产品所具有的生产规模、市场覆盖面、技术和质量水平、产业内部分工合作程度等所体现的实力水平与区域品牌的影响力成同向关系。区域品牌的建设是区域特定产业不断发展、成熟和产业影响力不断扩大的过程。区域品牌就是指在某一特定产业集群区域内,基于当地自然因素和人文因素形成的具有相当规模、较强生产能力、较大市场占有率和影响力等优势的产业产品,并且该产业产品具有较高知名度和美誉度,从而形成以区域著称的集体品牌或综合品牌。如景德镇陶瓷、嵊州领带、大唐袜业等。[①]　(3)四要素观点。这种观点认为,区域品牌具有公共品牌的性质,而这一性质是它与一般产品和公司品牌的本质区别所在。因而,区域品牌具有区域性、产业特性、品牌特性和公共性四个基本属性。[②]

(三)区域品牌与企业品牌的关系

关于区域品牌与企业品牌的关系,学者也多有论述。塞西利亚·帕斯尼(Cecillia Pasquineli,2009)提出了产品品牌和区域品牌的差异。见表1-1。

---

① 王哲:《产业集群、区域品牌与区域经济转型》,《商业时代》2007年第21期,第96页。

② 孙丽辉、盛亚军、徐明:《国内区域品牌理论研究进展述评》,《经济纵横》2008年第11期,第121页。

表 1-1 产品品牌和区域品牌的差异①

	产品	区域
品牌目标	利润	政治成就
复杂性	相对低:对象明确	非常高:没有空间和时间的界限（品牌可以与区域外相联系,也可以与过去和未来相联系）
所有权	一个确定的机构拥有产品和品牌	所有权不明确
行动的方式	品牌化必须是切实可行的(比如一个全新产品的启动)	即使缺乏品牌化的努力,区域形象仍存在

夏曾玉、谢健(2003)较早地提出了区域品牌与企业品牌的特性对比,见表 1-2。

表 1-2 区域品牌与企业品牌特性对比②

区域品牌特性	企业品牌特性
1. 众多企业品牌的综合体现	1. 单个企业的名称、标识物和联想
2. 千百个原动力	2. 只有一个原动力
3. 品牌效应大而且持久	3. 品牌效应较小而且短暂
4. 广告、促销、研发等多方面的规模效益,范围经济效益	4. 势单力薄,难以发挥规模效益和范围经济效益
5. 联想丰富:区域化形象 品牌发源地	5. 缺乏联想:情感单一 单个企业生命周期相对短暂
6. 公共物品:排斥性、非竞争性、正向外部效应	6. 私有产品:排斥性、竞争性
7. 成功概率较高	7. 成功概率很低

"区域产业品牌"与"企业品牌"存在着内在的关联。胡大立等

---

① Cecilia Pasquinelli: "Place Branding for Endogenous Development. The Case Study of Tuscany and the Arnovalley Brand", *Regional Studies Association International Conference "Understanding and Shaping Regions: Spatial, Social and Economic Futures", Leuven, Belgium* 6th *and* 8th, April 2009, p. 4.

② 夏曾玉、谢健:《区域品牌建设探讨——温州案例研究》,《中国工业经济》2003 年第 10 期,第 44 页。

(2006)构建产业集群"树形图"、依托型区域(产业)品牌与企业品牌关系图、覆盖型区域(产业)品牌与企业品牌关系图,形象地阐释了区域产业品牌与企业品牌的互动关系。其基本观点为:在产业集群"树形图"上,企业品牌为"树根"(名牌是"主根"或"粗根","杂牌"是根系),主导产业为"树干",区域产业品牌为"枝叶",区域产业品牌与企业品牌的关系是"树枝"与"树根"的关系;企业品牌作用力的大小决定着区域产业品牌的成长类型,依托优质企业品牌(企业名牌)支撑而成的依托型区域产业品牌,其形成路径是先有企业品牌后有区域产业品牌,企业名牌的市场影响力超过区域产业品牌,而依托产业集群的产业规模或历史沉淀而成的覆盖型区域产业品牌,其形成路径是已有区域产业品牌而无企业名牌,企业品牌几近失语;区域产业品牌对企业品牌成长壮大具有反作用力,具体表现为企业品牌背书从而促进产品销售,规范企业行为从而促进品牌提升,展现专家形象从而为名牌追加优势等。[1]

(四)区域品牌的特征

关于区域产业集群品牌的特性,陈秋红、赵瑞安(2008)提出区域品牌具有非竞争性、非排他性、外部性、资产性、规模效益性、与企业品牌互动性以及与区域文化的互动性等特点。[2] 理论界对于区域品牌的特性有两种观点:一是"公共产品"(或"公共物品"、"公共品")、"地方公共产品"说,强调区域品牌或集群品牌具有非排他性和非竞争性特征(符正平,2002、2004;张胜涛、杨建梅,2005;邓恢华、杨建梅,2005;郑海涛、周海涛,2006);二是"公共资源"说,或认为"区域标识+产品标识"的区域品牌标识承载着一个区域声誉、产品质量和区域历史人文的厚重内涵,是拥有市场价值的区域性资源(李建丽,2006);或强调区域品牌是

---

[1] 倪焱平:《基于博弈论的区域产业品牌培育途径及主体问题探讨》,《经济前沿》2008年第2期,第46页。

[2] 陈秋红、赵瑞安:《区域品牌的特性与发展策略》,《商业时代》2008年13期,第32—33页。

一种公共资源(李双玫等,2008)。①

但也有学者认为上述两种均失之准确,吴传清、李群峰、朱兰春(2008)提出:区域产业集群品牌是一种区域俱乐部型公共产品。"俱乐部型公共产品"(club goods)是一种介于私人产品和纯公共产品之间的"准公共产品"。俱乐部由一定数量的成员组成,其成员必须具备某种资格,且遵守俱乐部规则。对俱乐部成员而言,俱乐部产品具有消费上的非排他性和非竞争性特点。亦即俱乐部产品仅供俱乐部成员共享,一个俱乐部成员对俱乐部产品的消费不会影响或减少其他成员对俱乐部产品的消费。对非俱乐部成员而言,俱乐部产品排斥非俱乐部成员的共享,具有消费上的排他性特征。就区域产业集群品牌的集群成员共享性特征而言,它是一种典型的产业集群社区"俱乐部型公共产品"。②

三、区域品牌与产业集群

区域品牌的研究最早是在产业集群理论研究中开始涉及的问题,美国哈佛商学院的 M. 波特(Michael E. Porter)教授在 1990 年提出了著名的钻石理论和集群战略,他认为"产业群"是区域经济的显著特征,区域品牌是区域经济发展的产物。我国对区域品牌的研究也是从产业集群的发展开始的。因此,研究区域品牌与产业集群的关系是区域品牌研究中的重要课题。

关于区域品牌与产业集群的关系,学者们认为,产业集群是区域品牌形成的基石、物质基础或重要载体,产业集群有利于区域品牌的形成、传播和维护,区域品牌也会促进产业集群的发展,两者之间是紧密联系和相互促进的关系。熊爱华、黄勇等从有形资产与无形资产的角度论述了区域品牌与产业集群之间的关系,认为区域品牌作为区域产

---

① 全清、杨晓芹:《区域产业集群品牌理论研究梳理及评论——基于广东学者研究文献的考察》,《经济前沿》2008 年第 12 期,第 23 页。

② 吴传清、李群峰、朱兰春:《区域产业集群品牌的权属和效应探讨》,《学习与实践》2008 年第 5 期,第 25 页。

业的重要无形资产,与有形资产—产业集群密不可分。区域品牌在一定地域范围内树立了区域产业的形象、确立了区域产业的地位、影响了外部市场对区域产业的认识,但这并不意味区域品牌能脱离产业集群独立存在。产业集群形成的产业规模、产业集中度、市场占有率是区域品牌形成的基础,区域品牌形成后,是否能持久扩大影响力,更依赖于其区域产业集群的进一步发展与壮大。因此,产业集群作为区域品牌的有形资产主体,它的发展直接制约着区域品牌作用的发挥。①

王哲(2007)提出,产业集群的地理集聚现象隐含了区域品牌的内涵,产业集群的专业化特征凸显区域产业的发展优势,产业集群的根植归属性形成了区域品牌特征,产业集群的磁场效应推动区域中心的形成与发展。②

吴传清、李群峰、朱兰春(2008)详细分析了区域产业集群品牌对产业集群企业、产业集群本身以及对产业集群区域的功能效应。区域产业集群品牌对产业集群企业的功能效应主要体现在降低交易成本、品牌伞效应以及产品促销效应等三个方面。而对于产业集群本身而言,具有区域产业集群的升级效应、产业集群根植性的强化效应以及产业集群竞争力的提升效应。对于产业集群区域,则具有区域营销效应,区域要素集聚的促进效应以及区域经济发展的乘数效应。区域产业集群品牌作为特定区域所特有的公共资源,将形成区域经济竞争的独特优势,成为提升区域核心竞争力的关键要素。③

郭鹏洲(2009)则提出产业集群是区域品牌存在和发展的前提和重要载体。区域品牌是产业集群发展到一定阶段而自然产生的,这时地

---

① 孙丽辉、盛亚军、徐明:《国内区域品牌理论研究进展述评》,《经济纵横》2008 年第 11 期,第 121 页。

② 王哲:《产业集群、区域品牌与区域经济转型》,《商业时代》2007 年第 21 期,第 96 页。

③ 吴传清、李群峰、朱兰春:《区域产业集群品牌的权属和效应探讨》,《学习与实践》2008 年第 5 期,第 26—27 页。

域内有部分企业聚集并形成一定的规模,但区域品牌还不够鲜明,市场开始把某种产品和盛产该产品的企业所在区域联系起来,这是基于产业集群的区域品牌雏形。随着区域品牌的传播,产业集群效应被更大释放,更多相关企业和关联机构在区域内进一步集聚,产业集群发展到更高的阶段。这一阶段,区域内生产同类或关联产品的企业数量多,产品齐全,产业链完整,产品质量可靠,名牌产品也开始涌现,区域会由于产业集群的形成而著称,市场和消费者把某个地区同某种产业连接起来,促进相关生产要素进一步向区域集聚,这时候基于产业集群的区域品牌就形成了。因此,产业集群是形成区域品牌的重要载体。①

第二节　服装区域品牌的内涵与发展

一、服装区域品牌的内涵

服装区域品牌是指在某一个特定的区域内,依托服装产业集群以及特定的服装区域文化形成的具有较大市场占有率和较强的社会影响力,为该区域内所有服装企业所共同拥有的以区域著称的集体品牌。

与其他行业的区域品牌一样,服装区域品牌同样具有区域特征、品牌内涵和产业基础等要素。区域品牌是一种集合品牌、公共品牌。广义的,在全球产业体系中的区域品牌首先是国家品牌,如意大利的高级成衣、皮具等就是一类国家品牌,这些产业品牌往往是国家内一些产业区域的特色产品和竞争优势产品,如米兰的时装、科莫的领带、丝绸面料等,这些时尚产业的精品品牌造就了时尚意大利,国家品牌或者区域品牌需要长久的建设,一旦形成,是一种不可复制的区域竞争优势,而区域品牌又反作用于产业发展,助推企业的市场影响和品牌价值的提升,因此区域品牌又是一种宝贵的公共资源,区域品牌作为公共品牌具

---

① 郭鹏洲:《基于产业集群的福建区域品牌建设初探》,《价值工程》2009 年第 5 期,第 15—16 页。

有强大的区域发展效应和倍增效应。①

　　服装区域品牌是建立在产业集群的基础上,而产业集聚方式可分为两类:都市化集聚(Cluster of Urbanization)和区域专业化集聚(Cluster of Localization)。都市化集聚是利用现代城市基础设施齐全,交通四通八达,市场消费潜力巨大,同时科技、商贸、金融、信息等各方面条件优越的基础,使其成为现代营销和消费高集聚的区域,成为商品流通的集散地和枢纽点;区域专业化集聚是某一地区集聚了某项产业或主要产品的经营与生产,形成外部规模经济效益,通过降低生产、销售、物流、信息流通的成本,扩大行业内的影响,由此提高经济效益,并推动其他产业和地区经济的整体发展。②

　　以这两种集聚为基础,我国的服装区域品牌可以分为两种类型:一是建立在当地服装特色产业集群上的服装区域品牌。宁波、温州、杭州等地形成的区域性专业化生产及其集群效应推动了浙江服装产业的发展。其中,宁波以大规模、大品牌的西服、衬衫生产著称全国;温州则拥有 20 世纪 90 年代崛起的以男西服为主,以及几十个男女装和休闲装品牌群体;杭州集聚着 1000 多家女装企业,还有日销 10 万套童装的湖州织里。浙江的服装产业凭借其独特的地域特点和源远流长的文化,并与当今的时代发展相结合形成有特色的产业集群,为服装产业的发展带来了新的竞争力和生存空间。③ 因而产生了宁波男装、杭州女装、温州男装以及湖州童装等区域品牌,这种服装区域品牌是以该地区所具有的服装产业特色为基点,在推动产业升级与发展过程所发展起来的。二是一些人文资源型城市所提出的"时尚之都"的服装区域品牌。这种

　　① 顾庆良、丁卓君:《文化如何为区域品牌"铸魂"》,《中国制衣》2007 年第 11 期,第 22 页。

　　② 王小芳、顾庆良:《浙江省纺织服装产业的集聚及其地区分布》,《江苏纺织》2002 年第 6 期,第 27—30 页。

　　③ 杨丹萍、温佩佩、曾洁:《产业集聚与对外贸易:基于浙江服装产业的实证分析》,《宁波大学学报(人文科学版)》2009 年第 22 卷第 3 期,第 89 页。

服装区域品牌是以该城市发达的人文与时尚氛围为基础,并有强大的市场为支撑,同时结合城市定位所提出的与城市品牌相结合的一种概念。上海、北京、大连等都已经提出了建设时尚之都的区域品牌概念。

二、服装产业集群是服装区域品牌的研究基础

传统的品牌理论主要研究单个企业的品牌,而随着产业集群的出现,区域块状经济的发展,品牌已经超越了单个企业的层面。区域品牌、产业品牌成为区域经济和产业集群的代名词,且其影响和作用日益凸现。利用产业集群优势,打造区域品牌,已经成为区域经济转型发展的战略性思路。[①]

我国服装区域品牌的发展是随着服装产业集群的发展而逐步发展起来的。产业集群在我国服装产业发展中具有重要作用。我国服装生产越来越向产业集群集中,目前,各产业集群的服装总产量已占到全国服装生产总量的 70% 以上。近年来,我国服装产业日益向集群化发展,以长江三角洲、珠江三角洲、环渤海三角洲三大经济圈为辐射中心,在服装主产区广东省、浙江省、江苏省、山东省、福建省等地,围绕着专业市场、出口优势、龙头企业形成了众多以生产某类产品为主的区域产业集群。如河北容城的衬衫,山东诸城的男装、即墨的针织服装,江苏金坛的服装出口加工、常熟的羽绒服,浙江省杭州的女装,宁波、温州的男装,嵊州的领带、织里镇的童装、枫桥的衬衫、平湖的服装出口加工,福建省晋江、石狮的休闲服,广东中山的休闲服,南海的女士内衣,虎门、深圳的女装,大朗的毛衣,均安、增城、开平的牛仔,潮州的婚纱晚礼服、江西共青的羽绒服等等。这些服装产业集聚地产业链完善,呈现良好发展势头,已成为当地经济发展的主体,人口、企业和产业的集聚促进了区域经济迅速发展,对当地经济发展的贡献率日益增长。

---

① 王哲:《产业集群、区域品牌与区域经济转型》,《商业时代》2007 年第 21 期,第 96 页。

　　产业集群的发展变迁影响着产业区域和产品布局,影响着产业资源的流动和重新配置,同时,产业集群在发展过程中带动和加速了产品细分、市场细分和专业化的步伐。产业集群利用它得天独厚的优势在促进科技进步、促进品牌诞生方面起到了不可低估的作用。产业集群的升级有效地促进了全国服装产业的升级。①

　　随着产业集群的发展,服装区域品牌的建设被提到了议事日程。区域品牌的建设是区域特定产业不断发展、成熟和产业影响力不断扩大的过程。② 各地区的服装区域品牌的实践也引发了学者对服装区域品牌的关注。国内研究区域品牌的文章很多涉及服装区域品牌。夏曾玉、谢健(2003)的《区域品牌建设探讨——温州案例研究》一文即是对服装区域品牌的较早论述。

　　杨度是对中国服装区域品牌研究比较深入的学者之一。区域品牌通常所指的区域总是代表着其在某一个领域的出类拔萃,从而为区域赢得了广泛的知名度与赞赏。胜出的可能是经济、社会、文化乃至政治、宗教等领域,或者其细分的某个领域。不过,相比那些宗教圣地、文化名城等特殊禀赋与长久的唯一性而言,商业经济领域的特殊表现更引起当代产经界的心驰神往。而在此领域,近年来最受关注的表征无疑是产业集群。让我们进一步将目光投注于纺织服装业吧,这个庞大的产业群组正在塑造或者已塑造了大量的区域品牌——在这一点上,它比任何产业都来得汹涌澎湃、影响深远。它带给城市、乡镇以特殊的魅力,甚至彻底改造了整个城市或乡镇、决定了其形成。③

---

　　① 中国服装协会:我国服装行业产业集群情况分析,http://www.sdpc.gov.cn/xxfw/hyyw/t20080222_193167.htm。

　　② 纪峰:《区域品牌的构成要素和重要作用》,《中国产业集群第3辑》,机械工业出版社2005年版,第62页。

　　③ 杨度:《盛世骄阳? 落日斜阳? 我眼中的区域品牌》,《中国纺织》2007年第3期,第114页。

三、我国服装区域品牌的发展阶段

区域品牌是在产业集群发展到一定阶段而自然产生的,这时地域内有部分企业聚集并形成一定的规模,但区域品牌还不够鲜明,市场会把某种产品和盛产该产品的企业所在区域联系起来,这是基于产业集群的区域品牌雏形。随着区域品牌的传播,产业集群效应被更大释放,更多相关企业和关联机构在区域内进一步集聚,产业集群发展到更高的阶段。这一阶段,区域内生产同类或关联产品的企业数量多,产品齐全,产业链完整,产品质量可靠,名牌产品也开始涌现,区域会由于产业集群的形成而著称,市场和消费者把某个地区同某种产业连接起来,促进相关生产要素进一步向区域集聚,这时候的区域品牌形象就比较鲜明了。①

我国服装区域品牌的发展也基本上遵循了这个发展历程。综合目前对我国服装区域品牌发展阶段的研究,可以将其分为三个阶段:

第一阶段:区域品牌自发形成阶段

大多数区域品牌的形成都是因为某一特色产业或文化在一定历史时期的自我积淀所致,这时似乎是自发的。② 我国第一代服装区域品牌的形成是由于某些地区在服装产业方面具有的先天优势,产业集群发展较早而自发形成的,这可以追溯到 20 世纪 80 年代,以上海、温州、石狮三个城市为代表。

在纺织界,过去千年以来上海一直很强大,但人们追溯起来就发现,是古代的黄道婆在上海的前身松江府广泛推行纺织技术而使其优势延续了千年。上海是老牌的经济中心,解放后的 40 年在各个层面都独领风骚。1981 年,当中国首次全国服装展销会在北京开幕时,人们凭着"历史的经验",仅仅知道早已闻名全国的"上海服装",那时,"买服

---

① 熊爱华、汪波:《基于产业集群的区域品牌形成研究》,《山东大学学报(哲学社会科学版)》2007 年第 2 期,第 85 页。

② 杨度:《两种视角看中国服装区域品牌变迁》,《中国制衣》2007 年第 11 期,第 20 页。

装去上海"成为民间互相提醒的语言,"上海服装"大名甚至成为个体裁缝铺招揽生意的"金字招牌",但并没有人去刻意宣传、培育。① 而温州的产业集群特别多,该地区区域品牌的形成并非来自于外部力量,而是靠温州人双腿走天下踏出市场,进而扩大生产构建的。不过这或许算是一大特例,因为温州有着由于自身地域险恶,自然资源匮乏而导致的被迫外向型扩展的特点,这使得温州人血液里流淌着勤奋大胆敢于冒险的区域文化基因,温州区域品牌的形成源自于一种内生的驱动力。石狮与广东许多沿海城市差不多,靠着临海地域优势和海外侨胞资源在短缺时间内迅速走红。②

第二阶段:企业品牌带动区域品牌形成阶段

这一阶段的区域品牌的形成是由于产业集群的迅速发展,尤其是品牌企业在某些地区出现了集中化的趋势而产生的。这一阶段主要是在 20 世纪 90 年代前后,新势力的代表是宁波模式,宁波模式真正代表着现代服装产业的发展趋势:工业化走向品牌化。③ 杉杉、罗蒙、雅戈尔领一时风气之先,并驱动了整个宁波的品牌革命,甚至把火烧到了全国,相比之下,更早的红豆品牌出现在江苏却颇感孤独,其他地方则甚至尚未启蒙。④

第三阶段:政府主导型的区域品牌发展阶段

潘坤柔(2000)提出,"服装区域品牌"为某一地区服装品牌总体形象建立起来的市场信誉,可以说是近十年来,全国各地政府、商会和服装专业部门积极创建服装名城的核心内容。⑤

---

① 潘坤柔:《培育区域品牌　加速中国服装业的发展》,《江苏纺织》2000 年第 8 期,第 23 页。

② 杨度:《两种视角看中国服装区域品牌变迁》,《中国制衣》2007 年第 11 期,第 20 页。

③ 芦茵:《中国服装产业集群呼唤区域品牌》,《服装时报》2009 年 7 月 27 日。

④ 杨度:《两种视角看中国服装区域品牌变迁》,《中国制衣》2007 年第 11 期,第 21 页。

⑤ 潘坤柔:《培育区域品牌　加速中国服装业的发展》,《江苏纺织》2000 年第 8 期,第 23 页。

　　这一阶段的区域品牌的形成以 1996 年 11 月的首届中国(虎门)国际服装交易会为标志,该交易会引领着区域品牌建设新时代,随后出现了一系列的服装节、博览会。区域性交易会、博览会成为政府推动区域品牌建设的最有效手段,各地政府还积极开发工业园区、建立服装专业市场、出台各种优惠政策条件,利用资源和地域优势积极推动产业集群的发展和区域品牌建设。① 区域品牌得到了地方政府的高度重视与强势运作,使其在整体博弈均衡中获得了更耀眼的光芒。

　　在这个区域品牌发展的过程中,中国纺织工业协会从 2002 年开始推动的纺织基地集群试点工作起到了重要的推动作用。中国纺织工业协会在浙江、山东、广东、江苏等省中选择了对全国纺织产业发展和区域经济贡献较突出的 19 个市(县)、19 个城(镇),作为第一批全国纺织产业基地市(县)、纺织特色城镇集群化发展的试点,同时根据各类集群特点授予相应的试点称号。在 2002 年 12 月 24 日第一批产业集群地授牌仪式之前,大量媒体(不仅是行业媒体,还有很多地方大众媒体)都蜂拥而至,对相关话题展开了热烈的讨论。当时媒体议论较多的是“中国服装名城”称号,并列举了诸如上海、广州、大连、宁波、温州等城市进行比较分析。因为这些城市具有更多的大众知名度。但是评选结果令这些作如是预测的媒体大跌眼镜,因为所预测的多数城市并未入选。显然,大众媒体与行业组织的趋向迥异。不过,产业基地与特色城镇授牌后,依然带来了巨大的品牌推动效应。2002 年年底的首次授牌前夕,广东省增城市新塘镇操作首届牛仔服装节,在这个牛仔服装的风水宝地,云集了 2000 多家与牛仔行业服装相关的厂家(一千万投入的服装节,使新塘镇由原来的加工基地站在了行业前沿,并获得了广泛声誉)。随后,它也顺利被授牌为“中国牛仔服装名镇”。这一称号进一步锦上添花,帮助这个小镇扬名天下。事实上,如果没有这一授牌仪式,许多城镇将仅局限于小范围内的人知晓。正如中国纺织工业协会新闻

---

① 　芦茵:《中国服装产业集群呼唤区域品牌》,《服装时报》2009 年 7 月 27 日。

发言人孙淮滨所言,授牌也是在推动区域品牌。的确,产业集群绝对是区域品牌的成立前提与实质内容。[①]

2010年,中国纺织工业协会与经过复审后重新确定的"十二五"试点和新加入试点地区,共计175个市、县、镇签订"十二五"期间产业集群试点共建协议书,从而将纺织服装产业集群的发展提到了一个新的高度,其中的纺织产业特色名城以及纺织产业特色名镇的称号为当地的服装区域品牌的塑造提供了坚实的产业集群基础。全国纺织产业集群部分试点地区名单见表1-3。

表1-3　全国纺织产业集群部分试点地区名单(2010年)

地区	称号
河北省清河县	中国羊绒纺织名城
河北省容城县	中国男装名城
河北省磁县	中国童装加工名城
河北省宁晋县	中国休闲服装名城
辽宁省兴城市	中国泳装名城
江苏省常熟市	中国休闲服装名城
江苏省高邮市	中国羽绒服装制造名城
浙江省乐清市	中国休闲服装名城
浙江省瑞安市	中国男装名城
浙江省嵊州市	中国领带名城
福建省石狮市	中国休闲服装名城
福建省泉州市丰泽区	中国童装名城
江西省共青城	中国羽绒服装名城
山东省诸城市	中国男装名城
山东省郯城县	中国男装加工名城
河南省郑州市二七区	中国女裤名城

①　杨度:《盛世骄阳? 落日斜阳? 我眼中的区域品牌》,《中国纺织》2007年第3期,第118页。

续表

地区	称号
湖南省株洲市芦淞区	中国女裤名城
辽宁省海城市西柳镇	中国裤业名镇
江苏省常熟市海虞镇	中国休闲服装名镇
江苏省常熟市碧溪街道	中国毛衫名镇
江苏省常熟市古里镇	中国羽绒服装名镇
江苏省常熟市虞山镇	中国防寒服·家纺名镇
江苏省常熟市沙家浜镇	中国休闲服装名镇
浙江省诸暨市大唐镇	中国袜子名镇
浙江省诸暨市枫桥镇	中国衬衫名镇
浙江省桐乡市濮院镇	中国羊毛衫名镇
福建省石狮市蚶江镇	中国裤业名镇
福建省石狮市灵秀镇	中国运动休闲服装名镇
广东省东莞市大朗镇	中国羊毛衫名镇
广东省东莞市虎门镇	中国女装名镇
广东省东莞市茶山镇	中国品牌服装制造名镇
广东省开平市三埠街道	中国牛仔服装名镇
广东省中山市沙溪镇	中国休闲服装名镇
广东省中山市大涌镇	中国牛仔服装名镇
广东省中山市小榄镇	中国内衣名镇
广东省普宁市流沙东街道	中国内衣名镇
广东省增城市新塘镇	中国牛仔服装名镇
广东省佛山市顺德区均安镇	中国牛仔服装名镇
广东省佛山市禅城区祖庙街道	中国童装名镇
广东省博罗县园洲镇	中国休闲服装名镇
四川省成都市龙桥镇	中国童装名镇

资料来源:中国纺织网。

四、产业升级与服装区域品牌的发展

我国服装产业经过30年的高速发展,已经开始进入转型与升级阶段。产业数量竞争的时代已经结束,企业必须从数量型向质量型转变,从技术型向技术与文化创意相结合转变,从而重新塑造未来我国纺织服装产业在全球纺织服装产业链条中的竞争力。

随着我国服装产业的逐步转型,服装产业集群也在不断寻求创新与升级,在文化创意产业的大力推动下,我国服装区域品牌的发展进入了一个新的阶段。以服装区域品牌的建设引导服装产业的转型和产品升级,并以区域品牌的聚集效应、激励效应以及外部的巨大经济效应,推动产业结构优化,增强区域产业核心竞争力,已经成为目前我国服装产业主要聚集区的一个重要现象。

(一)主要服装产业集群进入调整升级阶段

由于历史以及经济发展等多方面的原因,我国的服装产业集群形成了以长江三角洲、珠江三角洲、环渤海三角洲三大经济圈为辐射中心的现象,服装主产区主要集中在广东省、浙江省、江苏省、山东省、福建省等东南沿海地区。经过多年的发展,我国主要服装产业集群出现了以下现象:

1. 集群发展出现瓶颈

主要表现在服装产业集群多数仍处于产业集群的形成期和成长期,相当一部分是加工型产业集群,主要以贴牌加工为主,技术含量较低,处于产业链的低端,同质化竞争现象较为严重,抗风险能力较差,自主品牌和创新能力缺乏,企业之间缺乏分工与协作。

我国服装集群虽然发展迅猛,但目前相当多还处于初级阶段,停留在量的发展上,无论是从产品质量还是创意上,都有很大的雷同性。企业之间扎堆纯粹因为利益,使产业集群在形成品牌效应当中,缺少了一项重要因素——文化认同感,集群之间向心力不足。企业之间不仅各自为政,还互相倾轧,杂牌丛生。激烈的同质化竞争,为产业集群的健康发展埋下了隐患。在不少中国纺织服装产业集群都会出现这样的现象:哪家企业市场行情比较好,哪款产品发货比较多,都会引起同行的刺探,得到相关情报后,立即组织打样、生产,一两天内,全面参与同质化竞争,降价、降价、再降价,直到这个款式利润被榨干,市场被做死为止。然后抓住一个新款式继续重复这样的轮回。为此,一些稍有创新意识的企业,不得不离开"是非之地"。出头鸟的离开,让这些专业镇显得越来越保守,孕育领头羊的机会一次次丧失。由于企业之间的竞争更多是成本与价格之间的竞争,所以创新能力很难增强。最后的结果是,低价优势成了产业集群与国内外市场竞争的唯一核心竞争力。缺乏利润空间和弹性,一旦遇到外界环境恶化,例如原材料上涨、国外贸易壁垒以及反倾销,一批企业乃至整个产业集群往往面临灭顶之灾。[1]

由于集群间企业的相似性,往往导致企业与企业间、产品与产品间陷于简单模仿复制怪圈中——通过统一的市场进行同类产品的销售过程中,不付出创新成本而单纯依靠模仿的企业往往在价格上更具优势,或能够提供市场质量略微低下但价格极为优惠的产品,从而占据了市场销售优势,这种模仿跟进者胜出的结局扰乱了创新秩序,打击了企业的创新动力,使得创新成为一个极为渐进的过程,导致集群知识流缺失、新产品缺失、集群长期被锁定于价值链最低端的加工环节,直至逐渐丧失创新能力和市场竞争力。[2]

2008 年金融危机使服装产业集群的问题凸显,这从 2009 年我国服装主要产区的服装产量的变化可见一斑。中国服装协会发布的2009 年 1—11 月份服装行业经济运行分析报告显示,从分区域板块构成来看,"长三角"地区服装产量下滑最为明显,虽然 2009 年我国服装生产格局基本未有根本变化,从横向上看,产量前五名大省仍为广东省、浙江省、江苏省、山东省和福建省,但从各个区域自身纵向发展变化来看,相差悬殊,该五省中,生产下降最明显的是浙江省,产量降幅达到16.16%,生产情况最乐观的是福建省,产量同比增长 14.10%,广东

---

① 芦茵:《中国服装产业集群呼唤区域品牌》,《服装时报》2009 年 7 月 27 日。

② 中国服装协会:《我国服装行业产业集群情况分析》,http://www.sdpc.gov.cn/xxfw/hyyw/t20080222_193167.htm。

省、江苏省和山东省产量与上年基本持平。

广东省的服装产量和出口量均居全国首位,拥有 26 个服装特色产业集群,但多年来广东省很多服装企业还一直停留在产品加工型的状态,过分依赖出口,近八成出口企业没有内销渠道;有的服装品种成本比内地高出 20%～30%,创新设计缺乏。同时,广东服装企业规模不大,在中国服装协会每年评出的销售收入百强企业和利润总和百强企业中,广东企业所占的份额也比较少,与此相对应的是,江浙企业占了近七成份额。2008 年金融危机发生后,广东 1/3～1/2 的服装企业的资金链断裂。[①]

2. 服装产业的双向转移成为服装产业集群升级的驱动力

随着沿海地区生产成本日益提高,土地稀缺等因素,我国东部服装产业集群内部的一些企业已经开始向中西部地区转移。内陆省份中,江西省、湖北省、河北省、辽宁省、河南省、安徽省的生产均呈现良好增长势头,中部地区服装产量占全国服装总产量比重达到 11.46%,比 2008 年提高了 1.5 个百分点。可以预见的是,未来几年内,新的外贸加工基地、内销品牌加工基地将在这些省份中产生。[②]

另外,随着服装产业开始逐步从制造业向时尚产业转变,从劳动密集型向智慧密集型产业转变,企业之间的竞争已经日益成为品牌力与设计力的竞争。我国主要的产业集群主要集中在非中心城市,而其中很大一部分还是县级地区。这些地区的总体人文环境、产业氛围以及人才资源等远不如上海、北京、深圳等大城市。于是,中国服装产业从 21 世纪开始出现了一种新的动向——设计、研发中心向大城市转移,形成新的以大城市为服装产业集群的发展倾向。这一倾向开始于 1999 年,当时作为中国服装业规模最大、业绩最佳的杉杉公司,其总部

---

① 佘慧萍:《服装产业规划上如何量体裁衣:广东 26 产业集群死生之地与存亡之道》,《南方都市报》2009 年 11 月 16 日。

② 中国服装协会:《我国服装行业产业集群情况分析》,http://www.sdpc.gov.cn/xxfw/hyyw/t20080222_193167.htm。

从浙江宁波迁到上海的浦东。有些公司则选择将设计中心放在了香港、深圳等地,营销中心或设计中心转向上海等,而把公司的总部留在了发家之地,比如,红豆、海澜继续留在无锡的江阴,雅戈尔、罗蒙在宁波,报喜鸟、森马等继续留在上海,柒牌、七匹狼同样继续在晋江。总部迁移现象虽然也有,但是数量有限。而更多服装企业在各种原因的考量下,只是进行了部分资源的重新配置,营销中心或设计中心向大城市转移。①

产业的双向转移促使我国服装产业集群面临着新的产业定位,如何在原有的产业基础之上找到新的赢利增长点,引导产业在经历量的积累之后向产业链的高端发展,成为其面临的重要问题。

3. 产业布局的调整成为我国服装产业集群升级的导向因素

我国政府机构一直将优化产业布局,促进产业升级作为促进产业集群发展的重要原则。国家发展与改革委员会 2007 年公布的《关于印发促进产业集群发展的若干意见》中就提出"遵循产业集群形成、演进、升级的内在规律,准确把握产业集群不同发展阶段特征,推进东部加工制造型产业集群向创新型集群发展,加快提升在全球价值链中的分工地位。在具备条件的中心城市适度发展文化、创意设计等新兴集群"。

2008 年金融危机发生之后,国务院公布了《纺织工业调整和振兴规划》,提出"东部沿海纺织工业发达地区充分利用技术、资金、研发、品牌、营销渠道的优势,跟踪国际最新技术和产品,重点发展技术含量高、附加值高、资源消耗低的纺织行业和产品"。可见,国家的产业政策已经对我国主要服装产业集群聚集地进行了清晰的定位,服装产业集群升级已经是一个必然趋势。

(二)利用服装区域品牌,引导服装产业集群升级

2008 年 12 月,全球领先的潮流资讯服务提供商英国时尚趋势网

---

① 宋永高:《"孔雀"缘何东南飞,透析区域品牌的"马太效应"》,《中国制衣》2007年第 11 期,第 28 页。

站 WGSN 发布《2009 时尚业界调查报告》指出,时尚产业正面临创意、灵感以及复兴经典衰竭和经济危机的双重挑战。接受调查的很多受访者都表示,尽管经济环境日益严峻,他们仍将努力投资产品设计,以挽留消费者。其中 17％的时尚零售商正全力确立他们的品牌定位;13％的商家准备为消费者提供独特、更优质的产品;15％的制造商将创意及创新视为至关重要的机遇。面对全球经济衰退,中国时尚行业也不可避免地进入了低迷时期。WGSN 建议,中国时尚行业应该积蓄本土创意设计力,全力打造本土纺织、制衣、零售核心创新力,把握不同消费者需求,确定清晰的品牌和市场定位,在保持合理价格的基础上,提升产品质量。要立足国内,把握全球,才能从容应对经济危机的冲击。①

2009 年,中国服装业尽管产量和出口下降,行业利润总额却同比提高了 21.31％,利润率也比上年同期提高了 5.93％,这一状况表明,我国服装行业总体形势是产业面临着结构调整和升级,行业发展从规模扩张真正地走上了由大国向强国转变的升级之路。如何以创意为核心,以提高产品价值的品牌贡献率和科技贡献率为目标,建设以质量为基础、以创新为灵魂、以快速反应为活力、以社会责任为实现过程的"四位一体"的有良好品牌生态的优势服装品牌将是未来服装业发展的重要课题。随着我国服装产业集群转型期的到来,发展区域品牌已经成为中国服装产业集群的共识。产业集群区域品牌的水平将反映产业集群的经济发展水平,成为集群经济发展的风向标和驱动力。② 这主要体现在:

1. 区域品牌可以提升服装产业集群的整体竞争力

产业集群竞争力是指集群在竞争和发展过程中与其他非集群的企业相比较所具有的更有效满足市场需求、获取更大价值收益的能力。产业集群竞争力不是集群内单个企业竞争力的简单加总之和,而是不

---

① 申申、刘勤:《WGSN 发布 2009 时尚业界调查报告,创意和高品质是走出低迷的关键》,http://www.3158.cn/news/20110122/15/72－411326419_1.shtml.

② 芦茵:《中国服装产业集群呼唤"区域品牌"》,《服装时报》2009 年 7 月 27 日。

同企业之间相互作用形成的一种"合力",它是一定区域内支撑产业持久生存与发展、提供相关产业长期依赖并开发的核心技能的集合。实践证明,产业集群竞争力水平的高低是一个地区及其产业在残酷的市场竞争中优胜劣汰的决定性因素。[①]

在过去的几十年中,学者和政策制定者已经预言了发达国家制造业的消亡。信息和通讯技术的发展推动了新知识经济的出现,即竞争优势和财富的增长建立在以学习、创新和知识创造为基础的经济活动的基础上,而与此相对应的是,传统的、技术含量较低的领域则被认为是"夕阳产业",只能在低成本的条件下进行。但是,这种对知识经济的狭义解释却由于人们对于有形产品也具有无形的品质(或者是象征符号)的认同而发生了争议,这些品质逐渐成为经济成功的基础,斯科特关于文化产业的著作提出了向知识经济的转变促进了文化和经济的聚集的观点。按照这种观点,这种聚集和在消费者喜好方面的持续转变产生的结果是,那些可以最大程度的创造以及持续的开发产品内涵的象征意义的产业,被定义为后资本主义的高端产业〔拉什(Lash)和肖瑞(Urry),斯科特(2001)〕。[②]

我国服装产业集群经过长期的发展,产业集群的成本优势已经逐渐丧失。这在不同的地区会有一定的时间差,比如中心城市会较早的因为土地和人力成本高昂,人们就业意向转移至新兴产业,城区功能规划等因素而将生产功能郊区化,进而大转移至低成本地区。如城区内的产业功能得以有智慧的调整,那么可能留下高端的优势资源继续运营,那就是成为时装中心。非中心城市,但属于发达地区的产业城镇也很快承受不了低层次运营的成本压力,这种城镇开始通过产业提升的手段来抵消对产业的破坏力,包括对生产流程进行机械化、信息化电子

---

① 龚双红:《试论产业集群竞争力的培育》,《求实》2007 年第 3 期,第 29 页。

② Norma M. Rantisi: "The Local Innovation System as a Source of Variety: Openness and Adaptability in New York Ctiy's Garment Industry", *Regional Studies*, 2002;36(6):pp. 587 - 602.

化改造,提高产品开发和设计的附加值,提供更多的一站式服务等。但现实证明,成本压力非常大,传统竞争模型中毫无优势的地区依然找到了生存乃至发展的空间,继续成为该产业的强势区域品牌。比如巴黎、米兰、纽约这样的城市,传统服装制造业早已经没有优势,但它们纷纷从服装制造走向了时装设计与品牌运营的时装中心层面了。[①]

随着我国政府的宏观调控和引导,部分产业集群已经逐步在产业协作和差别经营上有所改变,在产品创意设计和研发方面飞速发展,正在向产业集群的中等发展水平靠近。随着市场经济的不断发展,产业集群的劣势将逐渐显现出来,中小企业只有加强合作才能生存。区域品牌就是建立和协调这种合作关系,为产业集群的发展指明方向。通过区域产业中的某种核心要素,如地方人文资源、专业市场、外资资金、技术创新、品牌效应等的作用,形成了以产业集群和区域品牌为两极的产业经济磁场,集群内政府、企业、中介协会等主体采取积极措施促成基于集群的区域品牌形成,从而加剧了产业集群与区域品牌两极之间的循环作用,这种循环成为产业磁场中的磁力线,磁力线越密集,磁场效应就越强。强大的磁场效应吸引更多的资金、技术、人才、企业、中介、客户、信息等聚集,最终促进了具有绝对竞争优势的区域经济体形成。[②]

区域品牌是区域产业成长的最高目标,不是简单的各个品牌的加总,而是从生产集约型转向营销集约型和文化艺术集约型,必须摆脱成本导向的同质化和低价竞争,而强调专精化竞争和共赢、协调、竞争合作。[③] 纺织工业"十一五"规划中明确提出,行业发展要强调科技贡献率和品牌贡献率。对于转型期的我国服装产业集群而言,通过服装区域品牌的建立与塑造,可以有效整合产业集群内的优质资源,建立起区

---

①　杨度:《两种视角看中国服装区域品牌变迁》,《中国制衣》2007 年第 11 期,第 21 页。

②　熊爱华:《基于产业集群的区域品牌培植模式比较分析》,《经济管理》2008 年第 6 期,第 84 页。

③　顾庆良、丁卓君:《文化如何为区域品牌"铸魂"》,《中国制衣》2007 年第 11 期,第 22 页。

域内企业的相互协作机制,分享技术含量和高附加值的产品,向产业链的高端迈进,随着区域影响力的日益提升,资金、技术、信息等各种要素的不断注入,集群内企业的创新能力将不断提升,同时将吸引相关配套企业以及采购商、供应商等向区域内聚集,从而提高企业的专业化水平,产业集群将出现新的增长极,产业集群的价值链进一步优化,综合竞争力进一步提高。①

2. 区域品牌的建设将为服装产业集群提供良好的产业平台

集群区域品牌的形成主要受集群所具有的产业优势、良好的区域环境、龙头企业创牌和优势名牌群体的聚合效应、地方政府政策导向与效能四个维度的影响。其中,集群所具有的产业优势是区域品牌形成的基础性条件,良好的区域环境是区域品牌形成的重要保障,集群内龙头或骨干企业名牌战略的实施和带头创牌是区域品牌形成的关键或必要条件,政府作用是区域品牌形成中不可或缺的中介变量。② 国家发展与改革委员会 2007 年公布的《关于印发促进产业集群发展的若干意见》就提出"支持产业集群以品牌共享为基础,大力培育区域产业品牌(集体品牌或集体商标、原产地注册等)。有条件的产业集群可以发展工业旅游和产业旅游,提高区域品牌的知名度和美誉度"。

可以说,2008 年是我国服装行业发展的拐点,结构调整、产业升级更多是出于产业环境急剧变化的迫压。

对于转型中的服装产业集群而言,服装区域品牌的建设将为其提供良好的产业发展平台,其中政府的规划与引导将是非常关键的因素。在建设服装区域品牌的过程中,各级政府机构可以通过制定区域品牌发展规划,创新机制、提供扶持和保障机制以及制定保护措施等多种方式为服装产业集群提供良好的发展平台。针对现有的服装产业集群还

---

① 陈丽芬:《我国集群品牌的管理》,《管理学家》2008 年第 1 期,第 10 页。

② 孙丽辉:《基于中小企业集群的区域品牌形成机制研究——以温州为例》,《市场营销导刊》2007 年第 3—4 合期,第 56—57 页。

多数处于形成期和成长期的特点,完全依靠产业集群自身的力量显然不够,发挥政府的主导作用,利用区域品牌,增强区域吸引力,可以使区域内的所有企业受益,并带动服装产业集群的提升。深圳市拥有2300多家女装企业,每年创造500亿元以上的产值,但大部分企业规模较小,设计水平不强,品牌影响力也需要进一步提升。为了推动深圳市服装产业的升级,深圳市在2008年形成了《深圳女装产业区域品牌2008年至2012年发展总体规划》提出抓住创意时尚产业到来的有利时机,做好时尚创意与传统产业相结合,用区域品牌来引导深圳2300家服装企业实现产业转型和产品升级,并用区域品牌的影响力来不断提升深圳时尚女装的产品附加值和品牌含金量。第八届中国(深圳)国际服装品牌交易博览会上举办了隆重的深圳女装区域品牌启动仪式,淑女屋、叶子、杰西、艺之卉等20家企业成为首批入围使用深圳女装区域品牌的企业名单,吹响了深圳市率先打造中国时尚女装之都的号角。

正如莫罗奇所言:产品的形象与特点的积极联系产生了一种黏附于地点的垄断租金,标志以及附属于它们的品牌,并且帮助它们逐渐成长起来,逐渐成为地方的经济基础,好的形象为来自竞争地点的产品创造了进入的障碍。[①] 可见,区域品牌化已经成为地区竞争的武器,而作为区域品牌形成基础的产业集群,也必将在区域品牌的支撑下不断创新和发展。

服装区域品牌的建设将拉动集群内企业不断创新,通过产品结构的调整、自有品牌的打造,营销渠道的拓展等寻求产品和功能的升级,并随着区域规划功能的转换和调整带动产业集群向品牌中心以及设计和营销中心转变,使主要的服装产业集群在同质化和价值链低端突围,向产业链高端发展,实现产业整体竞争力的提升。

---

① ［美］Allen J. Scott:《城市文化经济学》,董树宝、张宁译,中国人民大学出版社2009年版,第19页。

第二章　服装创意与转型期中的
　　　　我国服装产业

随着经济全球化的发展,服装已经从单纯的以"设计制造"为核心的"行业创新"进入到一个以"网络时尚"为引擎的"产业创意"时代。多年来,我国服装业围绕技术创新、管理创新、营销创新、品牌创新等取得了一系列有声有色的成效。整个服装业日趋成熟,国际竞争力正由劳动力成本优势开始向产品开发优势、产品质量优势、品牌创新优势、文化创新优势的高层次转变。

第一节　服装产业发展趋势

产业转型通常指在一国或地区的国民经济主要构成中,产业结构、产业规模、产业组织、技术装备等发生显著变动的状态或过程。而具体到服装业这一特定行业,可以认为,服装业的产业转型是一个综合性的、动态的过程,包括产业在结构、组织和技术等多方面的转型升级,调整产品供给结构、提高工艺技术水平和管理水平、优化生产组织方式、优化布局、提高节能减排能力等,最终目标是提高服装产业的质量和效益。[①]

转型升级已经成为我国服装产业生存发展亟待解决的问题。毫无疑问,"转型、升级、整合、提高"将是我国服装产业发展的脉络所在。

---

① 林凤霞:《后危机时代中国纺织服装产业转型升级的障碍、路径与对策探析》,《纺织导报》2010 年第 3 期,第 13 页。

一、我国服装业的发展历程

作为我国国民经济重要支柱产业之一,服装业在新中国成立以来的发展中经历了快速发展—产业调整—稳步前进的发展过程。新形势下要保持服装业持续健康发展,必须按照科学发展观的要求,尽快实现从数量型增长向质量效益型增长。

服装业的发展大致经历了三个阶段:

1952 年到 1983 年是中国纺织服装业的起步阶段。

基于当时我国工业基础薄弱以及政府财力不足的现实情况,具有装备系数低、投资少、建设周期短、资金效益高、投资回收期短等优点的纺织服装业,毫无疑义地成为我国工业化过程中的先导型产业。在这个时期,政府投入大量人力物力和政策支持,使得纺织服装业快速发展。主要成就是独立自主、自力更生地初步建立起了完整的纺织服装工业体系,先后建立了一大批纺织服装工业基地,如郑州、西安、咸阳、湖北、青岛、上海、天津、北京等。到 20 世纪 70 年代末,基本建成了完整的纺织服装工业体系,解决了人民衣着消费的基本生活需要。

1983 年到 1990 年是中国纺织服装业快速发展阶段。

改革开放后,我国纺织服装工业持续高速发展。1983 年,随着布票的取消,我国纺织服装业的发展进入了一个新的阶段。它标志着,中国人民的衣着消费开始从数量的满足进入对品质、品种、审美要求的新阶段。此后,我国纺织服装业的竞争型产业特征渐渐形成,各种纺织原料逐步放开经营(棉花除外)。纺织服装业在这个时期也开始重视国外市场开发,1985 年前后,我国纺织服装业提出了"出口导向型"发展战略。同时,随着投资主体多元化,纺织乡镇企业和三资企业发展迅速。

1990 年至今是中国纺织服装业的结构调整阶段。

我国纺织服装业总量过剩和结构不合理的矛盾日益显现出来,经济效益下降,特别是一批国有纺织服装企业陷入严重困境。由于加工能力的过度膨胀,20 世纪 90 年代纺织服装产品总量过剩和结构不合理的矛盾逐步凸现出来。加之纺织纤维原料发展滞后导致原料价格上升,致使纺织服装企业经济效益下滑,我国纺织服装业进入艰难的结构调整时期。① 这期间纺织服装业从传统粗放型产业组织结构向现代集约型组织结构转变。深化改革、扩大开放,推动企业结构调整,加强产业集群组织结构、跨国配置结构,包括跨国营销渠道的建设,开拓国内外两个市场,用好国内国际两种资源,进一步扩大资源、技术、生产、设计与研发、品牌、教育等全方位国际合作。

二、我国服装产业转型趋势

未来的服装业将在"裂变"和"聚变"中变换格局。"裂"是指市场的、行业的进一步细分;"聚"是指资本、资源向优势企业的进一步聚集。将要在行业中打响的或许不是品牌战、价格战、渠道战,而是资本战。整合与被整合不可避免地要成为必然。服装业转型面临诸多问题与阻力,而不同的地区和企业面临的问题也是不同的,需要从不同角度实施突破。

(一)在发展模式上实现由量向质的转变

只有在发展模式上得到实质转变,产业转型才有意义。在国内外竞争加剧的情况下,在发挥自己特色优势的基础上,依靠品牌、研发、管理、质量等取得竞争优势,提高产品附加值。

(二)在经营模式上实现从代工到自主品牌转型

强化品牌建设有助于企业突破发展困境,向产业链高端攀升。但是,从代工到品牌的发展之路,是一个综合能力提升的过程,应鼓励一批具有优势的生产型企业向品牌运营商转型,培育一批优势品牌。同时,要强化区域品牌建设,结合当地纺织服装业特色以及自然人文因素,强化区域品牌集聚力,发挥大企业、大集团在区域品牌创建中的引领作用。

(三)在市场战略上实现由外销为主向内销外销市场并举的方向转型

国内纺织服装企业应以"多渠道、多元化"发展作为应对市场需求

---

① 袁欣、许楠:《我国纺织服装业发展历程与现状分析》,《经济研究导刊》2010 年第 14 期,总第 88 期,第 25 页。

调整的思路。开发新产品,拓展多元化出口市场,稳定国际市场份额,实现向内销外销市场并举的方向转型。企业可以通过寻找新的需求,找到转型的着力点。

(四)在资源利用模式上实现由物质型向知识型转变

国内服装企业如果仅仅局限在产品的生产制造环节,将面临产品利润越来越低的严峻压力。促使企业经营从产业链低端的制造向高端的研发、设计、销售升级,鼓励企业通过自主创新、自主品牌和自主营销提升竞争力,增强企业在产业链中的地位,提高产品与服务的附加值,这是产业长远发展的关键战略举措。[①]

(五)在产业链的发展上向更加成熟转变

21 世纪的竞争将是产业链之间的竞争,加强产业链管理已成为世界性企业进一步提高竞争力的战略选择。产业链管理利用计算机网络技术全面规划供应链中的商流、物流、信息流、资金流,并对产业链的各环节的活动加以协调和整合,使企业能以最快的速度将设计由概念变成产品,及时、高质量、低成本满足用户需求,从而增强各企业的供应能力和产业链整体竞争力。

第二节　服装产业与文化创意产业

可以预计,由服装产业的创意而展开的新一轮价值提升,必将成为"中国制造"向"中国智造"的全面转身。

一、服装产业面临创意转型

我国加入世界贸易组织,不仅标志着我国以更加开放的姿态融入国际社会,而且也推动了世界经济的一体化进程。贸易自由化和经济

---

① 林凤霞:《后危机时代中国纺织服装产业转型升级的障碍、路径与对策探析》,《纺织导报》2010 年第 3 期,第 16 页。

全球化为我们带来前所未有的机遇和挑战。我国服装应该与时俱进，把握市场、资源和文化的变化趋势，转变思想观念、调整行为方式，挖掘自身潜能、提高竞争实力，应对世界经济一体化背景下的国内外市场变化、资源共享、文化交融态势的机遇和挑战。

（一）创意是必然的选择

面对世贸组织统一大市场，我们一方面可以在海外享有平等的竞争地位，摆脱长期以来欧、美国家对华进行的贸易限制，从而更好地发挥我国服装业的竞争优势；另一方面也不得不在家门口迎接国际化的挑战，应对来自海外的竞争对手。在树立全球化竞争意识的同时，我们还应该看到国内外市场的统一是竞争地位的平等和市场规则的一致。相反，因气候环境、人体特征、文化传统和经济条件的不同，衣着消费日益多元化，服装市场更加区域化。

服装分为两个层次，一是高级时装，专指欧洲高级时装设计师的产品，其特点是艺术感强烈，个性鲜明，集中体现设计师对流行和时尚的个人见解和主张；二是流行服装，是指成衣生产商从前卫性时装中挑选出具有流行指导意义的服装，经过较大批量生产和销售，具有流行特征的成衣，其特点是具有一定的普及性。

无论是高级时装还是流行服装，创意都是其灵魂，都要体现服装设计师的创新思维和理念，服装的创新与否往往是其日后是否流行的前提条件。创意体现服装的个性特征，富有艺术想象力，是服装之间差别的最本质体现，只有服装不断推陈出新，服装的生命力才能不断延续下去。服装的创意不仅体现在款式设计上的创新，而且包含了服装面料选取、服饰搭配上的新颖设计，可谓体现在服装穿着的各个方面。[①]

（二）创意是服装品牌提升的关键

当文化创意被提到一个产业的高度时，服装业对文化的认识也开

---

① 杨雪：《创意产业与北京时装业发展研究》，北京服装学院硕士论文 2009 年 12 月，第 6 页。

始进入到更深的层面。在我国服装品牌经历由小到大,进而由大到强的发展历程中,如何通过文化创意去提升品牌的内涵,实际上是摆在服装业面前的一个命题。

长期以来我国服装品牌处于一种跟风模仿的地位,品牌特征差,只有数量规模的发展。我国的服装品牌是"外来文化"背景下的产物,与"外来文化"关联,没有我们自己的历史文化积淀,没有民族的文化内涵。根据鸿业资讯公司对我国十大城市的调查数据显示:52%的消费者比较倾向于国外的服装品牌,倾向于国内品牌的仅占18%,23%的消费者持中立态度。近年来,东方文化开始受到西方各界的热捧,民族风情、传统文化中深刻的哲理等都成为西方设计师们诉求的对象,我国传统文化的繁荣迎来了新的机遇。因此,从创效益、集创意、产地多元化等方向发展,把文化创意融入服装品牌概念当中,把创意与树立我国服装品牌联系到一起,成为了我国服装品牌树立自我形象,打造影响力的关键。

二、文化创意产业的发展

20世纪90年代以来,在世界经济进入知识经济时代的背景下,文化创意产业在全球迅速崛起。作为一个新型产业,文化创意产业是文化、科技和经济深度融合的产物,是当代社会经济发展的重要趋势。文化创意产业的发展程度和规模,已经成为一个国家或城市综合竞争力高低的重要标志之一。

(一)文化产业的内涵

文化产业是一种特殊的文化形态和特殊的经济形态,不同国家从不同角度看文化产业有不同的理解。联合国教科文组织关于文化产业的定义如下:文化产业就是按照工业标准,生产、再生产、储存以及分配文化产品和服务的一系列活动。这一定义从文化产品的工业标准化生产、流通、分配、消费的角度进行界定,只包括可以由工业化生产并符合四个特征(即系列化、标准化、生产过程分工精细化和消费的大众化)的产品(如书籍报刊等印刷品和电子出版物有声制品、视听制品等)及其相关服务,而不包括舞台演出和造型艺术的生产与服务。

美国没有文化产业的提法,他们一般只说版权产业,主要是从文化产品具有知识产权的角度进行界定。日本政府则认为,凡是与文化相关联的产业都属于文化产业。除传统的演出、展览、新闻出版外,还包括休闲娱乐、广播影视、体育、旅游等,统称为内容产业,更强调内容的精神属性。

2003年9月,中国文化部制定下发的《关于支持和促进文化产业发展的若干意见》,将文化产业界定为:"从事文化产品生产和提供文化服务的经营性行业。文化产业是与文化事业相对应的概念,两者都是社会主义文化建设的重要组成部分。文化产业是社会生产力发展的必然产物,是随着我国社会主义市场经济的逐步完善和现代生产方式的不断进步而发展起来的新兴产业。"2004年,国家统计局对"文化及相关产业"的界定是:为社会公众提供文化娱乐产品和服务的活动,以及与这些活动有关联的活动的集合。所以,我国对文化产业的界定是文化娱乐的集合,区别于国家具有意识形态性的文化事业。

尽管世界各国对文化产业从不同角度进行了不同的定义,但文化产品的精神性、娱乐性等基本特征不变,因此,文化产业是具有精神性娱乐性的文化产品的生产、流通、消费活动。

根据这一概念,文化产业的范围为:

(1)为社会公众提供的实物形态文化产品的娱乐产品的活动,如书籍、报纸的出版、制作、发行等。

(2)为社会公众提供可参与和选择的文化服务和娱乐服务,如广播电视服务、电影服务、文艺表演服务等。

(3)提供文化管理和研究等服务,如文物和文化遗产保护、图书馆服务、文化社会团体活动等。

(4)提供文化、娱乐产品所必需的设备、材料的生产和销售活动,如印刷设备、文具等生产经营活动。

(5)提供文化、娱乐服务所必需的设备、用品的生产和销售活动,如广播电视设备、电影设备等生产经营活动。

(6)与文化、娱乐相关的其他活动,如工艺美术、设计等活动。

(二)创意产业的内涵

创意产业,又叫创造性产业等,指那些从个人的创造力、技能和天分中获取发展动力的企业,以及那些通过对知识产权的开发可创造潜在财富和就业机会的活动。

发达国家创意产业可以定义为具有自主知识产权的创意性内容密集型产业,它有以下三方面含义:1.创意产业来自创造力和智力财产,因此又称做智力财产产业;2.创意产业来自技术、经济和文化的交融,因此创意产业又称为内容密集型产业;3.创意产业为创意人群发展创造力提供了根本的文化环境,因此又往往与文化产业概念交互使用。

国际上首次正式使用创意产业一词的是英国政府。1997年5月,为振兴经济,英国成立了创意产业特别工作组,并于1998年,在《创意产业专题报告》中首次对创意产业进行了定义。它把广告、建筑、艺术古董市场、手工艺、设计、时尚设计、电影、互动休闲软件、音乐、电视和广播表演艺术、出版和软件等行业都划入创意产业部门。在北美产业分类标准(1996)中,文化产业包括信息文化产业与艺术、娱乐和消遣两大类,信息文化产业的范围基本上与创意产业接近,但它还包含了电信业和互联网服务,这也是对传统创意产业的一种补充和附加。

经济学家对创意产业的定义也有很大差异。引人注意的是约翰·霍金斯在2001年《创意经济:如何从创意中盈利》中提出,创意产业实际上包括四大类:所有版权、所有专利、所有商标及设计行业。在这个定义下的创意产业,甚至已经超越了文化产业的范畴,几乎包含了所有的创新活动。国内学者金元浦认为,创意产业是经济全球化条件下,以消费时代人们的精神文化娱乐需求为基础,以高科技技术手段为支撑,以网络等新传播方式为主导的,以文化艺术与经济的全面结合为自身特征的跨国跨行业跨部门跨领域重组或创建的新型产业集群。它是以创意为核心,向大众提供文化、艺术、精神、心理、娱乐产品的新兴产业。

从经济学角度进行研究,凯夫斯在其《创意产业》中,为创意产业归纳了七个特点:(1)创意产品具有需求的不确定性;(2)创意产业的创意者十分关注自己的产品;(3)创意产品不是单一要素的产品,其完成需要多种技能;(4)创意产品特别关注自身的独特性和差异性;(5)创意产品注重纵向区分的技巧;(6)时间因素对于一个创意产品的传播销售具有重大意义;(7)创意产品的存续具有持久性与赢利的长期性。凯夫斯的观点抓住了创意产业的重要特点,是颇有见地的。

(三)文化产业与创意产业的关系

文化产业与创意产业在覆盖的具体产业领域上存在着交叉和重复,但是文化产业与创意产业又不是同一概念。从提出的时间上看,文化产业的提出远早于创意产业;从逻辑上看,文化产业与创意产业属于不同的范畴,只是二者存在一个交集,创意产业不只局限在文化产业,也与其他产业相关联①。因此,相对于文化产业,创意产业是一个后起之秀,是文化产业发展到一定阶段的产物。

文化产业把文化变成商品,但创意产业不仅包括把文化变成商品这一单向过程,还在商品中融入创意的元素,并使之成为该商品的主导和标志性元素,以提高该商品的附加值,即融入创意的商品比原有商品大幅度增值。因此,创意产业是文化产业发展的新阶段,创意产业成为了文化产业的源头和原动力,也是基础与主干。

文化产业在内涵上更强调文化的工业化复制和商品化推广,强调的是文化与经济的双向互融,体现的是文化的经济化和经济的文化。而创意产业不是对文化产品的简单复制,更强调创造性,强调文化艺术创造性地推动经济的新兴理念和经济实践,注重生产领域提升产品的附加值和经济发展提升产业结构的要求。

---

① 张京成:《中国创意产业发展报告(2007)》,中国经济出版社 2007 年版,第45 页。

（四）文化创意产业的内涵

文化创意产业是在知识经济的社会背景中发展起来的一门新兴产业，被公认为21世纪的"朝阳产业"。为了促进经济持续健康的发展，占领产业的制高点，必须对传统产业进行升级改造，发展以知识和创新为特征的新型经济形态。而文化创意产业正是代表这一产业发展的方向。第一，文化创意产业位于产业链的上游，是具有智能化、知识化的高附加值产业，它以几十倍，甚至上百倍地增幅提高其产品价值，通过发展文化创意产业可以大幅度提高传统制造业产品的文化和知识含量，促进产业的升级转化，因而文化创意产业是产业升级的方向。第二，文化创意产业具有引信效应。引信是引起炸弹爆炸的装置，如果把创意相关产业比喻为炸弹，那么创意就是引信。创意萌发，可借助资本等要素的帮助进入产业化运作，衍生出产业链或产业丛，最终形成了一个上下游完备的产业，产生巨大的经济效益。[①]

1. 文化创意产业概念和范畴界定

文化创意产业的概念最早由英国明确提出，其后许多国家和地区也纷纷提出了相关的概念，截至2007年，世界主要国家和地区关于文化创意产业内涵和外延的提法，依据名称可以划分为三种类型：一是以英国政府定义为基础的"创意型"；二是以美国为代表的"版权型"；三是中、韩等国的"文化型"[②]。

文化创意产业通常是指"源自个人的创造力、技能和天赋，通过知识产权的开发和运用，具有创造财富和就业潜力的行业"。文化创意产业特别强调通过开发人的智能创造财富的能力，它是一种"在全球化的消费社会的背景中发展起来的，推崇创新、个人创造力，强调文化艺术对经济的支撑与推动的新兴理念、思潮和经济实践"，个人的灵感、理

---

① 张京成：《中国创意产业发展报告（2007）》，中国经济出版社2007年版，第91页。

② 张京成：《中国创意产业发展报告（2007）》，中国经济出版社2007年版，第23页。

念、技能是创造价值的核心。①

　　参照《中国创意产业发展报告 2007》中关于文化创意产业的分类、北京、上海对于创意产业的分类，以及国外对于文化创意产业的定义和分类，将文化创意产业分为五大类和十五种小类：文化传媒类（新闻业、出版业、广播电视业、电影与音像业、文化艺术业）、咨询策划类（商务咨询、会展）、工艺品类、设计类（建筑装饰、建筑设计、专业设计）、计算机软件类（计算机服务、软件服务）、休闲娱乐类（运动休闲、旅游及景区管理）。②

　　2. 文化创意产业的特征

　　任何一种文化创意活动，都要在一定的文化背景下进行，但创意不是对传统文化的简单复制，而是依靠人的灵感和想象力，借助科技对传统文化资源的再提升。文化创意产业属于知识密集型新兴产业，它主要具备以下特征：

　　首先，文化创意产业具有高知识性特征。文化创意产品一般是以文化、创意理念为核心，是人的知识、智慧和灵感在特定行业的物化表现。文化创意产业与信息技术、传播技术和自动化技术等的广泛应用密切相关，呈现出高知识性、智能化的特征。

　　其次，文化创意产业具有高附加值特征。文化创意产业处于技术创新和研发等产业价值链的高端环节，是一种高附加值的产业。文化创意产品价值中，科技和文化的附加值比例明显高于普通的产品和服务。

　　最后，文化创意产业具有强融合性特征。文化创意产业作为一种新兴的产业，它是经济、文化、技术等相互融合的产物，具有高度的融合性、较强的渗透性和辐射力，为发展新兴产业及其关联产业提供了良好

---

　　①　张晓军：《文化创意产业的概念、特质与发展关键》，《安徽电子信息职业技术学院学报》2006 年第 6 期，第 6 页。

　　②　范明辉：《文化创意产业的环境研究》，浙江大学硕士学位论文 2008 年，第 3—8 页。

条件。文化创意产业在带动相关产业的发展、推动区域经济发展的同时,还可以辐射到社会的各个方面,全面提升人民群众的文化素质。[①]

3. 文化创意产业的发展

20 世纪,世界上还没有几个国家能够清醒地意识到,在当代信息社会里,一个国家的经济和社会的命运会这样紧密地联系甚至取决于文化资源和文化产品形式的创意能力。但是在今天,这已成为一个基本的事实和发展趋势:文化创意理念的隆重而强有力的推出;文化创意产业实践的全球蜂起和文化创意阶层的茁壮成长。因此,深入了解文化创意产业的概念、特质,密切关注和研究文化创意产业的发展,准确把握世界文化创意产业发展的动向,对于作为世界制造业大国从制造型向创意型发展的中国来说,具有重要意义。可以预期,未来文化创意产业对中国经济的全面协调发展和产业结构的进一步调整将具有越来越重要的作用。

(1)世界主要国家文化创意产业发展概况

根据联合国教科文组织网站上所公布的资料,从 1980 年开始,全世界的文化产品交易值在近 20 年来从 953 亿美元迅速成长到 3900 亿美元。20 世纪的文化创意产业伴随着科技的进步,逐渐成为社会生活中重要的产业项目。从经济面来看,文化创意产业的经济产值已成为展现各个国家和地区经济实力的重要指标。

美国 Americans for the Arts 组织所发布的全美文化经济研究结果显示,美国的"非营利"艺术产业在 2000—2001 年间,共创造 1340 亿美元的经济效益,同时照顾了 485 万个全职就业人口;1996 年,文化产品在美国已成为最大宗的输出品,有史以来首度超过所有其他传统产业(包括汽车、农业、航天与军火等)产品的输出。韩国政府倾力建构系统性文化内容产业,包括电影、韩剧、音乐、网络游戏等娱乐产业,成效

---

① 张振鹏、王玲:《我国文化创意产业的定义及发展问题探讨》,《科技管理研究》2009 年第 6 期,第 564—566 页。

有目共睹,近年对日本、中国大陆、中国台湾地区以及东南亚地区强力输出韩式文化。韩国文化产业的规模在 1999 年为 171 亿美元,2003 年为 310 亿美元。国际社会普遍认为,韩国经济是一种政府强烈干预型的模式,政府在产业引导、市场保护、扶持大企业集团、对外贸易和投资的支持等方面发挥了巨大的作用。韩国政府属下的文化产业支持部明确指出:文化内容产业是作为文化产品的开发、制作、生产、销售、消费等有关的服务产业,是与音乐、动画、游戏、电影、卡通、漫画、广播有关的产业。韩国的文化产业在进入 21 世纪后,已进入良性循环的状态,不仅大量的投资能够得到回报,同时在扩大就业、增加税收、平衡地区发展等方面亦起了积极作用。除了透过文化产业在国内增强社会凝聚力外,韩国在文化投资领域的成功还提高了韩国人在国际场合上的自豪感。

纵观全球,发达国家的众多创意产品、营销和服务吸引了全世界的眼球,形成了一股巨大的创意经济浪潮。

(2)我国文化创意产业发展的现状

作为一个历史悠久的文明古国,中国的文化资源非常丰富,但文化产业的发展不仅大大落后于世界平均水平,也大大落后于中国的经济增长。据统计,文化产业总值占 GDP 总量的比重,美国是 25% 左右,日本是 20% 左右,欧洲平均在 10%～15% 之间,韩国起码高于 15%,而我国仅仅在 3% 上下。特别是在我国经济持续高速增长、出口持续顺差的背景下,文化产业的进出口比例,逆差幅度却大得惊人。[①]

尽管我国的文化产业发展总体还处于初级阶段,但近两年来由于各方面的重视,文化产业特别是其中的创意产业有了较快的发展。一些地方,如北京、上海、深圳、杭州、广州等正在迅速形成规模不等、风格各异的创意产业基地。以北京为例,目前已经形成了海淀区中关村文

---

① 符绍强:《论我国文化创意产业发展的现状与问题》,《新闻战线》2008 年第 3 期,第 52 页。

化创意产业先导基地、石景山数字娱乐产业基地、雍和宫文化园、电子城、798文化基地等多个文化创意产业集聚区。

文化创意产业近年发展较快的原因一是基础比较好。动漫和网络游戏研发制作、文化会展、广告策划、文化演出等众多领域,适应市场,战略灵活,是我国发展文化创意产业的主力军。像北京、上海等城市都有丰富的文化资源,人文积淀厚实,这是发展文化创意产业的优势所在。二是政府扶持文化产业的许多政策,包括财政支持等手段的效应已开始显现。从门类来看,在比较传统的文化产业门类中,由于文化体制改革的推进,这部分存量资产开始出现了迅速增长的势头,出现了一批发展较快,甚至上市融资的市场主体。在新兴文化产业等增量部分,特别是与高科技有关的新兴产业门类,其发展势头和速度更值得我们关注。有学者估计,按照目前的发展势头,文化产业极有可能在未来的3到5年内成为我国国民经济的重要产业。

三、服装与文化创意产业的融合

服装产业本质上是一种文化创意产业。从上面的文化创意产业定义也可以看出,英国等很多国家都明确将服装(时装)设计纳入文化创意产业的范畴。

(一)服装的"文化回归"

近几年,中国元素成为中国服装业一个广泛探讨的热点。而设计师对中国元素的运用热情也一度高涨。中国元素的运用所反映的本质就是中国文化在服装上的运用。

北京大华天坛服装有限公司董事长何永洗认为,中国服装要做好,就要研究中国文化,吃透中国文化,才能与西方品牌相区别。中国服装只有借助中国文化的浓厚内涵,才能成为时代的标记。广东例外服饰有限公司董事长毛继鸿认为,中国服装品牌真正的崛起,不是数字的崛起,而是文化的崛起,是内在价值观与审美观的统一。一个国家、一个产品要升值,必须要有深厚的文化底蕴,文化品位是资本,也是国力。

风格、精神、气质是服装品牌的主要部分,服装的灵魂在于文化,要成为一个出色的服装品牌,就一定要愿意并且做好准备成为一个文化符号,建立起与消费者的文化群体特征以及他们的生活方式相关的联系。①

中国文化与中国元素被广泛关注,所体现的就是中国服装的文化回归。传统的中国服饰所代表的就是中国文化。但现代的中国服装与中国文化其实是存在一定割裂的。一直以来,设计师所关注的是米兰在流行什么,巴黎在想什么。我们始终是跟在别人后面跑。现在我们开始逐渐的认识到,其实我们身边的中国文化才是值得我们去挖掘的。一味地借鉴甚至抄袭别人,是不会被别人接受的。中国文化对于中国服装业发展的意义已经得到了普遍的认同。

目前服装业对于中国文化的理解与运用还是处于一个非常狭隘的层面,如在中国元素的运用上很多设计师只是对传统服装中一些技术的简单运用,如立领、盘扣的手法。有的甚至是直接把传统服装搬了过来。我们不能说这不是对中国元素的运用,但这却是非常肤浅狭隘的。我们有着五千年的文化,可以挖掘的东西太多了。对中华文化不应当只是简单继承,而要挖掘出它与时代特征相联系,有生命力和影响力的一面,在老传统上做出新花样,将其与现代工艺、文明相结合,并以全新的手法表达出来。

名牌战略推进委员会副主任艾丰提出,企业在品牌设计中应充分考虑文化要素,在运用品牌的过程中同时要注意与文化要素的融合。如红豆西服中的"红豆"就出自唐朝诗人王维的《相思》一诗。红豆就是相思豆,寓意了亲情、友情、爱情,包含了民间文化。所以红豆产品一经推出就获得了好评。再比如广东的粤绣是我国四大刺绣之一,潮州人把粤绣的刺绣工艺和特色融入到西方消费者喜爱的晚礼服制造中,使东西方文化得到有机结合,潮州生产的晚礼服产品成为引领晚礼服发

---

① 周华:《文化是服装品牌的灵魂》,《光明日报》2007 年 4 月 8 日。

展的潮流。将中国文化与服装进行完美地结合，其实就是文化创意的过程。[1]

展的潮流。将中国文化与服装进行完美地结合，其实就是文化创意的过程。[1]

（二）服装业的创意热

创意产业是近年来发达国家提出的一个新概念，作为新兴领域，已经成为当今发达国家和地区迅速崛起的重要产业。据有关资料显示，全世界创意产业每天创造的产值达 220 亿美元，并以 5％左右的速度递增。一些国家增长的速度更快，美国达 14％，英国为 12％。纵观全球，发达国家的众多创意产品吸引了全世界的眼球，形成了一股巨大的创意经济浪潮。

创意的含义是将一个潜在的机会转变为新的"点子"，并将这些点子转化为广泛的实践应用的过程。从广义上来说，创新和创意的含义一样，但狭义上两者有很大不同，创新对应的主体是技术，创意对应的主体是文化，因此，创意也常常被称为文化创意。

中国商务部部长薄熙来曾说："中国只有卖出 8 亿件衬衫，才能进口一架空客 380 型飞机。"这句话一针见血地挑明了我国的服装行业因为没有知名品牌造成的利润奇低的局面。我们靠什么实现服装从狭义的成本竞争转向广义的品牌竞争，从而在国际市场上扩大利润空间呢？靠创意！[2]

当然，这是与整个创意产业的大环境有关的，也是整个创意产业能否有所创新与突破的根本。"创意"二字是现在服装业的关键词，目前我国服装业在创新方面多为技术创新，但在时尚创意方面不足且多为"拿来主义"，所以要原创，要自主创新。要打响中国服装的品牌，就要改"制造"为"创造"，要有创新，有特色。我国服装行业能否在激烈的国际竞争中浴火重生，能否在此基础上有所创意是关键。

---

① 《建立品牌文化，转变经济增长方式》，《中国高新技术导报》2007 年 3 月 26 日。
② 贾亦真：《服装品牌要靠文化创意从"中国制造"到"中国创造"》，《中国文化报》2006 年 7 月 24 日。

近年来我国创意产业也有很大发展。北京、上海、深圳、杭州等城市积极推动创意产业的发展,正在建立一批具有开创意义的创意产业基地。这些创意产业园区中,服装成为了其规划的主要内容,而其中一些创意产业园更是直接将服装创意作为发展的主导方向。

2006年9月,北京时装之都文化创意产业园框架协议签约仪式在怀柔区举行。此次签约仪式标志着北京时装之都文化创意产业园项目正式落户怀柔新城核心区。该项目以纺织服装文化为主题,集服装纺织面料研发、培训、时尚设计、信息发布、展示交易于一体,旨在打造具有雄厚实力的国际时尚设计创新、发布平台和时尚产业基地。项目建成后,计划引进国内外知名文化创意企业数千家,引进国内外专业设计机构和个人工作室200多家,提供上万个就业岗位,预计年产值和交易额达80亿元以上。2006年举行的大连国际服饰博览会将服装创意定为展会主题之一。博览会期间特设的"时尚创意廊"集中展示中外服装设计师的最新创意理念,并举办"大连杯"中国青年时装设计大赛暨中国国际服装创意设计邀请赛。同时在博览会期间推出了大连服装创意产业园的沙盘模型。据了解,大连服装创意产业园区里将设立国内外品牌设计师的创意工作室。

中国服装设计师协会主席王庆曾指出:"在未来的服装产业发展中,谁掌握了产业中的'制创'权利,谁就将站在服装产业链的高峰,获得高额利润。"因此,从创效益、集创意、产地多元化等方向发展,把创意融入服装品牌概念当中,把创意与树立中国服装品牌联系到一起,成为了中国服装品牌树立自我形象,打造影响力的关键。

(三)服装文化创意产业

服装是与文化密切相关的,当文化创意被提到一个产业的高度时,我们对服装产业与文化的关系的认识便开始进入到一个更深的层面。实际上,文化创意与艺术生产力本应就是服装产业固有的核心部分。

服装作为文化的载体,从人类文明开始,它就与文化密切结合,并经历它的传承与流变适应人类社会的需求。人们穿着服装不仅仅是为了满足物质生存的需要，更重要的是体验一种生活的方式，表现人们的价值观念与审美情趣。可以说，服装的设计、生产、销售等一系列过程都是文化创意活动。服装的设计、生产、销售与服务过程，同时也是一种"情境"的创造过程。企业不仅仅是在制造产品与服务，更是在创造一种"情境"。这种情境的创造，既包括产品本身的文化创意的创造，还包括销售环境及服务方式所带来的文化感受的创造。前者通过产品本身的内涵设计来融入，用时装表演与发布会等广告手段来加以宣传，而后者则需依靠对于产品文化创意内涵的准确把握，通过购物环境的文化氛围营造来完成。对服装产品来说，这些利用营销环境与服务形式来诉说品牌文化的方式，是服装的文化创意内涵的表达与传播的非常重要的组成部分。

通过以上分析，将服装文化创意产业定义为：通过服装相关设计师的文化创意或文化累积，运用知识产权的形式，以此增加服装产品的附加值，创造财富与就业机会的产业。①

服装卖的就是设计、理念、精神、心理享受和增值服务，服装的消费是满足于消费者物质层次和精神层次的双重需求。这样，文化创意就成了服装产业中十分特殊且重要的一个因素，不仅决定了产业的性质，而且决定了产业的生产经营和管理的层次水平。发展文化创意对于产业的启发，不仅是对既存产业的重新整合，发现创意可以创造财富和就业机会，更重要的是在于把人的创造性，尤其是个人的创造性，从有形的产品和产业的附属地位中解脱出来，赋予了它本来应有的地位。

服装的生命就在设计，设计追随文化，注重款式，而不是抄袭。服装品牌的设计理念是一个关键环节。但现在国内，比如温州的服装行业，中小企业缺乏产品设计开发能力，无法支持强悍的创新；大企业的设计工作室一年要投四五十万元，成本较高。要提高行业的水准，提高

① 王跃明：《我国服装产业文化创意研究》，中南大学硕士学位论文2008年5月，第3—4页。

行业的美誉度,就要在设计上有所突破。

1. 服装品牌设计要立足于本土文化

本土文化在广义上包括神秘的民族文化、神奇的自然文化和神圣的历史文化。台湾著名杂志《汉声》创办人设计家黄永松先生在ITAT2008 中国服装论坛上提出,品牌的能量是源远流长的传统文化,有了文化才能形成永续经营。在经济全球化、服装产业竞争激烈的时代,各国设计师们应追求在服装设计中突出本土文化,表现民族特色。事实上,真正美好的东西,都是有深厚本土文化底蕴的,这种东西除了受本土欢迎外,也是受世界欢迎的。

我国有 56 个民族,不同的环境气候、生活方式和观念信仰,形成不同的民族文化,民族服饰作为文化的载体,呈现瑰丽多姿、五彩缤纷的面貌,是艺术设计取之不尽的灵感源泉。就目前我国服装品牌来说,其设计的文化创意要立足本土,定位明确,走差异化的道路,再与市场结合,定能产生利润。每个人天生都具有创意,成功创意的关键在于知识积累和积累的选择与组合。提炼本土元素,以国际化与时尚的超前目光,重构服装文化的活泼鲜亮的全新风貌,这是服装创意设计的方向所在。

处理传统文化与当代服装设计的关系,要注意理论学习和研究,在文化精神的层面上把握西方文化和中国传统文化,牢牢抓住中国传统文化的精神理念,防止符号化、表面化地组合传统元素,图解式、猎奇式地展览中国元素。思考和感受中国文化的精神理念,关键是比较东方人与西方人对自然的不同理解,这就要求设计者提高知识修养和对文化历史的了解能力。设计立意是设计师对文化理念把握之后形成的形象,这需要长期的积累、消化,对传统文化理解后化为一种自然的情感。

当然,我国也有在这方面崭露头角的例子。"天意"是带有鲜明的中国文化内涵而又具有国际时尚设计风格的服装品牌,设计师梁子崇尚天人合一的设计理念,以质朴的材料、宁静的色彩、简洁的形式、精致的细节无不透着中国文化的痕迹,在多年的实践中,这种透着中国本土文化的时尚设计不但在中国很受欢迎,在欧美国家更是备受青睐。

2. 服装品牌传播中的文化创意

在经营品牌的过程中,往往有人忽视品牌的广告宣传,其实,仅有品牌的设计创意是远远不够的,品牌的形象风格传播也是非常重要的。信息的传递依靠媒介来传达给受众,在形形色色的传播形式中,时装品牌对能清晰地呈现产品特征的图像青睐有加,同时也要在动态广告和广告口号的创意设计上大做文章。

(1)服装广告图形设计的文化创意

一个品牌的个性在于展示自我,通过广告中的图形不仅可以表明它的市场定位,而且用这种独特的视觉语言向消费者传递信息。如果制作的广告图形与品牌价值相符而又富有个性,你会得到十倍的回报,相反定会严重毁坏品牌的形象。东华大学的一个课题组曾就六个具有代表性的著名服装品牌 VERSACE、BCBG、Valentino、Dior、Burberry 和淑女屋及其具有代表性的广告图片,对服装品牌用图片的形式所显示的品牌风格理念和品牌本身所要传递给消费者的理念是否一致进行调查,结果发现只有 Burberry 和 BCBG 能够很好地表达自己的品牌风格理念,而其他品牌的图片则不能很好地传达风格理念或传达得不十分明显。

由此可见,服装品牌在投放服装平面类广告时,要非常注重图形创意设计,并要使之准确达意。时装公司应有自己专职的图形设计师,让他们为企业策划广告活动,并聘请专业摄影师拍摄广告,准确宣扬品牌形象,清晰地传达设计风格和理念。

(2)服装动态广告设计的文化创意

动态广告一般指电视广告。在电视广告的创作中,创意是第一位的。没有巧妙的创意,就不会成就好的电视广告,创意的好坏是电视广告成功与否的关键。而优秀的创意来源于设计者对产品内容的充分理解和深刻感受,来源于对生活的丰富积累和细心观察,来源于自身的阅历和修养。一个好的电视广告创意,必须从多方面、多角度去思索探求创意的突破点,以超前的眼光,打破陈规旧俗,通过联想产生新的创意灵感,并使之形成优秀的创意。在创意构思时,可以根据企业提供的产品资料进行联想,但必须把握产品的主题轴心,将设计意图浓缩到最有典型意义的一点,这样的创意才是可取的。独具创意的广告是最有效的。美国DDB广告公司1996年设计的一则"吉姆内裤"广告,可谓颇具胆识,构思奇巧。画面中5位站在中央身着西装革履、手捧高脚杯的男士,正与几位靓女谈笑风生,谈笑间一只无形的手早已从他们的胯间掠过,笔挺的西服下露出质地考究、颜色鲜艳的三角内裤,这戏剧性的场面令观赏者惊奇不已,换来了令人难忘的视觉奇效。中国的服装品牌要走上国际舞台需要世界级的服装广告创意。

(3)服装广告口号设计的文化创意

广告口号是广告主从长远销售利益出发,在一段较长的时期内反复使用的特定商业用语,是表现其相对定型的广告宣传的基本概念或主题的短句,几乎所有的广告口号都是品牌文化诉求的点睛之笔。广告口号是最难决定的,因为它不但要囊括品牌的理念,更要吻合目标消费者的心态,还要便于进行广告的多层面的创作。广告口号的语言特点可以归纳为以下四个方面:吸引力、创造力、说服力和影响力。一则优秀的广告口号一般具有简洁明了、新颖独特、亲切感人、时代感强、鼓动力大等特点。它的主要目的在于维持广告宣传的连续性,促使消费者加强商品印象,增强记忆,以便取得消费者对商品的认同感,引导和指导消费者有目的地进行购买,从而使广告主获利。看金利来的广告词,充满文化的、形象的、情感的内容。如斜纹代表勇敢果断;碎花代表体贴温馨;圆点代表爱慕关怀;方格代表热心慷慨;丝绒代表温暖爱护;金利来,男人的世界!

当然,服装形象的传播还有其他的方式,如品牌代言、卖场展示等,倘若创意独特,出奇制胜,也能使受众品味到惊喜,留下难以忘记的印象,促进商品的销售。

文化创意的融入可以有效改善优化服装产业结构和经营模式。传统的服装产业是以加工制造业为主的,面对日益激烈的行业竞争,产业结构升级和调整迫在眉睫,文化创意为服装产业结构的优化和升级提供了可行性条件,文化创意的发展使服装从制造转向服装设计,经营模式也从过去的加工产品输出到文化输出,大大提升了行业竞争力,资源利用更加充分,再创价值更高。文化创意的融入有利于服装产业的各个产业链进行重新分工和角色定位,改善投入产出比率,提高科技贡献率,也将进一步促进服装产业的升级,使服装产业保持可持续发展。

文化创意的融入提升了产品附加值,可以使得服装品牌在高端市场的争夺中更具竞争力,对品牌拓展、传播和上游价值链的延伸都将起到关键性的作用。可以说,文化创意是服装产业发展的核心理念,是服装产业的核心竞争力。

现在许多精明的服装企业家在服装产业经营的过程中,除了注重服装产品的质量、设计与包装之外,营造服装品牌的文化创意内涵已越来越成为重要的经营手段。他们已经认识到,服装品牌的文化创意内涵,作为对不断增长的人类精神需求的回应,已经成为具有巨大再生力的无形资产,拥有广阔的增值空间。

第三章　国外服装区域品牌范例

第一节　纽约女装产业的创新与实践

纽约是世界知名的时尚之都。在美国纽约曼哈顿岛的第七大道旁矗立着这样一座造型奇特的塑像:一根比碗口粗、长十几米的银色缝衣针穿过一个巨大的纽扣,针尖指向地面。在离它不远的地方,是另一座一人多高的雕像,它展现的是一位头戴犹太小帽,端坐在缝纫机旁全神贯注地缝制衣物的制衣工人。这两座雕塑不仅是纽约时装区的标志性雕塑,更折射出纽约从制衣业起步,逐渐跻身于世界时装之都行列的历史。[①] 与巴黎的高级时装不同的是,纽约服装区域品牌的特色在于女装成衣,其服装区域品牌的建设既顺应着经济和历史的发展,也有在产业压力下的创新与发展。

一、纽约服装区域品牌的发展阶段

1973 年,在凡尔赛举行的展示美国和法国的系列时装展会上,五个美国设计师,包括比尔·布拉斯(Bill Blass)、奥斯卡·德拉伦塔(Oscar Dela Renta)、安妮·克莱恩(Anne Klein)、斯蒂芬·布罗(Stephen Burrows)和侯司顿(Halstond)的作品获得了极大的成功,当时一些观察家提出美国人偷走了时尚。(McColl,2001)这个活动标志

---

① 夏帆:《服装设计专业人才培养的方向》,http://ac. zstu. edu. cn/rcdp/bencandy. php? fid=83&id=152,2008 年 12 月 31 日。

着世界时尚历史的一个标志性转变,法国巴黎作为时尚中心的威望遭到了美国时尚和纽约作为新的时尚之都的挑战。到 20 世纪 90 年代后期,纽约设计师在法国时装公司中占据了控制地位。[①] 在时尚日益成为一个更商业化和全球化的产业时,纽约在大众市场上进行了创新性的成衣制造。但是,纽约向一个时尚中心的转变并不是简单而且必然发生的。在 20 世纪,纽约基本上是一个制造中心,服装公司大多模仿巴黎的样式,那么它是如何培育自己的设计人才,并使艺术与商业联姻的呢?[②]

　　诺马·M. 兰提西(Norma M. Rantisi,2004)提出,在了解一个地区或者地方经济的起源和轨迹时,路径依赖(Path dependence)的概念提供了一个有用的起点。路径依赖的中心意思是历史性事件可以有赢得某些道路的发展或者排除其他道路的宏观经济后果。历史事件(比如一个劳动力的新的提供或者是一个自然资源的开发)可能使某些区域在相关产业中具有特色。这些特色可以通过行业培训项目的开展或者是支持和供应系统的发展而得到加强,随之,吸引更多寻找特定劳动力或者是以高端客户为目标的公司进入到这一区域。随着时间的发展,地区优势或者特色也创造了一个独特的传统和概念。这个地区的制造文化能够通过确保持续创新所必要的信息的流动而促进关键的经济角色之间的关系。通过这种方式,最初优势被注入到地区的能力中,这种能力很难被其他的地区模仿。但值得注意的是,一旦这样的领先地位被建立起来,进入的障碍就产生了,一个地区就可能被锁定在某个特色产业链中,从而被锁定在发展的特定路径中。在这些产品特色生产线定义了区域的符号形象的情况下,比如在文化产业的情况下,他们

---

　　① Norma M. Rantisi:"How New York Stole Modern Fashion",*Fashion's world cities*,edited by Christopher Branward and David Gilbert,*BERG*,*OXFORD*,New York,2006,pp. 109 - 122.

　　② Norma M. Rantisi:"The Ascendance of New York Fashion",*International Journal of Urban and Regional Research*,Volume 28. 1 March 2004,pp. 86 - 106.

可以赋予那些地区一种真实性或者声誉,这种声誉或者真实性即使在实际的制造下降的情况下仍可以维持(斯科特,2001)①。

因此,通过追溯19世纪后期纽约女士成衣的起源,可以研究在面对外在的和内在的危机时,地方产业内的关键角色如何有意识地采取措施来培育地方设计人才,从而改变了纽约服装产业的发展道路,使纽约服装区域品牌从制造中心向具有鲜明特色的时装之都转变。

(一)服装区域品牌的起步阶段——女士成衣制造产业的聚集与发展

美国女装产业是在19世纪中期被零售商和批发商(主要是德国犹太人)发展起来的,最初,服装产业集中在几个大城市比如波士顿、费城和纽约等。但是,到19世纪80年代,大量的因素奠定了纽约的主导地位。

纽约女装产业的兴起和发展与两个重要的因素有关。首先是哈维(Elias Howes)在1846年发明了缝纫机,易于机器制造的面料(比如人造丝和尼龙)方面的创新,以及在技术方面的改进(比如裁剪机器)等促进了成衣制造的普及。另外,纽约服装产业在19世纪中期到晚期的大部分时间位于曼哈顿的下东区,这是许多从南部和东欧的外来移民到达的口岸。这些移民主要由犹太人、意大利人组成,从而提供了大量有经验的劳动力。服装产业开始迅猛发展,服装制造公司数目从1880年的562家上涨到1900年的1823家,就业人数从1880年的25000人到1905年的84000人。② 纽约服装产业的发展也被成衣服装的庞大需求所推动,女性开始进入到工作领域,很少有时间进行定制或者是自己裁缝衣物。作为美国东部沿海地区的交通枢纽,纽约成为这种高涨需求的主要受益者。

---

① Norma M. Rantisi: "The Ascendance of New York Fashion", *International Journal of Urban and Regional Research*, Volume 28. 1 March 2004, pp. 86 – 106.

② Norma M. Rantisi: "The Ascendance of New York Fashion", *International Journal of Urban and Regional Research*, Volume 28. 1 March 2004, pp. 86 – 106.

随着服装产业的迅猛发展,批发商和零售商需要更大的空间来进行大规模的销售,宾夕法尼亚火车站在 1910 年的建立以及更多的宽敞的统间式建筑的提供使市中心的曼哈顿成为一个理想的场所。零售商从曼哈顿下东区向北推进导致了市中心的东半部沿着第五大道的零售区域的建立,为了满足该地区内新的富裕居民的需要,商店和精品店主都要求建立区域的休闲和幽雅的形象。但是商人们也注意到制造业和统间式建筑的混杂将打乱这种田园般的风景。因此,零售商建立了第五大道商人联合会,迫使政府在 1916 年通过了一个分区制法令,限制该地区内工厂化的使用(杰克森,1995)。[①] 在这一时期,主要的百货商店比如梅西百货(Macy's)、罗德与泰勒(Lord ＆ Taylor)等纷纷出现,这些商店主要销售他们自己设计的定制服装,纽约逐渐成为一个巨大的批发和零售中心。

与之相应的,制造商集中在市中心的西半部地区,以受益于中心区的便利设施和保留与商店的近距离,打造了一个虽然分开,但毗邻城市消费的良好的制造环境。经历了一段时间以后,由于更多的制造商集中在那里,相关的支持服务,比如纺织品代销商,饰品、纽扣的供应商和金融机构都纷纷聚集来为新的服装产业集群服务并且作为一个特别的环节加强了它的声望和特色。在城市风景中的纽约服装区的兴起不仅与该区域内相关服装产业的聚集有关,其他组织和机构也纷纷出现并促成服装制造和消费的发展,贸易杂志《女装日刊》(Women's Wear Daily,简写为 WWD)在 1910 年成立,主要报道业内人士与服装贸易的发展动态。在普瑞特艺术学院(Pratt Institute,1888)和美国帕森斯设计学院(The Parson's School of Design,1906)所建立的服装设计和制造培训项目适应了发展的行业对招募新人才的需求。位于纽约的服装杂志 Vogue 和《芭莎》

---

① Norma M. Rantisi：“How New York Stole Modern Fashion”, *Fashion's world cities*, edited by Christopher Branward and David Gilbert, *BERG, OXFORD*, New York, 2006, pp. 109 – 122.

(Harper's Bazaar)引发了更大范围的人群对时尚的兴趣。在 20 世纪 20 年代的时尚摄影的帮助下,这些杂志中和时尚媒体内的时尚广告在培育全美的可以支撑大规模成衣制造的大众消费市场方面起到了关键的作用。①

在 20 世纪早期所出现的服装制造商与零售商的聚集以及其他各个要素的兴起一起构成了一个包含从制造、经销到消费的服装产品的链条。这些在服装区以及围绕服装区的活动的聚集对于服装产业的成功非常关键,因为他不仅减少了交通和交易的成本,而且也允许货物的快速周转。由于城市在女士成衣方面的特别的力量,纽约作为国内服装中心的地位逐步形成,占到美国服装生产总值的 80%。②

(二)服装区域品牌的发展阶段——美国时尚的出现与培育

虽然纽约控制了制造、经销和商品的市场,但是巴黎仍是设计创新的主要来源。与纽约服装产业的成衣定位相反,巴黎主要集中在高级女装,在巴黎服装店的工作室内制造的独特设计赋予了巴黎高级时装世界中心的地位。巴黎成为美国零售买家、时装公司设计师和批发商定期要去的目的地,同时,巴黎也在纽约的设计学校和时尚杂志中占据重要地位。

但纽约服装产业的发展显然处于与巴黎不同的经济背景之下。19 世纪纽约成衣的发展是为了服务于工业化时代大量人群的立即和功能性的需要,其重点在于有成本效益的批量生产,纽约缺乏培育和推动艺术创造以及认可设计(延伸而言,设计师)作为一个产品策略的基础设施。因此,虽然服装产业在 20 世纪早期已经成为地方经济的主要组成部分,纽约时尚中心的建立需要在充分考虑社会和文化影响的基础上重新定位城市的"制造空间"而获得与巴黎不同的时尚认同。但这样的

---

① Norma M. Rantisi:"How New York Stole Modern Fashion", *Fashion's world cities*, edited by Christopher Branward and David Gilbert, *BERG*, *OXFORD*, New York, 2006, pp. 109 – 122.

② Norma M. Rantisi:"How New York Stole Modern Fashion", *Fashion's world cities*, edited by Christopher Branward and David Gilbert, *BERG*, *OXFORD*, New York, 2006, pp. 109 – 122.

机会在 20 世纪 30 年代和 40 年代产生了。在这一时期所发生的一系列事件提供给服装产业一个文化转向的可能并促成了艺术和商业化联姻的新制度的兴起。①

首先,随着产业的逐步成熟,新一代设计师从地方设计院校中出现了,纺织品的发展不仅可以满足机器制造的需要同时也使成衣样式得到普遍的应用,女性进入到更大范围的活动领域也推动了成衣的继续增长。克莱尔·麦卡德尔(Claire McCardell),毕业于美国帕森斯设计学院,被认为是第一代的运动服装设计师之一,通过将时尚引入美丽但舒服的服装内而重新定义美国时尚,虽然这种时尚并不被巴黎所鼓励。这些简单、耐磨的样式获得了广泛的认可因为他们不仅与新的社会角色产生了共鸣,而且更为普遍的是,与服装作为一种穿着方式而不是社会区分的标记的观念产生了共鸣。在 20 世纪 30 年代,纽约设计师得到了地方购买者、时尚杂志等角色的支持。1931 年 2 月,时尚集团第一次会议召开,这个集团包括了设计师、纺织品的制造商、零售商、时尚媒体和时尚教育家以及与服装和与时尚有关的商品比如家具、配饰和化妆品等各个行业的代表。集团开始举办一年一度的时装秀。1932 年,著名百货公司罗德与泰勒的副总裁,也是集团成员的多罗希·斯孚(Dorothy Shaver),开始在商店广告中提到美国设计师,比如克莱尔·麦卡德尔。1938 年,Vogue 发行了第一期《美国时装》(Vogue Americana)。②

这些推动地方培养设计师的努力由于第二次世界大战的开始和巴黎在 1940 年被纳粹占领而加速。纽约被切断了与巴黎时尚的联系。托布(Tobe)报告(一份针对零售商的报告)提出了纽约地方产业中的

---

① Norma M. Rantisi:"How New York Stole Modern Fashion", *Fashion's world cities*, edited by Christopher Branward and David Gilbert, *BERG, OXFORD*, New York, 2006, pp. 109 - 122.

② Norma Rantisi: "How New York Stole Modern Fashion", *Fashion's world cities*, edited by Christopher Branward and David Gilbert, *BERG, OXFORD*, New York, 2006, pp. 109 - 122.

批发定位对于设计创新性的限制,以及美国设计师提高他们自身产品的质量和设计款式的要求。因此,建议每一个店铺所有者,每一个买家,每一个时尚杂志的成员,每一个在这个伟大的时尚产业中的男士和女士都要承担两项任务——鼓励美国设计师在原创和大胆的设计方面进行更大的努力——购买并相信他们的创造性。①

时尚集团承担了培育美国时尚的任务。在制造方面,时尚集团将纺织品制造商和设计师聚集在一起来开发可以用来制造高品质服装的材料,时尚记者开始在《纽约时代》和《新纽约人》等出版物上介绍美国设计师和他们的设计,美国的服装零售商通过赞助纽约时装展推销本土设计师,美容美发公司科蒂(Coty)组织了一年一度的时尚评论大奖。② 1941 年,时尚集团和一些女装制造商建立了纽约女装研究所,目标包括使纽约成为一个世界时尚中心,帮助维持在女装产业方面的领导地位等。纽约制造商的设计定位进一步被时尚教育的发展所加强,1944 年,一些服装制造商为时尚产业建立了教育基金会,基金会建立了设计和技术时尚研究所,也就是后来的纽约时装学院(Fashion Institute of Technology,FIT)为地方产业提供了大量的专门劳动力(比如设计师、打版师、经营者等)。它的建立,与其他的时尚教育项目一起,加强了在纽约和时尚之间的日益增长的联系。更为重要的是,在这个时期的杂志开始提供封面给高端的成衣设计师,诺曼·罗维尔和波琳·翠格瑞(Norman Norell and Pauline Trigere)所设计的服装被在 Vogue 的精选页中登出。③ 由于战争时期在面料方面的限制以及大

---

① Norma M. Rantisi: "The Ascendance of New York Fashion", *International Journal of Urban and Regional Research*, Volume 28. 1 March 2004, pp. 86 – 106.

② Norma M. Rantisi: "How New York Stole Modern Fashion", *Fashion's world cities*, edited by Christopher Branward and David Gilbert, *BERG*, *OXFORD*, New York, 2006, pp. 109 – 122.

③ Norma M. Rantisi: "The Ascendance of New York Fashion", *International Journal of Urban and Regional Research*, Volume 28. 1 March 2004, pp. 86 – 106.

量的妇女在工作领域中取代男性,与美国运动服装有一定联系的休闲、舒适然而文雅的样式比如 polo 外套和女衬衫都获得了新的尊重,美国设计在公众认知方面发生了巨大转变。

虽然在第二次世界大战之后,巴黎重新赢得了它作为国际时尚中心的地位,但是纽约已经成功发展了它自己的设计专家和权威款式。正如多罗希·斯孚在 1952 年给时尚集团的声明中提出的,20 年前,美国和设计师这两个词很少互相被引用。今天他们建立了一个在几乎每一种语言中都被接受和被尊敬的词汇。时尚金字塔被平衡了,纽约在新的国际时尚星座中的地位被牢固地建立起来。[1]

(三)服装区域品牌的升级阶段——美国时尚的发展

20 世纪 60 年代,随着制造普通款式的能力超出了消费需求,大规模销售市场开始出现饱和。社会运动和经济趋势的改变使消费者的需求发生了很大的变化。一些亚文化群产生了对新的款式比如迷你裙的需求并且成为时尚导向的新来源。这些趋势,与中产阶级收入的增长一起确保了市场需求的逐步细分或者个性化以及灵活回应的需要。这些需要对纽约大规模销售的制度提出了挑战。

从 20 世纪 60 年代开始,零售商开始重新整合来适应新的竞争压力。20 世纪 70 年代,波道夫·古德曼和邦维泰勒(Bergdrf Goodman and Bonwit Teller)关闭了他们的定制部门,并且开始只关注于高端成衣。1970 年,拉夫·劳伦(Ralph Lauren)成为第一个说服百货公司布鲁明戴尔(Bloomingdales)将他的商品放入一个独立的空间从而使他成为能够推销一种独特的生活方式的设计师。[2] 之后,所有的大型商店和专营店都有为设计师时装保留的空间,设计师可以在其中展现最新的设计,高端设计师逐渐获得了与零售商谈判的权力。

---

① Norma M. Rantisi: "The Ascendance of New York Fashion", *International Journal of Urban and Regional Research*, Volume 28. 1 March 2004, pp. 86 - 106.

② Norma M. Rantisi: "The Ascendance of New York Fashion", *International Journal of Urban and Regional Research*, Volume 28. 1 March 2004, pp. 86 - 106.

随着消费者对质量和样式的兴趣的增长,设计和营销取得了日益重要的地位,制造功能变得不再重要。从 20 世纪 80 年代开始,随着通信技术和贸易自由化的发展,制造商增加了向海外制造商的采购,但是大规模制造前的工作(比如模型制作和样品制作)以及与设计联系更紧密的工作仍在当地或者内部进行。虽然洛杉矶在女装制造的国内份额方面超过了纽约,纽约仍能够维持它在设计密集型活动方面的控制地位,根据美国劳动统计局 2000 年的统计,洛杉矶拥有全美 18% 的时尚设计师,而纽约则拥有 43%,奠定了其作为时尚中心的地位。

纽约时尚的历史说明时尚与工业化以及文化的共同发展,使纽约时尚产生了活力、变动性和创新性。在艺术和产业之间的平衡使纽约服装在产业与地区间出现了融合。纽约在国际时尚圈中成衣的显著地位来自于它用商业利益混合设计和艺术的能力——这是一种被巨大的市场和销售基础设施所培育和加强的能力,这种能力为当代设计师所继承并且发展。[1]

二、纽约服装区域品牌的发展特色

诺马·M. 兰提西(2004a)提出"城市与服装产业有关制度的发展,从设计学校到采购中心再到贸易协会,使制造商在适应和协调消费者喜好方面获得了知识、经验和来源,这是非常关键的。诺马·M. 兰提西(2006)进一步提出,关键机构在城市的空间集中性是构成纽约成为时尚中心的重要组成部分。他提出,地区作为一个社会和经济关系(如一个文化产业)的最接近的网络,能够培育一个地方设计区域,并且延伸出一个特别的区别于巴黎的纽约时尚,并形成对巴黎的可怕竞争。[2]

---

① Norma M. Rantisi: "The Ascendance of New York Fashion", *International Journal of Urban and Regional Research*, Volume 28.1 March 2004, pp. 86 - 106.

② Norma M. Rantisi: "The Local Innovation System as a Source of Variety: Openness and Adaptability in New York Ctiy's Garment Industry", *Regional Studies*, 2002(36:6), pp. 587 - 602.

（一）服装区域品牌以企业品牌和设计师品牌为双核心

在纽约服装区域品牌的发展过程中，企业品牌与设计师品牌是其双重推动因素。在纽约制造的著名商标见表3－1。

表3－1　在纽约制造的著名商标①

在纽约制造的著名商标	
Anna Sui	Eileen Fisher
Ralph Lauren	Isaac Mizrahi
Bill Blass	
Oscar de la Renta	Harve Benard
Geoffrey Beene	Jeffrey Craig
Betsey Johnson	Mystic Apparel
Liz Claiborne	Kenneth Cole
Donna Karan	Nicole Miller
Calvin Klein	Leslie Fay
Ellen Tracy	Vera Wang
Anne Klein	Ocean Bay

1. 纽约设计师品牌的兴起

20世纪60年代以来创建的美国品牌中，设计师品牌和公司品牌数量基本相当，盖普（GAP）、埃斯普利特（ESPRIT）、耐克（NIKE）等成衣公司品牌不仅一方面满足了美国大众消费者的服装需求，成为美国服装业的主要收入；另一方面，这些品牌以其高超的营销、管理技术、引导了美国乃至全球的大众成衣品牌发展，对于稳固美国时装之都地位同样地起到了举足轻重的作用。而20世纪80年代以后创建的品牌以设计师品牌为主。纽约服装产业聚集了众多杰出人才，包括拉夫·劳伦、黛安·冯芙丝汀宝（Diane von Furstenberg）、卡尔文·克莱恩

---

① Fiscal Policy Institute, NYC's Garment Industry, A New Look, August, 2003.

（Calvin Klein）、迈克·科尔斯（Michael Kors）、娜塔莎·贝丁菲尔德（Nanette Lepore）、卡门·马克·瓦尔沃（Carmen Marc Valvo）、唐纳·凯伦（Donna Karan）等大牌设计师。这些设计师品牌不仅作为美国的代表入选国际知名的设计师品牌，高级成衣品牌之列，填补了美国高档服装市场的空白，而其一致的品牌文化，成为美国成衣的鲜明特征，这与其他时装之都形成了鲜明的对比，差异化的品牌定位，更加稳固了美国作为时装之都的地位。①

在 20 世纪 40 年代和 50 年代，美国时尚设计师缺乏金融和管理上的独立性，并且不能与服装制造商平等地分享美国运动服装为消费者认同所带来的收益。时尚设计师一般是服装公司和专门店的雇员，并大多在幕后，很少有机会与买家或者顾客接触，他们也缺乏消费者对其自身及其品牌的认同。与巴黎设计师被认为是时尚系统的关键元素与时尚世界的明星不同的是，纽约设计师被认为是附属因素。引用设计师比尔·布拉斯的话来说，"我们是帮助者"。②

20 世纪 60 年代的新的经济环境改变了这种倾向。随着纽约服装消费市场的成熟，以时尚和音乐为基础的社会运动的兴起以及亚文化的出现，诞生了新时尚的来源。这种环境伴随着中等阶层日益增长的收入意味着成衣服装公司的生存将依赖于他们管理市场需求的个性化能力，这种能力将以他们的款式制造者——设计师的能力为基础。需求方面的巨大变化与著名设计师的形象塑造和个人崇拜（或者生活方式）之间产生了紧密的联系。设计师，比如卡尔文·克莱恩、拉夫·劳伦和比尔·布拉斯，开始开设自己的公司并且将他们作为时尚创造者的角色资本化，从而将自身与产品一样成为象征符号，来满足新的市场需求。随着

---

① 刘元风：《时间与空间——我们离世界服装品牌还有多远》，中国纺织出版社 2008 年版，第 123 页。

② Norma M. Rantisi: "How New York Stole Modern Fashion", *Fashion's world cities*, edited by Christopher Branward and David Gilbert, *BERG*, *OXFORD*, New York, 2006, pp. 109 – 122.

形象和符号的元素变得日益重要,设计师通过宣传其独特的生活方式促成了树立自身形象的过程。一些著名的设计师比如哥莉亚温德比(Gloria Vanderbilit)和卡尔文·克莱恩,通过将他们的标签从牛仔裤的里面翻到外面来推动这种策略。到 20 世纪 80 到 90 年代,CK 和 DKNY 等品牌在知名的杂志如 Vogue 的多页广告(每页不少于 6000 美元)以及在纽约时代广场上的广告板上大量投放。百货商店中的设计师精品店的出现也使设计师能够自由决定展示的内容甚至内外部的设计。①

　　另一个设计师品牌成长的重要推动者是 1962 年成立的美国时装设计师协会(CFDA),从创立开始,美国时装设计师协会就提倡和推动设计师取得像其他文化产业中的角色一样的作为"艺术家"的地位。除了认可当地的设计师之外,它们也赞助一年一度的设计师大奖。在 1993 年,美国时装设计师协会创立了"Seventh on Sixth"时装秀,这个时装秀位于布赖恩特公园(bryant park)内,正好位于服装区的东北部,时装秀不仅为纽约设计师创造了兴奋和刺激,同时也增加了纽约服装产业被国内和国际的媒体关注的程度。可以说,这些活动为一个经历从商业到艺术转变的产业提供了更大的声望。随着纽约时尚之都重新定位以适应设计师作为知名高端成衣链的制造者和商人的兴起,唐纳·凯伦和卡尔文·克莱恩等已经成为全球有竞争力的品牌。欧洲服装公司从古琦(Gucci)到路易·威登(Louis Vuitton)都开始雇佣美国设计师来开发它们的成衣生产链。

　　纽约设计师品牌的兴起也与设计教育的发展密不可分。纽约成衣产业要求设计师具有适应大规模制造的技能。在成衣产业中,成功的款式意味着时装设计的创造性观念和大规模制造的必要混合。美国成衣制造商和零售商要求从他们的设计师那里得到有效的和畅销的商品。

---

　　①　Norma M. Rantisi:"How New York Stole Modern Fashion", *Fashion's world cities*, edited by Christopher Branward and David Gilbert, *BERG*, *OXFORD*, New York, 2006, pp. 109-122.

除了较早成立的纽约设计学院（美国设计学院，1896 年建立）和纽约普瑞特艺术学院（The Pratt Institute in New York City，1887 年建立）之外，还有许多学校比如时尚学院（The Fashion Academy，1912）；都市艺术学院（Metropolitan Art School，1919）；特拉法根时尚学院（The Traphagen School of Fashion，1923）以及格兰德中央艺术学院（Grand Central School of Art，1924）等都在 1910 年到 1925 年建立，一方面是因为在第二次世界大战产生的与巴黎时尚的脱离，另一方面也是美国时尚需求的结果。纽约市时尚设计学校每年毕业生超过 1000 人，很多人选择留在本地发展，纽约时装学院中九成毕业生选择留在纽约市拓展职业生涯，这些设计学校成为了纽约服装企业品牌和设计师品牌兴起的源泉。

2. 纽约设计创新系统为设计师创造了得天独厚的发展环境

在经济全球化的时代，纽约时尚因为建立了能够使当地的制造商用商业的规则平衡美学动因的机构基础设施（或者时尚系统）而成功。设计师能够依赖于大量的地方文化机构作为灵感的来源并且依赖能够将他们的设计进行一系列良好商业化的中间人。[①] 无论是在传统的服装区还是在新锐设计师集中的下东区，纽约设计创新系统的存在为设计师的发展提供了协调发展的环境。

纽约服装区建立了一个为公司品牌设计过程服务的创新系统，通过开发特定的劳动力市场，推动产业内关键的创新角色和其他群体之间的联系来使设计过程运转，同时，中介服务（比如贸易展会和采购中心）所提供的公共空间使制造商可以观察、监督竞争者。通过这样的系统，纽约服装区创造了一个能够产生设计的区域文化。斯多普（Storper，1997）即使在服装制造商之间的关系是以高度竞争为特点，制造商和零售商之间的关系日益紧张的情况下，以知识共享为基础确

---

① Norma M. Rantisi："How New York Stole Modern Fashion"，*Fashion's world cities*，edited by Christopher Branward and David Gilbert，*BERG，OXFORD*，New York，2006，pp. 109 - 122.

保了整个系统的协调性和平稳性。这种协调性进一步被大众市场零售商的主导地位所加强——保证关注商业化(或者防范风险)优于美学(或者经验)。正如一个零售商提出的,纽约与商业和金钱有关,而不是艺术⋯⋯销售网络早就被建立起来了,设计师们必须在这些网络中运作。"①纽约服装区域设计创新流程如图3-1所示。

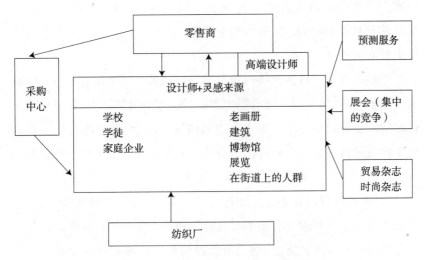

图3-1 纽约服装区设计创新流程②

由于成本仍是竞争中的重要因素,特别是零售商力量的日益集中,因此新的设计师丧失了与零售商进行谈判的力量,这在一定程度上限制了设计师的发展。因此,从20世纪80年代开始,年轻的设计师开始在服装区之外的地点聚集,下东区就是一个由独立的设计师和具有创新特色的精品店所组成的区域,下东区对许多年轻的、独立

---

① Norma M. Rantisi: "The Local Innovation System as a Source of Variety: Openness and Adaptability in New York Ctiy's Garment Industry", *Regional Studies*, 2002(36:6), pp. 587 - 602.

② Norma M. Rantisi: "The Local Innovation System as a Source of Variety: Openness and Adaptability in New York Ctiy's Garment Industry", *Regional Studies*, 2002(36:6), pp. 587 - 602.

的尤其是国外出生的设计师（比如来自法国、意大利、英国以及其他国家）很有吸引力的原因是区域所提供的自由度。第一，由于服装区所在的曼哈顿中心区的不动产不断上涨，使大多数独立的设计师难以承受，下东区则可以为他们提供廉价的工作室空间。第二，许多年轻的设计师不希望与现有的服装区系统共同工作，他们希望能避开中间人直接进入到设计和零售领域。相比服装区进入的高门槛，下东区的开放性、独特的社会和与艺术社区的混合使它对独立的设计师更具有吸引力。

下东区设计区域的独特因素对于制造和销售的结构也有一定的影响。在下东区，很多设计师会把工作室的一部分分割开，在店铺后面进行制造。在设计师不能在家里制造的情况下，他们通常将其外包给临近中国城地区的公司或者是位于服装区的承包商。很多设计师也同时在自己的工作室中销售产品，这种与零售的整合赋予设计师几个优势。第一，这些设计师没有必要处理百货商店或者特定产业链的需求（这些需求往往与交货时间或者成本以及设计的特定化有关），这使其设计具有了相当的自由度。第二，他们可以以他们所选择的任何方式来展示产品，精品店实质上是作为设计师的陈列室来服务的，他们对于设计、展示和设置的感觉有最终的控制权。第三，也是最重要的，是设计师可以从最终消费者那里得到及时的反馈，尤其是在对市场更为敏感型的设计的情况下。即使没有自己的精品店的设计师也与一些固定的商店合作，由于设计师提供独特的商品，因此，这里的买方和供应商之间的关系比服装区的情况更为平衡。① 在下东区的设计创新流程可以用图3－2来描述。

另外，地铁杂志，一些非营利性的展会也对于展示年轻设计师的作

---

① Norma M. Rantisi："The Local Innovation System as a Source of Variety：Openness and Adaptability in New York Ctiy's Garment Industry"，*Regional Studies*，2002(36：6)，pp.587－602.

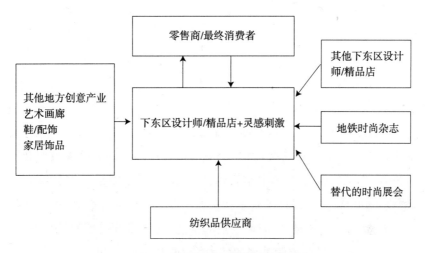

图 3-2　纽约下东区设计创新流程①

品具有重要的意义。丰富下东区设计创新过程中的最后一个元素是设计师在其中运作的一个容纳了竞争性的设计工作室、时尚精品店、艺术画廊、鞋和配饰商店、家居用品店、咖啡和夜总会的区域。通过在下东区聚集,时尚设计师不仅吸引了其他设计师和艺术家进入到这个区域,而且也受益于他们所帮助创造的刺激设计灵感的环境。

　　总体而言,作为传统产业聚集地的服装区与聚集新锐设计师的下东区的设计创新系统的互相协调与吸纳,使纽约的服装设计师处于一个得天独厚的设计环境。下东区的垂直整合和相互协调——允许在设计方面的快速转向以及更大的创新试验,使其成为设计灵感的丰富来源。同时,无论是直接或者间接的方式,由于它进入的低门槛和对有才能的新进入的设计师的开放性,下东区作为创新性和新设计理念的一个重要的管道被服装区的设计师所借鉴和吸收,而下东区的设计师也

　　① Norma M. Rantisi: "The Local Innovation System as a Source of Variety: Openness and Adaptability in New York Ctiy's Garment Industry", *Regional Studies*, 2002(36:6), pp. 587 - 602.

受益于已经建立的服装区的创新系统中的许多因素比如服装区的承包商的网络,特定的服务和供应商以及服装区内的设计学院作为他们劳动力的重要来源。

纽约服装产业需要年轻的设计师,这些设计师希望通过制造自己的服装开始他们的职业生涯并且希望使他们的服装商品化或者使用展会来推销他们的设计。这些起步途径是有风险的,然而年轻设计师的持续流入可以使产业受益,因此帮助新锐设计师被认为是繁荣服装产业以及城市经济的重要举措。纽约经济开发公司在其网站 www.nyfashioninfo.com 提供了众多新锐设计师所需要的信息,其中包括供应商和工厂的信息,怎样开设企业的信息,有关设计资源的信息,大学生、毕业生以及时尚继续教育的信息等。[①]

(二)多元的时尚市场是纽约服装区域品牌的发展源泉

纽约服装区域品牌被纽约时尚市场的蓬勃发展所推动。纽约经济开发公司 2009 年的报告指出,时尚产业是纽约市最大和最显著的领域之一。时尚是城市中驱动直接就业、参观者支出和批发销售活动的少数产业之一。[②]根据纽约州劳工部 2007 年,纽约市财政部 2008 年,美国劳动统计局 2007 年,纽约经济开发公司 2008 年的统计数据,时尚产业工资总额达 100 亿美元,纳税额为 16 亿美元。胡弗公司(Hoover's)(一家提供全球各公司以及行业信息的商业研究公司)2008 年的数据显示,有超过 800 家时尚公司的总部设在纽约,是其最重要的竞争者巴黎的两倍。纽约州劳工部 2007 年的统计数据显示:时尚产业的就业人数在 2007 年达到 17.5 万人,相比于出版业的 5.4 万,广告产业的 5.3 万和电影产业的 2.6 万,时尚产业已经成为纽约都市产业就业人数最多的产业。在纽约时尚产业就业人数中,时尚零售业占 50%,批发/设

[①] Strengthening NYC's Fashion Wholesale Market: 2009 NYCEDC Study Fashion Industry Report.

[②] Strengthening NYC's Fashion Wholesale Market: 2009 NYCEDC Study Fashion Industry Report.

计占 33％,制造业占 17％。①

多层面的纽约市时尚产业可以被描述为具有不同的内部联系的领域和区域的一个生态系统,其中包括设计师、媒体、制造、纺织品、不动产、零售、时尚教育、剧院和旅游。时尚批发产业构成了城市整个时尚生态系统的重要部分。批发领域包括设计师、品牌和使用陈列室、贸易展会、时装周和其他时尚活动以及时尚媒体/杂志等。从某种角度来说,纽约市可以被看做一个巨大的时尚和服装市场。产业的每一个领域的竞争和机会互相关联,并需要为整个产业的繁荣而保持健康发展。纽约时尚产业关联关系如图 3-3 所示。

时尚批发市场对纽约的影响巨大,每年能够产生超过 180 亿美元的直接支出,培育了城市时尚生态系统的其他部分。美国国内的买家和参观者每次参观的平均花费为每次 7031 美元,而国际参观者,每次花费平均为 11903 美元。③ 纽约最吸引买家的主要是纽约被认为是最新和最前沿的时尚所在地,纽约提供了接触到国际设计师和展览主办方的最好渠道,以及任何其他城市所没有的多样化的时尚产业资源和与旅游相关的经历。

纽约市是引领时尚界批发采购的先导,每年主办 75 场重要的服装时尚贸易展和市场周活动,坐拥逾 5000 家服装展示厅。上述这些活动每年约能吸引 57.8 万人次的美国国内及海外游客,占据城市的所有与会者的 14％。在 57 街和 85 街之间的麦迪逊大道,被认为是"时尚街",这一区域聚集了大部分著名的时尚设计师和上流社会发型沙龙。

---

① New York City, Fashion Capital, Industry Snapshot, NYCEDC www. nycedc. com.

② Strengthening NYC's Fashion Wholesale Market:2009 NYCEDC Study Fashion Industry Report,www. nycfashioninfo. com.

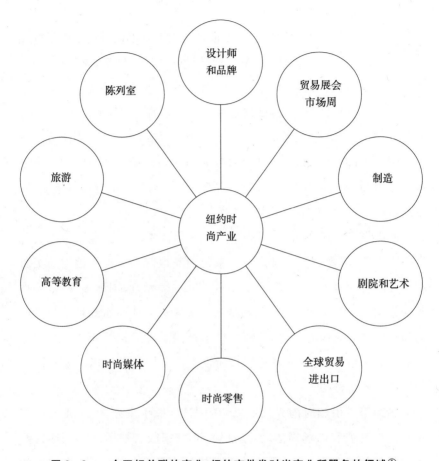

图 3-3　一个互相关联的产业：纽约市批发时尚产业所服务的领域①

　　纽约时尚产业最具有影响力的是时装周。纽约时装周是传播最前沿的时尚到世界其他地区的活动,纽约时装周引起了时尚界的关注。②根据纽约劳动部 2007 年的统计数据显示,在布赖恩特公园和全城举行的半年一次的时装周,包括举办超过 250 场时装秀,每年吸引了将近

　　① Strengthening NYC's Fashion Wholesale Market：2009 NYCEDC Study Fashion Industry Report,www. nycfashioninfo. com.

　　② New York City Economic Development Corporation,New York City. Fashion Capital,www. nycedc. com.

23.2万人出席展览,在全城范围内,每年因时装周带来的游客直接收入达到4.66亿美元,每年产生的经济影响总额达到7.33亿美元。时装周参观者包括时尚设计师、国际媒体和杂志、主要的管理者、买家和其他人。

纽约的时尚零售市场是美国最大的时尚零售市场,正以一个相当大的比例增长,根据穆迪经济网(Moody's Economy.com)2006年的统计显示,预计从2006年到2015年,纽约市的服装和配饰商店的就业人数将增长14%,远远超过美国8%的平均增幅。纽约市经济开发公司2009年的研究报告指出:纽约市时尚产业中独特的地方在于产业的每一个部分都拥有很大的规模。纽约拥有超过5000家批发陈列室,在时尚和服装品牌以及制造商的聚集度方面没有其他城市能够与纽约媲美。黛安·冯芙丝汀宝(俄罗斯犹太裔设计师)提出:在纽约有一种在世界其他地区无法发现的蜂鸣和创造能量,它是一个对于时尚而言非常刺激的地方,我认为这是为什么这么多人选择在这里的原因。①

(三)服装产业聚集区是纽约服装区域品牌发展的基础

服装产业是纽约市最大的制造业,被称做"纽约产业基地的支柱"。据有关数据显示,在美国本土生产的女装中有18%是在纽约市制造的。纽约市的"服装区"(Garment District)主要集中在北至第40街,南至第34街,东到第五大道,西到第九大道的一个4×6的街区中。落户在这个区域中的6000家企业中,大约有4000家是与服装产业相关的商业。这些企业除了服装制造商和承包商以外,还包括纺织厂、服装辅料供应商、饰物/珠宝生产商、展室、批发和零售商店、采购分理处、流行预测服务机构以及服装设计学校等支撑机构,还有大量其他法律、融资等服务机构。不同的经济主体充分互动,通过各种贸易或者非贸易的关系紧密联系在一起,并通过不断创新保持了强大的产业竞争力,与

---

① New York City, Fashion Capital, Industry Snapshot, NYCEDC www.nycedc.com.

巴黎并称为"世界服装之都"。①

纽约时尚产业集群化现象非常明显。纽约州劳动部 2006 年的统计显示,50% 的有关时尚的工作都位于服装中心以及周边的地区。服装区以不可比拟的规模和范围成为纽约时尚产业的无价资产。② 纽约时尚产业图见表 3 - 2。

表 3 - 2 纽约时尚产业图

	批发/设计	制造	时尚零售
就业人数	58000	29000	87000
5 年的就业人数 百分比变化	+7%	-41%	+16%
企业数量	6625	2186	6250
年销售额	386 亿美元	70 亿美元	94 亿美元

资料来源:纽约州劳工部 2007 年、美国劳动统计局 2007 年、美国人口普查局 2002 统计数据。③

纽约服装制造的特色在于女装。2001 年,纽约服装制造中就业人数的 71% 在女装制造领域。按照纽约州劳工部的数据,在五个街区中有 3320 家服装和纺织品制造厂,其中 2/3(2115 家)主要生产女装。④ 纽约服装制造领域带有典型的产业聚集性,服装/纺织制造的就业人数中的 56% 是位于曼哈顿,22% 位于布鲁克林,20% 位于皇后区。在曼哈顿的两个主要的服装制造区是服装中心和中国城。虽然有一定的相似性,但每一个地区的服装制造都有自己的特色,除了样品室和制造工厂以及中高端的服装设计制造,曼哈顿中心区服装中心也是城市的服

---

① 刘冰:《纽约市服装区的创新能力及对我国产业集群升级的启示》,《中小企业管理与科技》2009 年 9 月下旬刊,第 122 页。

② New York City, Fashion Capital, Industry Snapshot, NYCEDC www. nycedc. com.

③ New York City, Fashion Capital, Industry Snapshot, NYCEDC www. nycedc. com.

④ Norma M. Rantisi:"How New York Stole Modern Fashion", *Fashion's world cities*, edited by Christopher Branward and David Gilbert, *BERG*, *OXFORD*, New York, 2006, pp. 109 - 122.

装陈列室、大量的设计师和大规模的产业供应商（面料、纽扣、缝纫杂货等）所在地。中国城作为运动服装承包商的集群已经成为中低端女士服装生产中心。①

（四）纽约的城市文化为服装区域品牌的发展添加了内涵

纽约作为时装之都的兴起不仅与其发达的服装产业聚集有着紧密的联系，同时也与纽约作为文化中心的发展紧密相关。

城市的差异性文化是时尚产业发展的基础。在20世纪早期，虽然纽约正成为世界主要的工业和金融中心，但是它并没有成为一个文化中心，但是，纽约的经济优势很快产生了快速上升的资产阶级对当地娱乐设施的更大需求，这些娱乐设施应当能够代表自由民主的美国价值观念。②

20世纪之交，纽约音乐和行为艺术迅速发展。歌舞剧、百老汇以及主要的音乐室都依赖于工业的发展和城市化所带来的创新性能量。纽约作为一个艺术中心的地位开始慢慢形成。这种地位也通过标志性机构的建立而得到加强，比如古根汉博物馆（Guggenheim Museum）、卡内基音乐厅和林肯表演艺术中心。纽约服装产业受益并促成了这种新兴的文化矩阵。地方文化机构和产业（尤其是在流行音乐、剧院和电影院中）既是设计灵感的来源同时也是时尚消费的来源。纽约高端成衣设计师诺曼·罗维尔就是从为百老汇和电影设计服装开始其职业生涯的。1937年，纽约一家戏剧集团建立了服装研究所，表演艺术和时尚之间的联系也在这个时期凸显了出来。③

纽约的时尚定位也进一步被它作为美国主要出版中心的地位所加

---

① Fiscal Policy Institute, NYC's Garment Industry, A New Look, August, 2003.

② Norma M. Rantisi: "How New York Stole Modern Fashion", *Fashion's world cities*, edited by Christopher Branward and David Gilbert, *BERG, OXFORD*, New York, 2006, pp. 109 - 122.

③ Norma M. Rantisi: "How New York Stole Modern Fashion", *Fashion's world cities*, edited by Christopher Branward and David Gilbert, *BERG, OXFORD*, New York, 2006, pp. 109 - 122.

强。纽约是 Vogue、GQ（创办于 1957 年的美国知名男性时尚杂志）、《女装日刊》等全球最大时尚出版物的总部所在地。因此，虽然 20 世纪 40 年代和 50 年代洛杉矶、旧金山、芝加哥和达拉斯等其他的地区服装中心逐渐兴起，但是这些地区没有一个能够削弱纽约的控制地位。

随着第二次世界大战的结束，一批美国时装设计师开始崭露头角，到六七十年代纽约时装逐步形成了自己的风格，并受到国际时装界的关注。纽约的时装风格似乎更多地体现了美国这片新大陆快速的生活节奏和开放不羁的生活方式。与欧洲国家时装时常显现的贵族气质相比，纽约时装似乎更趋向于大众化、平民化，纽约的时装设计师似乎更强调个性的张扬，强调功能性与舒适性兼备，在设计中将休闲风格和简约主义发挥到了极致。而纽约的时装经销商又充分利用了这些特点，他们采取灵活的宣传和营销策略，将舒适耐穿、价格多元、适合社会各阶层的纽约时装大量地生产，并行销世界各地。①

三、产业转型背景下纽约保持时装之都的措施

随着北美自由贸易协定（NAFTA）以及其他贸易自由化措施的实施，服装商品链的全球化日益明显，纽约的服装制造业受到来自低成本海外制造商的巨大竞争。虽然纽约的服装制造对于城市经济有着重要的贡献，但服装制造的就业人数从 1980 年到 2000 年之间减少了 58％，而美国其他地区则减少了 51％，由于土地租金以及进口压力等综合性的影响，纽约服装和纺织品就业人数到 2001 年下降了 15.7％，是过去二十年中情况最糟的一年。②

在竞争压力之下，纽约逐渐完成了由大规模成衣制作到高端成衣制作的转型。大批量、低成本的订单转向中国、印度和拉美地区的发展

---

① 央视国际：《聚焦中外时装之都，感受时尚魅力》，http://www.cctv.com/fashion/20050111/100503.shtml。

② Fiscal Policy Institute，NYC's Garment Industry，A New Look，August，2003.

中国家,而纽约则定位于设计师品牌成衣制作的基地。多年来,纽约为了保护制衣业的发展,把从百老汇到第九大道以及从 34 街到 40 街之间的梯形街区划定为制衣生产区,限制该区域内的业主把厂房改建成写字楼,以避免租金上涨。在这个保护区内,制衣厂大多接手每单3000 至 4000 件左右的设计师品牌订单,而上万件以上的订单则都发向了发展中国家。据美国服装行业协会统计,美国销售的服装中只有5%是本土生产的,生产厂家集中在纽约和洛杉矶,而这些高端产品的销售额占全国服装销售额的 24%。[①]

但是由于服装区内房地产成本的不断上涨,迫使许多服装公司、辅料公司从时代广场周边关闭,或者转移到中国、印度和拉丁美洲进行生产。另外,一些设计师品牌,比如妮可·米勒(Nicole Miller)、邓姚莉(Yeohlee Teng)、安娜苏(Anna Sui)以及娜内特·勒波尔(Nanette Lepore)现已身处危机之中。此外,厂房业主对租金限制颇为不满,纷纷游说市政府要求取消限制,提高租金,这也给制衣厂带来了不小的压力。[②] 如何维持纽约在全球服装市场上的竞争优势,保住其世界时装之都的地位是纽约服装区域品牌建设中考虑的问题。

(一)推动服装制造商在全球产业链中的转型

纽约服装产业是一个承包商、制造商和批发商,同时还包括面料、纱线和纽扣等供应商聚集在一起的多样化的制造网络。2002 年对北美服装产业的一个研究显示:全球制造网络持续管理的目的在于维持在地方和国外采购方面的平衡,纽约具有对于小批量制造的特定的区域优势。

一般而言,制造商外部采购的选择是由四个因素决定的:发货时间要求、面料创新、价格和制造数量,而纽约的制造商在以下的领域内是具有竞争性的:(1)被制造的服装要求在 2 到 5 周的时间内运输

---

① 王姗姗:《纽约或痛失"时装之都"称号》,《新民晚报》2009 年 8 月 28 日。

② 王姗姗:《纽约或痛失"时装之都"称号》,《新民晚报》2009 年 8 月 28 日。

给顾客(而境外制造一般需要 8 到 12 周);(2)对于小规模的订单而言,海外制造是不经济的,因为海外制造商常常要求订单的最低规模;(3)必须有进行市场测试以及再订货的地方制造能力以及高端产品的生产线。就制造而言,处于价格顶层的承包商一般位于较高成本的国家(美国、韩国等),而大规模制造则发生在低成本的国家。由于产品质量最终监控的成本较低,因此,价格领域越高,使用地方承包商就越典型。①

纽约是一个世界时尚中心,其具有一个健康、高端时尚产业的切实可行的条件(设计师、有经验的工人、零售商和寻求变化和质量的消费者)。因此,纽约的服装制造商在利基市场方面的主要力量在于它无法被境外供应商所媲美的灵活性、速度、质量和可信赖的能力。目前,纽约的服装制造商已经通过三种方式开始成功地适应全球服装市场:(1)品牌塑造(比如莱斯利·法伊 Leslie Fay),通过打造自身的品牌从而销售给大中型的服装零售商;(2)服务灵活性,即寻求与海外制造商不同的差异化策略;(3)细分供应商(比如为卡尔文·克莱恩,拉夫·劳伦等设计师品牌生产更低价位的产品)。

纽约地方制造的转型同样受益于公共政策的推动。在 20 世纪 70 年代,为了回应来自进口的竞争和来自其他地区的服装中心的压力,纽约市采取了相应的措施来改良纽约的市内交通,大力打击犯罪行为,命名第七大道为"时尚大道"等提升服装产业的发展氛围。在 20 世纪 80 年代,时代广场的复兴和它对于服装区内不动产成本的潜在影响推动了国际女装产业工人联合会(后来重新命名为 UNITE)与政府机构协商了一个特定的分区制修正案来维护服装区内的制造业的土地利用。同时,联合会还与服装区内的制造商联合建立了服装工业发展协会。虽然服装工业发展协会最初建立的目的是对抗中国城内的不动产压力,但是随着来自地区、州和联邦政府的支持,公司已经开始将它的活

---

① Fiscal Policy Institute, NYC's Garment Industry, A New Look, August, 2003.

动扩张到开发服装产业内的劳动力以及推销纽约市内的制造商等方面。在1993年,纽约建立了时尚中心商业开发区(Fashion Center Business Improvement District),来帮助服装区变得更清洁和优美,并且将其作为时尚制造中心,从而确认了纽约服装区的经济重要性。①

对于服装区内不动产价格的上升问题,为了维持纽约的高端制衣业,纽约市政府做出了原址保护制衣区的决定,虽然打算取消原有的制衣区特别区域租金限制,但表示将对制衣厂通过其他方式进行房租的补贴或倾斜。根据这一决定,制衣厂的房租将是其他公司的一半,差额部分业主将得到补贴。②

另外,积极整合设计和制造,其中主要包括制造高级时装设计,积极打造纽约制造的概念维护纽约时尚之都地位,创造纽约时尚形象等重要措施。由于纽约是全球时尚中心之一,虽然纽约在高级时装领域并没有占据很大部分,但是这些制造创造了纽约的形象,对于纽约服装产业的全球声誉非常重要。美国著名设计师的品牌的本土化加工生产可以代表纽约供应商能够制造高端、高附加值的产品,另外,以"纽约制造"的概念来出口纽约服装也成为一个重要的推动力量。纽约经济开发公司以及美国商务部推出了一个被称为"纽约国际时尚"的项目,目的是吸引亚洲和欧洲的买家到纽约并通过贸易展会和样品陈列室推销纽约服装品牌。从1991年开始,这个项目已经为纽约的服装制造商增加了5500万美元的出口额。纽约经济开发公司在2002年9月在巴黎举办了"美国人在巴黎"的展览,展览的目标是推动纽约市作为一个全球时尚之都的形象并且展示新锐地方设计师的创造力。许多年轻的纽约设计师包括大卫·洛迪古斯(David Rodriguez)、艾莉丝·罗伊(Alice Roi)、罗宾·夏贝尔(Rubin Chapelle)以及维马·米尔(Vilma

---

① Norma M. Rantisi, The Ascendance of New York Fashion, International Journal of Urban and Regional Research, Volume 28. 1 March 2004, pp. 86 - 106.

② 王姗姗:《纽约或痛失"时装之都"称号》,《新民晚报》2009年8月28日。

Mare)等都进行了展示。超过 300 个国际买家和媒体代表参加了这个活动。[1]

（二）提升纽约时尚批发与零售市场的竞争力

随着美国贸易展会的地区化趋势日益明显，最典型的是拉斯维加斯时尚贸易展会的兴起，而贸易展会的地区化可以潜在地降低一个城市作为时尚批发目的地的重要性并对城市的经济和时尚产业产生负面的影响。因此，纽约也在积极采取措施维持其在批发与零售市场上的竞争力。

纽约经济开发公司 2009 年的报告指出，纽约目前的时尚批发行业所存在的问题主要是对于贸易展会无法做出事先的预定和安排，同时缺乏一个关于陈列室和贸易展会的综合信息。根据该公司的调查，89％的时尚买家认为纽约没有提供一个有最新样品陈列室名单的指南，而超过 60％的买家提出他们将使用这样的指南来发现新的产品和参观更多的陈列室，这会导致时尚批发额的显著增长，很多买家认为参观纽约的展会在交通方面不太方便，更为重要的是，很多时尚专业人士认为纽约与其他竞争者相比缺乏差异化。很多竞争城市比如拉斯维加斯、洛杉矶和达拉斯通过在会议中心和展览馆等方面的投资以及举办新的贸易展会吸引了西部和南部的买家。[2]

为了维持纽约作为时尚买家目的地的声望，纽约采取了相关的措施，诸如对于贸易展会进行事先的预定安排，通过将多个贸易展会聚集在一起并推销纽约市"市场周"的概念，从而形成一个国际性的活动来支撑纽约时尚产业以及纽约作为时装之都的力量和威望。相关的日程安排都可以在纽约经济开发公司的网站上查询，从而使更多的买家能够提前了解纽约市场周的相关安排并安排自身的日程，另外，纽约经济

---

[1]　Fiscal Policy Institute, NYC's Garment Industry, A New Look, August, 2003.

[2]　Strengthening NYC's Fashion Wholesale Market: 2009 NYCEDC Study Fashion Industry Report, www. nycfashioninfo. com.

开发公司在 2009 年 2 月开通了 www.nyfashioninfo.com，这个网站包含了超过 5000 家纽约市批发陈列室的全部情况的信息，在 2009 年女装秋季市场周期间印刷和散发了 6500 份纽约市批发指南。这些都为买家提供了详细的信息，使他们充分了解纽约的时尚批发情况。加强旅游设施也是重要的措施之一，这其中包括增加指示牌和陈列室指南、旅馆、娱乐设施、买家服务中心等，为了解决纽约交通问题给买家带来的不便，纽约经济开发公司在女装市场周提供了在贸易展会、服装中心内和市中心之间的市场周巴士 2500 辆，很多买家认为服装周的这些服务对他们非常有帮助。

除此之外，为了维持纽约时装之都的地位，纽约也在提供差异性服务方面采取了相关措施，比如提供独特和多样的零售环境等。作为批发业务聚集区的服装中心也是关注点之一。服装中心有大量的样品陈列室，使买家能够接触到众多的国际品牌、优秀的设计师等，而更低的租金成本、创造更多的贸易展会空间特别是服装中心的再分区制都将成为维持纽约时尚产业中心地位的重要策略。

第二节　洛杉矶时尚的创新与实践

总部位于纽约的非营利组织全球语言监测机构（Global Language Monitor）（每年公布的全球时尚之都排行榜，在一定程度上反映了城市与时尚的联系，该排行榜以监测城市在媒体网络以及博客中出现的频率高低为基础）。洛杉矶紧随传统的时尚之都之后，发展极为迅猛。洛杉矶在全球语言监测机构时尚之都排行榜中的排名见表 3-3。

表 3-3　洛杉矶在全球语言监测机构时尚之都排行榜中的排名

年份	排名
2007	第 7 位（位于纽约、罗马、巴黎、伦敦、米兰和东京之后）
2008	第 6 位（位于纽约、罗马、巴黎、米兰和伦敦之后）

续表

年份	排名
2009	第 6 位（位于米兰、纽约、巴黎、罗马和伦敦之后）
2010	第 5 位（位于纽约、中国香港、伦敦和巴黎之后）

资料来源：作者整理。

　　与传统的时尚之都米兰、纽约、巴黎和伦敦等相比，洛杉矶服装区域品牌则展现了另一种发展路径。作为美国最大的服装制造中心，洛杉矶可以与顶尖的时尚中心媲美，同时它通过混合名人时尚与洛杉矶流行时尚，并且培育一个多文化的创新和创造性的设计环境而为世界认同。[①]

一、洛杉矶服装区域品牌的发展历史

（一）洛杉矶服装产业集群的兴起与发展

　　在 20 世纪 80 年代之前，纽约一直是美国最主要的服装制造中心。在 20 世纪 60 年代早期，纽约服装产业规模是洛杉矶的五到六倍。之后由于纽约服装区所在曼哈顿地区土地租金和工资上涨等因素的影响，纽约开始出现就业人数和企业减少的情况，而洛杉矶则出现增长，到 20 世纪 80 年代后期，洛杉矶在就业人数和企业数量方面都超过了纽约。因此，虽然纽约在时尚和商业影响力方面仍维持了其作为著名时尚中心的威望，但从 20 世纪 80 年代后期开始，洛杉矶所在的南加利福尼亚地区已经成为美国最大的服装制造中心，1996 年顶峰时就业人数达到了 103900 人。[②]

---

　　① Melissa L. Jakubauskas, Elena Karpova："The Future of the Los Angeles County Apparel Industry in the Post-Quota Era", *International Textile and Apparel Association, Inc. ITAA Proceedings*, ♯66, 2009.

　　② Los Angels County Economic Development Corporation：The Los Angels Area Fashion Profile, December 2003, http://www.laedc.org/reports/fashion-2003.pdf.

就历史而言,洛杉矶的服装产业主要由移民工人、劳动密集型制造活动和低成本服装商品构成。洛杉矶郡经济开发公司的数据显示,2003年,洛杉矶郡服装产业的就业人数占南加利福尼亚90%的份额。① 南加利福尼亚的公司和纽约的公司一样,主要是制造女士服装。2000年南加利福尼亚在美国国家标准的工业分类码(Standard Industrial Classification,SIC)服装和其他纺织品产业中的就业人数的3/4是在女士和女装领域内。虽然南加利福尼亚和纽约服装产业在这个方面有重叠,但两者还是有很大区分的,因为前者更注重于休闲、户外和运动时尚定位,它的产品对更年轻和爱玩的客户更有吸引力。

南加利福尼亚服装产业中的大部分劳动力主要由来自亚洲和西班牙的低收入移民组成,同时也以许多中小型企业的聚集为特点。南加利福尼亚50%以上的企业一般只有1—9名雇工。区域内大量小企业的存在从整体而言产生了强大的规模和范围的外部经济。② 因此,服装企业之间的关系虽然有竞争,但也更多涉及合作性的交易。服装产业之间的关系以制造商(主要从事设计、研究和销售活动)和承包商(从事缝纫、裁剪等工作)为代表,围绕着这样的核心关系,有其他的公司出现来提供多样化的专门服务比如样板制作、锁眼、打褶和染色等。③

洛杉矶服装产业不仅以地方的制造网络和集中的劳动力市场为特点,也以一个社会和文化资产的氛围为特点。这样的产业有一种围绕

---

① Allen J. Scott:"Competitive Dynamics of South California's Clothing Industry:The Widening Global Connection and its Local Ramification",Urban Studies Vol. 39,No. 8,2002,pp. 1287 - 1306.

② Allen J. Scott:"Competitive Dynamics of South California's Clothing Industry:The Widening Global Connection and its Local Ramification",Urban Studies Vol. 39,No. 8,2002,pp. 1287 - 1306.

③ Allen J. Scott:"Competitive Dynamics of South California's Clothing Industry:The Widening Global Connection and its Local Ramification",Urban Studies Vol. 39,No. 8,2002,pp. 1287 - 1306.

地理中心聚集的强大动力,在这种方式之下,企业能够通过联合产生经济利益的最大化,从而提高它们的竞争能力。

(二)从制造中心向时尚中心的转变

随着世界服装产业的格局发生变化,全球服装制造产业日益向低成本的发展中国家转移,发展中国家的低价纺织品服装涌入美国,对洛杉矶的服装制造商产生了巨大的压力,尤其是那些低端产品的服装制造商。另外,由于一些服装企业中所存在的工资和劳动时间等问题,美国联邦政府和加利福尼亚州政府都相继通过了一些法规提高最低工资标准,从 2003 年开始,制造商也有义务对承包商的工人赔偿承担连带责任,这种规定使贴牌的制造商对于其承包商工厂内的工资和劳动力时间等问题负有同等的义务,加利福尼亚劳工部也通过增加对工厂的监督来加强单个工厂执行劳动法的力度,这些措施在一定程度上提高了洛杉矶服装制造商的成本。同时,快速时尚系统比如像 Zara、Mango 以及 H & M 的出现,能够有效地通过供应链加速产品周转,对以精品店和高级成衣制造为基础的许多时尚中心带来了巨大的冲击,大的零售商也逐步扩张,从而能够从它所合作的企业中取得更为优惠的条件,使其市场力量日益集中。

因此,洛杉矶的服装制造商面临着两方面的压力:一方面,来自于低成本国家的廉价纺织品涌入了美国,减少了国内制造商的产量,尤其是在市场低端的部分,从而导致洛杉矶服装产业的就业人数大幅下降。洛杉矶在市中心的时尚区有典型的产业集群,在洛杉矶郡,服装制造就业人数从 1996 年达到顶峰之后开始下降,到 2002 年,就业人数已经下降到 73500 人,大约是 1996 年的 71% 左右。[①]

另一方面,洛杉矶所制造的服装高端产品的声誉还无法与世界大的时尚中心(其中包括纽约)所制造的商品媲美。纽约一直是美国的时

---

① Los Angels County Economic Development Corporation:The Los Angels Area Fashion Profile,December 2003,http://www.laedc.org/reports/fashion−2003pdf.

尚中心,与洛杉矶的制造商相比,纽约的制造商更积极地寻求将自身定位于市场的高端并且提出了针对全球化竞争的有效的解决策略。虽然洛杉矶服装产业的就业人数在20世纪80年代超过了纽约,但该地区的服装产业很明显长期处于纽约所创造的竞争优势的阴影之下。这种论点可以通过比较两个城市的服装产业的白领工人与蓝领工人的比率而得出,纽约的比例在战后的大部分时间中都持续高于洛杉矶。从1997年的统计数据来看,纽约几乎是洛杉矶的两倍。① 1967—1997年在美国国家标准的工业分类码SIC 23(服装和其他纺织品)产业内洛杉矶和纽约的制造业工人与非制造业工人的比较见表3-4。

表3-4 在SIC23(服装和其他纺织品)产业内洛杉矶和
纽约的非制造业工人 1967—1997年

| 年份 | 洛杉矶 | | | 纽约 | | |
	非制造业工人	制造业工人	比率(%)	非制造业工人	制造业工人	比率(%)
1967	9000	58000	15.5	40800	219600	18.6
1972	8900	52500	17.0	38000	182000	20.9
1977	12900	65300	19.8	34500	157600	21.9
1982	13900	64800	21.5	31700	121800	26.0
1987	17600	77500	22.7	23600	84600	27.9
1992	16700	78100	21.8	18900	72700	26.0
1997	15200a	81300a	18.7a	20900a	60000a	34.8a

注:a1997年的数据是依据NAICS 315(服装制造)的标准,需要提到的是NAICS(北美行业分类系统)315并不是完全与SIC 23一致。
资料来源:美国商务部、统计局、制造人口统计和经济人口统计②。

———————————

① Allen J. Scott:"Competitive Dynamics of South California's Clothing Industry: The Widening Global Connection and its Local Ramification", Urban Studies Vol. 39, No. 8,2002,pp. 1287 - 1306.

② Allen J. Scott:"Competitive Dynamics of South California's Clothing Industry: The Widening Global Connection and its Local Ramification", Urban Studies Vol. 39, No. 8,2002,p. 1299.

　　无疑,纽约在这方面的优势地位可以被认为是长期以来制造行业就业人数下降导致的,但同时也可以看出纽约的服装产业已经变得更为设计密集型。统计显示出洛杉矶服装劳动力的 2.1% 是由职业设计师构成,而纽约为 3.9%。[①] 这种倾向存在着环境的支撑。加利福尼亚南部唯一的服装产业刊物是贸易定位的加利福尼亚服装新闻,而在洛杉矶的加利福尼亚集市(也被称为时装周)每年举办五次,但相比纽约半年一次的时装周或者以纽约为总部的服装设计师协会组织的年度大奖来说,影响力还无法媲美。同样的观点可以通过纽约作为服装市场和销售中心的优势来表现出来,在 1999 年,纽约在 NAICS 4223(服装和坯布批发商)的就业人数有 37910 人,而洛杉矶只有 24775 人。[②] 因此,纽约作为时尚中心的声誉最终超过洛杉矶并不令人惊奇。应当说,纽约作为时装中心的地位比洛杉矶所定位的通俗时尚更有新闻价值,但是纽约很显然在设计师的类型和质量方面处于领先地位,同时它对时尚出版物的控制地位也证明了其在商业领域中的良好能力。这些标志说明南加利福尼亚仍然处于美国时尚世界中相对边缘的位置,也说明了它离一个服装产业的主要的创意和商业中心的目标还需要很长时间的演化。[③]

　　因此,洛杉矶的服装制造商所面临的压力非常巨大,从低端市场上来看,如果考虑到亚洲和拉丁美洲国家的劳动力成本优势,洛杉矶显然无法与其进行竞争,而从高端市场上看,如果不能使公司或者公众产生

---

① Allen J. Scott:"Competitive Dynamics of South California's Clothing Industry: The Widening Global Connection and its Local Ramification", Urban Studies Vol. 39, No. 8,2002,pp. 1287－1306.

② Allen J. Scott:"Competitive Dynamics of South California's Clothing Industry: The Widening Global Connection and its Local Ramification", Urban Studies Vol. 39, No. 8,2002,pp. 1287－1306.

③ Allen J. Scott:"Competitive Dynamics of South California's Clothing Industry: The Widening Global Connection and its Local Ramification", Urban Studies Vol. 39, No. 8,2002,pp. 1287－1306.

对洛杉矶时尚的认同从而共同采取措施来建立区域内的劳动力基础、营销能力以及声誉，那么也很难产生竞争优势，但高端市场上的竞争显然无法按照现有的采用降低成本的路线来完成，这将继续束缚服装产业进入更时尚定位的制造能力。

日益增加的竞争迫使当地的设计师创造更具有独特性的产品，从而帮助洛杉矶的服装产业继续兴盛并且确实成为世界时尚之都，洛杉矶的服装产业为开始更加注重设计，并向知识密集型转变，这明显有助于其服装产业保持平稳①。洛杉矶始终存在一小群具有较高声誉的服装设计师，其中的一些在服装产业与电影产业之间灵活穿梭。洛杉矶的服装产业长期以非常专门的利基市场（niche market）而闻名，由于在终端服装市场上的需求以及它作为多彩、休闲和非正式服装的来源的声望而享有独特的竞争优势。现在，它也同样成为各种运动服装和相关时尚产品的制造中心，在南加利福尼亚的大多数制造商展现出巨大的时尚集约型的才能。BCBG、比索比索（Bisou Bisou）、军号小子（Bugle Boy）、盖尔斯（Guess）、卡伦·凯恩（Karen Kane）以及 XOXO 等公司在最近这些年都在时尚世界中获得了声誉，这些产品，通过其成功，产生了重要的外部经济。②

因此，虽然有各种消极的因素影响，在 20 世纪 90 年代之后，洛杉矶的服装产业在某些领域已经很好地脱离了其在 20 世纪 80 年代中期的低价和低质量的结构，成功实现了从注重大规模制造向一个时尚中心的转变。在 2004 年到 2006 年，洛杉矶服装产业的就业人数减少了 8%，企业数量减少了 3%，美国服装产业就业人数则明显下降了 21%，

---

① Allen J. Scott: "Competitive Dynamics of South California's Clothing Industry: The Widening Global Connection and its Local Ramification", Urban Studies Vol. 39, No. 8, 2002, pp. 1287 - 1306.

② Allen J. Scott: "Competitive Dynamics of South California's Clothing Industry: The Widening Global Connection and its Local Ramification", Urban Studies Vol. 39, No. 8, 2002, pp. 1287 - 1306.

相比全美的服装产业就业人数的状况,洛杉矶的服装产业显示出健康和富有生存能力的信息,研究结果显示洛杉矶服装产业建立了一个独特竞争优势的产业集群,从而使其在2004—2006年期间与全美服装产业相比有更好的表现。考虑到洛杉矶服装产业的力量,随着产业在附加值、细分市场、产品结构等方面的重新架构,它将继续维持重要的时尚中心的地位,并且比许多美国其他地区的时尚和服装中心在未来更有可能成功。[1]

二、洛杉矶服装区域品牌的发展特点

服装产业是现代世界中我们熟悉但是非常令人困惑的制造领域之一,它既具有一个美学和符号学的文化特点,在市场竞争的情况下其制造者又受到价格和收益标准的限制。它也是这样一个产业,其地理结构经常以公司的密集集群为特点(常常是在主要世界城市的核心地区),产业中的区域化与植根于全球化过程中的竞争日益交汇。这种纠结的条件在洛杉矶服装产业中表现得更为明显。[2] 为了创造一个与其他时尚之都不同的洛杉矶时尚,洛杉矶产生了一些独特的发展特点。

(一)地方服装产业集群从劳动密集型向设计和营销密集型转变

目前,世界服装产业的发展趋势发生了重要的变化,在服装产业链高端的服装设计和营销能力的竞争将更加激烈,比如香港正逐渐从一个制造中心转向一个将买方、卖方和供应商都集合在一起的重要的地

---

① Melissa L. Jakubauskas, Elena Karpova, "The Future of the Los Angeles County Apparel Industry in the Post-Quota Era", *International Textile and Apparel Association*, Inc. *ITAA Proceedings*, # 66, 2009, http://www. itaaonline. org/downloads/TAII—Jakubauskas-The_Future_of_Los. pdf.

② Allen J. Scott; "Competitive Dynamics of South California's Clothing Industry: The Widening Global Connection and its Local Ramification", Urban Studies Vol. 39, No. 8,2002,pp. 1287 - 1306.

区性采购中心。① 服装产业的国际竞争将注重创新和定制。快速变化的消费者需求导致了在时尚趋势方面的快速转向，新的细分市场产生的产品种类的频繁变化，将要求以知识为基础的功能比如设计和营销能力上的极大提高，紧邻最终市场的制造企业将帮助完成这一过程，充分地关注细分市场将提高服装制造商的效率和灵活性，更小的单件车间将为细分市场服务，制造行为逐步专门化，基于脑力和体力之间的分工促使制造规模不断缩小，提升设计和品牌管理方面的核心竞争力将成为必然选择。②

　　同时，精益零售模式在 20 世纪 90 年代占据了重要的地位，该模式要求服装供应商的补货以周为周期，零售商提高了对于他们的供应商在供货义务和灵活性方面的要求，供应商的存货风险增加，不同产品的时尚特点成为制造商采购决定中的重要影响因素。对于单季商品或者流行性很强的商品比如裙子，生产要素成本和政策成本非常重要，这也意味着低成本的制造地将具有优势，而对于需要及时补货的商品比如男士牛仔而言临近主要市场的制造地则更具有竞争力。在美国和欧洲市场中的服装产业将从临近主要市场以及制造回应日益变化的市场需求的产品中受益。③

　　洛杉矶的服装制造企业主要为中小型企业，一半以上的企业雇工

　　① 　Grunsven，L. and Smakman，F. ："Competitive Adjustment and Advancement in Global Commodity Chains I. Firm Strategies and Trajectories in the East Asian Apparel Industry"，*Singapore Journal of Tropical Geography*，Vol. 22，No. 2（2001）：pp. 173 - 188.

　　② 　Kilduff，P. ："Evolving Strategies，Structures and Relationships in Complex and Turbulent Business Environments：the Textile and Apparel Industries of the New Millennium"，*Journal of Textile and Apparel Technology and Management*，Vol. 1，No. 2（2001），pp. 1 - 10.

　　③ 　Frederick H. Abernathy，Anthony Volpe and David Weil："The Future of the Apparel and Textile Industries：Prospects and Choices for Public and Private Actors"，*Harvard Center for Textile and Apparel Research Version*，December 22，2005，http：//www. hctar. org/pdfs/GS10. pdf.

在九人以下,在价格竞争上显然与低成本国家的制造商相比不具有优势,因此洛杉矶的服装企业开始寻求向设计和知识密集型的制造形式转变,通过寻找独特的细分市场确立其核心的竞争力。洛杉矶服装市场以开发和生产被电影、另类艺人和青少年影响的最新时尚为特点。很多服装企业的管理人员和设计师都通过参与各种娱乐活动来了解最新趋势,并且通过与顾客保持紧密的联系来了解他们的需求。当地服装市场中快速变化的消费者品位导致了在时尚趋势方面的快速变化,这种变化要求服装企业提供快速转向和以消费者为导向,零售商需要在时尚需求方面的快速反应,这是一些境外的制造商无法提供的。相反,与市场联系紧密、严格的质量控制以及便于在最后时刻基于市场检验的基础上调整特殊款式的能力使当地制造企业具有相当大的优势。为了在洛杉矶市场取得成功,设计师需要可信的和灵活的制造资源。[①]

通过对当地市场的分析,洛杉矶的中小型服装制造企业找到了一个重要的细分市场,即为客户定制的、小批量的高级时装市场。这个市场从设计概念到产品的时间要求很短,同时要求高品质的材料、灵活的制造能力,在工厂与设计师之间的紧密的工作关系和快速的转向,洛杉矶的服装制造企业能够把这些要素协同组织起来。在这个市场上转向需要多快?从概念到市场可能只有几个星期那么短。一旦人们忘记了在上一次奥斯卡妮可·基得曼穿了什么,她的裙子的感知价值就将成倍下降。[②] 通过抓住这样的细分市场,中小型服装制造企业获得了核心竞争力,从而能够在激烈的市场竞争中得以生存。洛杉矶经济开发公司(LADEC)是一家致力于增强服装产业内创造性和创新性水平的非营利性机构,其在 2007 年的报告中就提出鼓励企业实施 C/Q/Q 战

---

① Allyson Bailey-Todd, Molly Eckman and Kenneth Tremblay: "Evolution of the Los Angels County Apparel Industry", *Journal of Fashion Marketing and Management*, Vol. 12, No. 2, 2008, pp. 260 – 276.

② Los Angels County Economic Development Corporation: The Los Angels Area Fashion Profile, December 2003, http://www.laedc.org/reports/fashion-2003.pdf.

略，即 C(creative input)进行更多的创造性投入，Q(quality)关注产品质量，Q(quick turn)快速转向的能力。中小型服装制造企业所寻求的另一个细分市场是再订货。虽然制造向低成本地区转移，仍有对快速转向制造的良好需求——制造被零售商所立即需要的脱销的流行时尚产品以及制造零售商店希望在需求减弱之前增补的热门产品。快速时尚零售商比如 ZARA 和 H ＆ M 的成功——它们的存货和设计每两周转变一次，将增加这种类型的需求，这样的市场对于中小型服装制造企业非常重要。

因此，通过向境外承包商外购低附加值的活动，洛杉矶服装产业正重新定位，洛杉矶正在成为一个日益增强设计密集型的市场，大量的公司致力于服装设计、营销和其他商业服务，服装产业的方向是以独特的设计和更高的质量因素来保证更高的价格。这种定位对于那些希望在洛杉矶郡落户的设计师非常重要，同时对于洛杉矶郡服装产业与低成本的境外承包商的竞争也非常关键。①

1960 年，美国经济学家华尔特·惠特曼·罗斯托在《经济成长的阶段》一书中提出了他的"经济成长阶段论"，将一个国家的经济发展过程分为五个阶段，1971 年他在《政治和成长阶段》中增加了第六阶段。经济发展的六个阶段依次是传统社会阶段、准备起飞阶段、起飞阶段、走向成熟阶段、大众消费阶段和超越大众消费阶段。对照主流的现代化理论，洛杉矶服装产业正在向以知识为基础的高附加值行为演化，另外，洛杉矶的公司更关注利基市场和核心产品，此外，洛杉矶在充足的有技能的移民劳动力方面使市场也符合演化阶段的传统国家的特点。洛杉矶服装产业在培育技术和专门化时也幸运地拥有了充沛的劳动力。这种独特的状况使洛杉矶具有一个独特的优

---

① Allyson Bailey-Todd, Molly Eckman and Kenneth Tremblay："Evolution of the Los Angels County Apparel Industry", *Journal of Fashion Marketing and Management*, Vol. 12, No. 2, 2008, pp. 260 - 276.

势,在一个非同寻常的商业模式中将低附加值和高附加值的行为混合。①

(二)以服装产业与文化创意产业之间的协同为特色

洛杉矶服装产业发展的一个最典型的驱动因素是在娱乐和设计方面的力量,其力量的大部分来源于媒体对与好莱坞和娱乐明星有关的洛杉矶时尚趋势的模糊概念的持续传播,洛杉矶文化创意产业的繁荣为服装产业的发展提供了源源不断的动力,因此,洛杉矶服装区域品牌以培育服装产业与文化创意产业之间的协同为特色。

根据洛杉矶经济开发公司和奥蒂斯艺术设计学院(Otis college of art and design)在《洛杉矶地区创意经济报告》中的定义,创意经济是制造文化、艺术和设计的商品和服务的人或者企业所产生的市场影响。它由将最初观念创造成创意商品和服务的从业人员及企业组成,也包括将创意产品展现给市场的展示机构比如博物馆、艺术画廊和行为艺术。创意经济的第三个内容则由那些从直觉而言并不与创意有关的活动构成,比如制造,但是服装、玩具和家具制造商也依赖于优良的设计来取得成功,创意产业的最后部分是由支持创意活动的支持系统组成的:学校的艺术专业、市政基金以及其他提供金融来源和刺激创意艺术繁荣的系统。洛杉矶文化创意产业包括时尚、家具、艺术画廊、产品/工业设计、建筑和室内设计、娱乐、通讯、数字媒体以及玩具等多种产业,洛杉矶创意产业是该区域内最大的产业领域,提供了大约 100 万直接和间接的工作岗位,这也意味着该区域内每六个岗位中有一个是与创意产业有关的。②

---

① Allyson Bailey-Todd, Molly Eckman and Kenneth Tremblay: "Evolution of the Los Angels County Apparel Industry", *Journal of Fashion Marketing and Management*, Vol. 12, No. 2, 2008, pp. 260 – 276.

② Los Angels Country Economic Development Corporation, OTIS College of Art and Design: Report on the Creative Economy of the Los Angels Region, December 2009, http://www.otis.edu/assets/user/Creative%20Economy%202008u_FINAL.pdf.

洛杉矶是世界娱乐之都,每年吸引 25.9 亿游客到这里游玩,虽然洛杉矶旅游和娱乐是从创意经济中最具竞争优势的产业,但是创意的区域基础也延伸到其他的领域并且是经济增长的主要驱动者。时尚产业即是其中的一部分。到 2008 年,洛杉矶的文化创意产业的整体收入为 1211 亿美元,其中娱乐产业是最大的部分为 479 亿美元,时尚产业(包括服装和纺织品制造、服装批发和珠宝中心、珠宝制造、化妆品、鞋和手包制造)为 363 亿美元。[①] 2008 年,时尚产业提供了 980000 个就业岗位,仅次于娱乐所提供的 131800 个岗位。虽然在 2008 年,时尚和家具制造业经历了过去 5 年来最大的下滑,整个就业人数下降了11.0%,其中最大的失业集中在服装制造行业(减少了 12700 个岗位)和纺织厂(减少了 1200 个岗位),但其他时尚领域增加了工作岗位,服装批发(增加了 2200 个岗位),特别设计服务(增加了 800 个工作岗位)。在 2008 年,洛杉矶郡有 6872 个时尚企业,直接销售收入 363 亿美元,其中 164 亿美元来自服装批发,而 58 亿美元来自服装制造。预计到 2013 年将提供 88600 个岗位。[②]

服装产业作为一个文化产品领域被嵌入到洛杉矶更宽泛的文化经济中,在许多不同的构成这种文化经济的因素中,由于好莱坞的媒体产业和娱乐产业对洛杉矶形象的全球化影响的持续有力的释放,无论是真实的还是虚构的,创造了洛杉矶作为一个有着不同的审美规则和氛围的全球范围的认知,其特殊的实质特点首先是对流行感觉和灵敏度的吸引。同样的感觉也可以直接移植入时尚。构成这个文化经济的每一个领域都可以通过分享符号和相互加强联系从其他领域获得正面收

---

① Los Angels Country Economic Development Corporation ,Otis College of Art and Design. Report on The Creative Economy of the Los Angeles Region,December 2009,http://www. otis. edu/assets/user/Creative%20Economy%202008u_FINAL. pdf.

② Los Angels Country Economic Development Corporation,OTIS College of Art and Design:Report on the Creative Economy of the Los Angels Region,December 2009, http://www. otis. edu/assets/user/Creative%20Economy%202008u_FINAL. pdf.

益。例如每年在洛杉矶举行的奥斯卡金像奖,已经演变成一场时尚活动。虽然巴黎和纽约的设计师仍是奥斯卡金像奖不可或缺的部分,但是洛杉矶设计师由于在地域上的优势,已经通过与明星的合作逐渐增加了出现在颁奖典礼上的频率,临近市场对于在款式上和质量上而不是在价格上竞争的产品尤其重要。这种娱乐与服装之间的联姻使明星们可以继续获得最独特的高端和创造性的产品,同时也增加了服装企业获得订单的可能。①

洛杉矶的娱乐产业已经成为服装产业的一个竞争优势,通过培育创意产业之间的强大的区域范围内的协同,洛杉矶在区域的娱乐产业与服装产业之间搭建桥梁,提高后者的创造性与能见度。洛杉矶将继续作为流行文化的全球都市,无论是在娱乐方面还是服装方面,公众将在电视中观看颁奖盛典中红地毯上的服装,通过阅读杂志来了解洛杉矶明星现在穿什么。洛杉矶作为时尚中心之一的概念继续支持着在这里设计并且反映洛杉矶需求的制造活动,即使洛杉矶在传统的制造业方面已经失去了对中美洲和东亚的优势,它作为时尚来源的声誉仍然在不断增长。

(三)时尚产业聚集区的改造与升级

在洛杉矶区域品牌的发展过程中,服装产业聚集地的升级与改造成为其发展的又一推动力量。洛杉矶的服装产业主要聚集在洛杉矶市中心。围绕加利福尼亚集市(California Marts)的中心产业区不仅是服装产业改变命运的一种表现,也是一个集合性商业资产或者公共商品的表现。② 洛杉矶时尚区商业开发区(Business Improvement District,

---

① Allyson Bailey-Todd, Molly Eckman and Kenneth Tremblay : "Evolution of the Los Angels County Apparel Industry", *Journal of Fashion Marketing and Management*, Vol. 12 No. 2, 2008, pp. 260 - 276.

② Allen J. Scott: "Competitive Dynamics of South California's Clothing Industry: The Widening Global Connection and its local Ramification", *Urban Studies* Vol. 39, No. 8, 2002, pp. 1287 - 1306.

BID)跨越 94 个街区,是西海岸服装产业的中心,服装零售商、批发商、设计师、设计家、制造商、学生、购物者和居民都集中在这里,创造一种令人兴奋的与洛杉矶时尚同意的力量。① 时尚区在洛杉矶经济中扮演了重要的角色,它的影响已经超出了该区域之外,该区域内的就业人数达到 35000 人,在整个洛杉矶内支持了 66000 个工作岗位,年收入达到 21.6 亿美元,根据洛杉矶经济开发公司的统计,每年与时尚区内的经济活动有关的直接或者间接的营业收入达到 57 亿美元。②

1. 洛杉矶服装区向时尚区的改造

20 世纪 80 年代,洛杉矶中心服装制造区曾经集中了一些工厂、货仓和经销店,如果没有一个良好的复兴计划,这个地区将无法与美国国内的批发时尚中心以及洛杉矶的其他零售地区相竞争。

在 90 年代中期,中心区的财产所有者协会开始推行一个商业开发刺激计划从而成功地将区域核心转成了一个特殊的分区制领域,也就是现在官方所认定的洛杉矶时尚区。第一个时尚区商业开发区 BID 在 1996 年被业主发起建立,经过多年的发展,商业开发区已经发生了巨大的变化,新的开发、翻修和有针对性的再利用项目已经将洛杉矶时尚区从一个工业区域转变为充满活力的混合使用区域。时尚区从 1996 年最初的 56 个街扩张到 2006 年的 94 个街区,服装商业活动的活力对私人投资产生了较高的吸引力。洛杉矶时尚区的财产价值在 1996 年之后已经增加了三倍,空置率已经从 2003 年的 5.3％下降到 2006 年的 2.4％,平均土地价格每平方英尺从 2003 年的 198.1 美元上

① LA Fashion District Business Improvement District,Economic Contributions of the Los Angels Fashion District,Beyond the Trends 2006,2007 年 5 月,http://lafashion. veplan. net/custom/11/1107/misc/LAFA_Econ Contributions 2006. pdf,pp. 1 – 23.

② LA Fashion District Business Improvement District,Economic Contributions of the Los Angels Fashion District,Beyond the Trends 2006,2007 年 5 月,http://lafashion. veplan. net/custom/11/1107/misc/LAFA_Econ Contributions 2006. pdf,pp. 1 – 23.

涨到 2006 年的 481.98 美元。①

通过大量的商业性开发,时尚区内将近 1/3 的建筑物都被新建和翻修。商业开发主要通过三种形式进行:一是对时尚区内展示和销售区的再投资和再定位,包括新的服装市场和库柏(Cooper)设计空间的翻建,二是新建大型的密集的服装批发空间,比如圣佩德罗的批发市场;三是对于旧的写字楼的翻修和再利用,将其改造成 Loft 结构的公寓以及其他可居住的公寓等。在洛杉矶经济开发公司 2007 年的研究报告《洛杉矶市的复兴》中提到,在 2001 年前,该区域内的大部分住房都是居住用房,但是,对桑蒂镇的八个历史建筑物的重建将居住区改建为具有市场价值的 Loft,通过增加区域内的创造性氛围,这些居住/工作空间为希望在市中心生活并工作的设计师和其他想从事创意工作的人群提供了理想的场所。

2. 时尚区内产业集群的聚集

洛杉矶时尚区临近国家最大的港口、铁路和跨越陆地的高速公路,使该区域的公司能够便利地进入全球和全国的物流和交通网络,从而构成了时尚产业的一个竞争优势。该时尚区内聚集着大量的中小型企业,2006 年的调查显示,时尚区内有 2068 个与时尚有关的企业,企业的数量在 2003 年到 2005 年增长了 32%。

时尚区是 190 家纺织品企业包括布仓仓库、装饰店、模型和样品制造商,服装和配饰设计师、制造商、批发商、进口商、出口商和设计院校的所在地,因此成为时尚产业内的任何人的一站式目的地。洛杉矶时尚区已经成为服装批发和零售的目的地,时尚区内有 41% 的洛杉矶郡时尚批发企业,批发就业人数从 1998 年到 2004 年增长了 7%,而纽约则下降了 17%。在 2005 年,时尚区的零售额估计超过了 4.95 亿美

---

① LA Fashion District Business Improvement District, Economic Contributions of the Los Angels Fashion District, Beyond the Trends 2006, 2007 年 5 月, http://lafashion. veplan. net/custom/11/1107/misc/LAFA_Econ Contributions 2006. pdf, pp. 1-23.

元,超过了好莱坞娱乐区的最高销售记录。[1]

在洛杉矶有四个主要的市场:加利福尼亚营销中心(以前的California Marts),库柏设计空间,盖里(The Gerry)大楼和新市场,它们位于洛杉矶大街和第九街的四个角。这些市场涵盖了从低端到高端的所有产品,是设计师、制造商、批发商和零售商会面和联系的市场,在这里设计师和制造商代表可以展示新产品,每年几百万美元的合同都得益于这些集市内的互动。

3. 强大的创意氛围

在洛杉矶时尚区内,各种类型的活动不断进行,其中包括纺织品服装和配饰设计、模型制造、服装制造、批发和零售以及进出口。美国人口统计局的数据表明(包括邮政编码 90014、90015、90021 和 90079)时尚区是洛杉矶时尚产业的创意中心,在这四个邮政编码内,有该郡41%的服装/配饰批发企业和17%郡的时尚设计师。所有这些资源集中在一个地区吸引了时尚产业的成员。企业聚集的便利意味着更容易接触到买家和零售商。该区域内有130多家花店,许多店位于华尔街的 700 街区的两个市场内,各种类型的花店散布在人行道旁,增加了该区域的色彩和生活,同时,这些企业也将一些不同的核心顾客吸引到时尚区。[2]

时尚区通过每年举行的五次市场周活动而获得了声誉。大量的零售商和买家在这里通过考察那些集中展示的参展商的服装样品为下一季的时装下单。与时尚有关的展会和市场周每年为洛杉矶时尚区带来大量的游客,每年有 53000 个买家和参展商参加时尚市场活动。除了

---

[1] LA Fashion District Business Improvement District, Economic Contributions of the Los Angels Fashion District, Beyond the Trends 2006, 2007 年 5 月, http://lafashion. veplan. net/custom/11/1107/misc/LAFA_Econ Contributions 2006. pdf, pp. 1 - 23.

[2] LA Fashion District Business Improvement District. Economic Contributions of the Los Angels Fashion District, Beyond the Trends 2006, 2007 年 5 月, http://lafashion. veplan. net/custom/11/1107/misc/LAFA_Econ Contributions 2006. pdf.

所下的订单之外,时尚市场活动的参加者在洛杉矶地区旅馆、饭店、出租等方面的支出大约为 5000 万美元。这种直接和间接的支出提供了大约 1370 个工作岗位,为洛杉矶带来 1.03 亿美元的收入。

同时,也有一些提供企业的设计和商品化的训练的时尚设计学校在时尚区内或者临近时尚区。洛杉矶时尚区内的教育机会非常充足,从著名的奥蒂斯艺术设计学院到时尚企业提供的培训课程应有尽有,有将近 12000 个学生参加在服装区一英里的半径内设置的三个主要设计学校和培训中心的早晚课程。设计和商品企划专业的毕业生和许多著名的校友为当地产业的创意思想的流动提供了源泉。总体来说,设计师、学生、购买者、零售商、企业主、雇员、开发商以及居民正在创造一个吸引国际关注的地区。①

(四)公共基础设施的大力培育

洛杉矶时尚的服装区域品牌代表了充满外部性和逐渐增加的经济效益的社会化财富,它不仅是个体制造商努力的结果,同时也是帮助繁荣产业的竞争优势的集合性资源的扩张网络的反映。② 但这种财富作为整体不被任何单个的决策者所拥有或者控制,这些财产和洛杉矶服装产业的其他资产从本质上而言将进一步被集合性决策和行为所影响并加强。

在一些很小但是很有影响力的制造商和设计师中已经很清晰地出现了向更创新和更高质量制造转向的倾向,虽然这种倾向远远没有在更大规模上成型,但加强产品质量,产生更大声誉氛围的私人和公共努力显然对这种倾向的发展是必须的。洛杉矶时尚只有在被所有构成洛杉矶服装产业中的基础设施中的关键角色所认同并培育的情况下才能

---

① LA Fashion District Business Improvement District. Economic Contributions of the Los Angels Fashion District, Beyond the Trends 2006,2007 年 5 月,http://lafashion. veplan. net/custom/11/1107/misc/LAFA_Econ Contributions 2006. pdf。

② Allen J. Scott:"Competitive Dynamics of South California's clothing industry:The widening Global Connection and its local Ramification",*Urban Studies* Vol. 39,No. 8,2002,pp. 1287 - 1306.

达到。除了加强企业合作和联系,增强工人培训,提高技术能力,加强创新能力,制定相关基础设施设计和土地使用规划等方面的措施之外,区域作为时尚中心的自治和创新能力的加强也是非常重要的内容。①为使洛杉矶不仅成为纽约的独特竞争者,同时能够与其他的时尚中心比如巴黎、伦敦和米兰等相竞争,培训和研究机构的集中,区域宣传和推销工具的差异化(杂志、时尚展会以及其他),具有强大的区域特色因素的不断发展的时尚、设计传统和在服装产业以及区域内其他的文化产品领域之间的关系等都需要进行培育和加强。

1. 推动洛杉矶时尚的传播

洛杉矶时尚是一个非常模糊的概念,洛杉矶在设计方面的主要力量在于洛杉矶定义什么是热门,什么是流行。将这种认知变为优势需要将其进行持续不断地传播,洛杉矶作为美国的时尚之都,区域营销活动应集中在洛杉矶时尚概念并将将其推广给社会大众。成功的区域营销会产生更多的需求,并且提升商品的内在价值。强大的区域品牌不仅意味着与其他地区相比的优势,而且也会吸引更多的买家进入,从而产生更多的附加收益,比如餐饮、旅馆、出租等。

1995 年,为了支持各种有益于该地区服装产业发展因素的集聚,一个重要的机构行动方案以加利福尼亚时尚协会(Califonia Fashion Assocaition,CFA)的形式启动。这个行动方案代表了几个不同机构的共同努力,其中包括洛杉矶市、不同的贸易协会和单个制造商,协会将提供关键的服务给南加利福尼亚的服装产业并代表这个产业游说,目标之一是推动产业内的创新和创意水平。协会与洛杉矶经济开发公司(Los Angels Economic Development Corporation,LAEDC)在 2000 年合并,现在作为后者的一个委员会发挥功能。LAEDC 和 CFA 共同致力于推动

---

① Allen J. Scott:"Competitive Dynamics of South California's Clothing Industry: The Widening Global Connection and its Local Ramification", *Urban Studies* Vol. 39, No. 8,2002,pp. 1287 - 1306.

洛杉矶作为文化产业中心的目标,为此,它们建立了一个附属机构,称为设计洛杉矶(La By Design),其目标之一是通过专门的区域营销以及企业共享的方式推动南加利福尼亚文化产品领域之间的协同,其中包括服装产业,也有其他与服装产业有关的大量机构提供了集体性的决策和服务的重要论坛①。这些机构包括洛杉矶纺织协会、纺织品染色协会、南加利福尼亚印花和后整理协会以及洛杉矶美韩服装产业协会。

当然在区域营销方面洛杉矶还需要更多的投入,MAGIC 国际时装面料展原在加利福尼亚地区,是全国最大的服装展,由于洛杉矶的会展中心不够大,因此该展会现在搬到了拉斯维加斯。加强对市场周的宣传也是其中的重要组成部分,对当地居民的教育将帮助加强洛杉矶作为美国时尚之都的声誉。另外,建立能够与东部的时尚刊物竞争的有影响力的西海岸时尚出版物,组织可以吸引更多国际关注的时尚活动等也是目前相关机构采取的措施。

2. 培育当地设计师

在吸引和留住创造性人才的成功的地区,一个快速增长的高学历的以及高收入的劳动力是其产生利润和经济增长所依靠的成功因素。在过去的几十年中,教育机构的繁荣也为洛杉矶服装产业的发展和其他文化产业的需要服务,其中著名的有布鲁克斯学院,加利福尼亚设计学院,设计和商品化时尚研究院,洛杉矶贸易技术学院,奥蒂斯工艺美术学院和伍得伯里大学,这些学院提供了与服装产业有关的职业学习,从裁剪、打版,到设计、制造管理和商业化,教育机构的网络被加州理工大学在 1992 年设立的纺织技术和研究中心所补充,这个中心为服装产业内的工人提供培训项目并且提供对新的服装制造技术和系统运作程序的评价和信息。

---

① Allen J. Scott:"Competitive Dynamics of South California's Clothing Industry: The Widening Global Connection and its Local Ramification", *Urban Studies* Vol. 39, No. 8,2002,pp. 1287 - 1306.

3. 创造公共氛围

为使洛杉矶时尚能够成功,娱乐产业、地方和州政府、地方承包商和供应商以及国内制造商必须继续互相支持,使服务产业作为一个整体来维持,从而使每一方面都得到更好的利益。在娱乐和服装产业之间的联姻将继续结出硕果,同样在地方供应商、承包商和设计师之间的关系也是一样。通过培育这些关系,娱乐产业的从业者将继续获得最独特的创造性和高端产品来帮助推动他们的职业生涯,同时也是设计师的职业生涯,邻近市场尤其是对于在款式和质量上而不是在价格上竞争的产品尤其重要。①

第三节　安特卫普"比利时时尚"的创新与实践

随着文化创意产业的不断发展,"时尚先锋"成为一个城市活力的标志。时尚城市的概念是城市间进行全球化竞争的一个热点,目前已经成为各大都市政府所实施的"文化城市"策略的一部分,应当说,每一个城市成为时尚之都的路线都展现出不同的方式。巴黎的典型特征是注重精英设计师的聚集,设计师店铺的建构以及巴黎时尚产业引导时尚超出城市限制的能力。但是巴黎作为时尚之都的角色也与其产业结构密切相关,尤其是巴黎制造业领域中长期存在的专业作坊以及个体的手工艺人,另外,巴黎也有与众不同的消费文化。②

从 20 世纪 90 年代开始,比利时的安特卫普逐渐发展为时尚界公认的新兴的时尚之都。与世界上其他的主要的时尚城市相比,安特卫

---

① Allyson Bailey-Todd, Molly Eckman and Kenneth Tremblay: "Evolution of the Los Angels County Apparel Industry", *Journal of Fashion Marketing and Management*, Vol. 12, No. 2, 2008, pp. 260 – 276.

② David Gilbert: "From Paris to Shanghai, The Changing Geographies of Fashion's World Cities", *Fashion the World Cities*, Edited by Christopher Breward and David Gilbert, BERG, oxford, Newyork, 2006, pp. 1 – 32.

普所打造的"比利时时尚"展现出另一种模板,值得研究和探讨。

一、安特卫普"比利时时尚"的发展历程

将时尚与安特卫普紧密相连并没有经历多长时间。2004 年,安特卫普商会将时尚列为支撑城市印象的七个基本元素之一,其他的六个是建筑、艺术和文化、珠宝、水、饭店以及购物。这种特别的地位是在短短的 12 年的时间达到的,同一个商会在它为安特卫普区域所制定的1992 年的战略规划中还没有提到过时尚。①

20 世纪 50 年代左右,安特卫普主要是遵循巴黎时尚。诺林(Norine)时装公司可能是当地唯一一个与时装有关的名字,也是第一个将前卫概念带入比利时时装的品牌。创立于第一次世界大战的诺林,是比利时第一家时装公司,该公司的创始人保罗高斯·凡·汉克(Paul-Gaustave Van Hecke)与汉诺林·德斯瑞尔(Honorine Norine Deschrijver)均酷爱艺术,他们不断地被艺术熏陶,继而成功地将艺术与时装结合,同时将前卫的艺术融合了当时传统保守的社会气氛,为比利时前卫设计思维的发展写下了重要的第一页。②"比利时时尚"活动大事记见表 3-5。

表 3-5 "比利时时尚"活动大事记③

第一阶段	比利时前卫时尚的出现
1983 年	对比利时纺织服装产业的重建计划,这是"比利时时尚"运动的开始
1988 年	BAM(比利时前卫时尚)杂志首次发行

① Javier Gimeno Martinez:"Selling Avant-garde:How Antwerp Became a Fashion Capital (1990—2002)",*Urban Studies*,Vol. 44,No. 12,November 2007,pp. 2449 - 2464.

② Sharon:《同心协力创建的时装之都 Made in Antewerp》,《明日时尚》2010 年第3 期,第 101 页。

③ Javier Gimeno Martinez:"Selling Avant-garde:How Antwerp Became a Fashion Capital (1990—2002)",*Urban Studies*,Vol. 44,No. 12,November 2007,pp. 2449 - 2464.

续表

1989 年	纺织计划结束,德赖斯·范诺顿(Dries van Noten)的旗舰店 Het Modepaleis 在安特卫普开业
第二阶段	在安特卫普的城市环境内对比利时前卫时尚的政治、文化和经济投入
1993 年	比利时联邦化:比利时纺织服装协会解散,安特卫普获得了欧洲文化城市的称号
1997 年	法兰德斯时尚协会(Flanders Fashion Institute,FFI)成立
1998 年	FFI 组织了首度橱窗展(Vitrine)活动 华特·范·贝伦东克(Walter van Beirendonck)的旗舰店(Water)在安特卫普开业
1999 年	安·得穆鲁梅斯特(Ann Demeulemeesters)的旗舰店在安特卫普开业
2000 年	华特·范·贝伦东克为市政机构人员设计制服
2001 年	时尚活动时尚 2001—登陆展(Mode2001 Landed-Geland)举行 安特卫普旅游办公室将安特卫普时尚漫步列入他的旅游项目
2002 年	时尚中心(Mode Natie)大楼开业,它包括了时尚博物馆,安特卫普皇家艺术学院和法兰德斯时尚协会

(一)20 世纪 80 年代"比利时时尚"的产生

比利时在 20 世纪 80 年代经历了纺织服装产业的结构调整,解决了之前在产业内存在的一些问题。采用的措施之一是致力于通过消除比利时产品与意大利和法国产品之间的劣势从而保护本国纺织服装产业。比利时纺织服装协会(ITCB)在 1983 年开始启动"这是比利时的"(Dit is Belgisch)运动,通过鼓励消费者购买国内的服装,将比利时与奢侈品尤其是设计师时尚紧密相连。另外,Mode 杂志("比利时时尚",Fashion is Belgium)成为传播"比利时时尚"业近期发展的重要渠道。但是,由于"比利时时尚"逐渐变成了一个过于主流的杂志,与一开始希望将时装变成前卫文化的理念背道而驰。[①] 为

---

① Sharon:《同心协力创建的时装之都 Made in Antewerp》,《明日时尚》2010 年第 3 期,第 101 页。

了弥补主流与前卫时尚之间的代沟,比利时前卫时尚(Belgian Avant-Garde Fashion,BAM)杂志在 1988 年第一次出版。比利时前卫时尚的内容除了时装之外,也展现了时尚与其他文化的结合,例如第一期文章中包含了对于扬·法布雷(Jan Fabre)的介绍,她是当时最出色的地方舞蹈指导。因此,它清楚地表明"新比利时时尚"是一个全新的概念而不仅仅是时尚。①

(二)文化城市与比利时时尚在安特卫普的初步发展

由于"这是比利时的"运动是由国家支持的,随着比利时逐步进入到联邦化的进程,"比利时时尚"丧失了成长的驱动力。比利时大多数的纺织产业的劳动力位于法兰德斯地区。在 1986 年,法兰德斯拥有整个比利时纺织服装产业就业人数的 83.2%,而瓦隆尼亚拥有 13%,布鲁塞尔地区拥有 3.8%(ITCB1988)。创造性人才也是同样的状况。金纺锤时尚大奖的胜者基本上都是法兰德斯地区的设计师,直到 1989 年法语设计师维洛尼克·勒华(Veronique Leroy)的出现。很显然,合乎逻辑的解决方案应当是法兰德斯地方政府继续支持纺织产业的发展。但是,将比利时时尚的概念转移进一个法兰德斯的区域概念中并不容易,因此当地政府并没有继续推动这一概念。②

因此,在比利时纺织服装协会解散和安特卫普在 1993 年成为欧洲文化城市之前的这段时间,"比利时时尚"的国际化形象是通过自身得到加强的。在 1993 年 3 月,著名的杂志记者苏西·门克斯(Suzy Menkes)在《国际先驱论坛报》中写到:北部地区的设计师在引领 20 世纪 90 年代的国际时尚潮流。她指的是奥地利的海尔姆特·朗(Helmut Lang),瑞典的苏熙·曼奇斯(Marcel Marongiu)和比利时的马丁·马吉拉(Martin Margiela)和安·得穆鲁梅斯特。很显然,"比利

---

① Javier Gimeno Martinez:"Selling Avant-garde:How Antwerp Became a Fashion Capital (1990—2002)",*Urban Studies*,Vol. 44,No. 12,November 2007,pp. 2449 - 2464.

② Javier Gimeno Martinez:"Selling Avant-garde:How Antwerp Became a Fashion Capital (1990—2002)",*Urban Studies*,Vol. 44,No. 12,November 2007,pp. 2449 - 2464.

时时尚"在北部风占据优势的时间出现在国际视野中,同时,它在比利时本地市场上的出现也继续受到肯定。①

"比利时时尚"在安特卫普的关键转折出现在 1993 年。从 1985 年开始,欧盟部长委员会每年授予一个城市欧洲文化城市的称号:雅典、格拉斯哥和马德里早已经获得了这个荣誉,在 1993 年,轮到安特卫普了。法兰德斯市政机构看到安特卫普获得欧洲文化城市是一个传输"年轻,有活力的"法兰德斯区域品牌形象的机会,时尚在其中具有相当的投资价值。

"安特卫普 93"的活动是一种将前卫时尚融入到文化创造的一般过程的尝试。该活动由被称为安特卫普"时尚教母"的琳达·洛帕受安特卫普的市长委托而设计,由在"时尚 93"这个统一的名称下的几个展览所组成,这些展览在临近安特卫普港口的一个巨大的 19 世纪建筑圣菲利克斯(Saint-Felix)仓库举行,正如发起者琳达·洛帕所描述的,我们不仅仅是做衣服。时尚设计师应该与其他的创造性行为联系起来,他们的目的在于展示在系列时装之后的理念。② 前卫时尚概念的传播在这里被突出出来,成为安特卫普及其所制造的"比利时时尚"的特点。

"安特卫普 93"在帮助改变安特卫普的形象,重新将安特卫普定位为一个欧洲文化中心,成为文化旅游者的时尚目的地,鼓励创造性以及文化创新的氛围方面取得了成功,③但是由于当时存在的一些不利的政治因素,安特卫普在某些方面仍没有达到预期的结果。

(三)安特卫普对"比利时时尚"的重塑与升级

随着对于城市品牌的日益关注,安特卫普的市政厅逐步加大了在

---

① Javier Gimeno Martinez:"Selling Avant-garde:How Antwerp Became a Fashion Capital (1990—2002)",*Urban Studies*,Vol. 44,No. 12,November 2007,pp. 2449-2464.

② Javier Gimeno Martinez:"Selling Avant-garde:How Antwerp Became a Fashion Capital (1990—2002)",*Urban Studies*,Vol. 44,No. 12,November 2007,pp. 2449-2464.

③ Javier Gimeno Martinez:"Selling Avant-garde:How Antwerp Became a Fashion Capital (1990—2002)",*Urban Studies*,Vol. 44,No. 12,November 2007,pp. 2449-2464.

时尚设计方面的投资。设计师时尚成为安特卫普品牌的一个重要参照点。1998 年,法兰德斯时尚协会举办了年度活动安特卫普橱窗展(Vitrine),在这个活动中,设计师被邀请在城市内的不同地点在橱窗中展出他们的作品,通过在街道上对时尚作品的一种不同寻常的展现,时尚成为一种全城的传播而不仅仅是在博物馆内的活动。这种形式与观众的联系更为直接,而且,服装被展示的氛围很显然比在博物馆中更少压力,在城市空间、商业空间和展示空间之间的一致性在安特卫普橱窗展 98 中呈现出来,从而突出了时尚与艺术之间的联系。通过这种活动,市政机构将安特卫普打造为一个时尚都市的意图被再次确认,设计师时尚被更近距离地带给了市民。① 之后这一活动在每年的 9 月份举办,成为全城盛会。

时尚 2001—登陆展则是另一个全市范围内的时尚活动。在由法兰德斯时尚协会、法兰德斯旅游协会等组织的这个活动的提案中提到,安特卫普时尚从 1993 年开始就被置于"商业"路线之外,在这种状况下,安特卫普时尚的独特性在于其智力化方式,因为它的设计师从没有在时尚杂志中购买过广告版面。另外,提案强调时尚设计师将他们自身作为个体的艺术家而不是在制造链中的一个环节的事实,因此,活动将强调时尚的艺术性而不是推销单个的时尚设计师。提案认为这些特点非常适合于公共领域在时尚中的投资。因此,"时尚 2001"的主要目标是:(1)强调安特卫普和法兰德斯作为一个创新/创意城市/区域的国际化形象;(2)阐明时尚的文化空间,突出一种时尚认同,"时尚 2001"突出安特卫普的文化认同;(3)开启时尚作为安特卫普和法兰德斯象征的旅游王牌。旅游、认同、象征,放射成为一个文化活动的目标。②

为了配合"时尚 2001",在 2000 年,安特卫普市政厅邀请设计师

---

① Javier Gimeno Martinez:"Selling Avant-garde:How Antwerp Became a Fashion Capital (1990—2002)",*Urban Studies*,Vol. 44,No. 12,November 2007,pp. 2449 - 2464.

② Javier Gimeno Martinez:"Selling Avant-garde:How Antwerp Became a Fashion Capital (1990—2002)",*Urban Studies*,Vol. 44,No. 12,November 2007,pp. 2449 - 2464.

范·贝伦东克(Van Beirendonck)为城市的公务员其中包括街道清洁工以及园丁等设计了统一的制服,这个想法来自于"时尚2001"活动是"加强和延续安特卫普是一个国际化时尚城市,对于它的雇员也是一样"的观点。制服在2002年5月被公开展示,基本的色调是米色,结合了另一些反映公务员专门工作的颜色,比如街道清扫工的黄色,修路工的橙色,园艺工人的绿色等。

在活动举办的几个月中,安特卫普整个城市变成了一些展览和公共艺术的所在地。发光的彩色金属板被竖立在城市的重要地带。安特卫普作为时尚城市的城市品牌不仅是一个符号的展现同时也成为每日城市生活的一个有形展现。[①]

二、安特卫普"比利时时尚"的发展路径

被称为安特卫普"时尚教母"的琳达·洛帕提出:"我们一开始就没有想过要成为巴黎、米兰那样的时尚都市,把所有的秀搬到这里来。我们更专注于设计,和文化更有联系,也就更有创造力。"[②]安特卫普"比利时时尚"的发展路径展现出以下的独特模式。

(一)为设计师打造时尚产业平台

在安特卫普,时尚被当做城市文化的一部分来发展,安特卫普的过人之处在于,牢牢抓住了整个时尚产业链中最核心的因素——设计师。除了名气之外,安特卫普能供给他们所有的东西:前沿理念、创意环境和创业服务。[③]

2002年9月,民族时尚中心(Modenatie)在安特卫普的国家大道

---

①　Javier Gimeno Martinez:"Selling Avant-garde:How Antwerp Became a Fashion Capital (1990—2002)",*Urban Studies*,Vol. 44,No. 12,November 2007,pp. 2449 - 2464.

②　曾焱:《安特卫普,以时尚的名义思想》,《三联生活周刊》2009年第24期,第56—62页。

③　姚颖:《安特卫普:城市发展的"刚柔"之道》,《21世纪商业评论》2006年第5期,第120页。

开业。时尚中心所在的老建筑历史上曾经是男装成衣店、豪华酒店、货币交易所、发电公司，经过改装后，现已成为安特卫普的时尚中心，时尚使老建筑重新获得了独特的功能。Modenatie 时尚中心集中了安特卫普皇家艺术学院的时尚专业、法兰德斯时尚协会（Flanders Fashion Institute，FFI）和莫木（Momu）时尚博物馆（原来在郊区的纺织服装博物馆）以及图书馆和专业书店。在培养、发展并推广法兰德斯时尚风尚的宗旨下，原本分散的三大组织聚拢在同一个屋檐下，为同一个理念进行协作：赋予时尚更多创意，不仅满足圈内的小部分人，而且要让更广泛的大众接触时尚。教育与培训、展示与研究、国际交流平台与创业咨询服务，Modenatie 时尚中心独创三位一体的"安特卫普模式"，成为新兴产业策源地。①

安特卫普设计师的成功有两个重要的推动因素：一是法兰德斯时尚协会（Flanders Fashion Institute，FFI），创立于 1996 年的法兰德斯时尚协会的首要目标是提供给所有的在安特卫普的，事实上是在整个比利时的学生和年轻的设计师专业的支持，它将提供一个平台，通过创造性与生产力的融合来推动比利时的时尚和服装产业。② 作为循环的第一步，年轻的设计师之所以会趋之若鹜地来到安特卫普，不仅仅是出于对"六君子"的仰慕，而是因为这里有着比巴黎等地更自由的创作空气。这里的时尚被当做城市文化的一部分来发展，专注于成为设计人才的培养基地，而非大规模的炫耀和推销。在风格成熟之后，设计师必须迈出循环的第二步——离开安特卫普，前往巴黎等地，一场接一场地参展参"秀"。大部分设计师在成名后都会踏上循环的第三步——回到安特卫普，开始创业，就像当年的"六君子"一样。一个关键原因即在于，相比巴黎这些大都会，安特卫普可以提供更多创业上的便利，这让

---

① 孙海燕：《营造时尚产业链》，《21 世纪商业评论》2006 年第 5 期，第 128—131 页。

② Trendy Antwerp, http://www. flandern. dk/filer/trendy% 20antwerp% 20engelsk. pdf.

设计师可以将在巴黎等地收获的名气迅速转化为实际的产品。从表面上看,通过这一轮"三步走"的循环,安特卫普作为时尚界的后起之秀,巧妙地避免了与巴黎、米兰、伦敦这些业已形成的"时尚大腕"正面竞争,在欧洲时尚拼图中找到了一个略显"卑微"的位置——提供新锐设计师的人才后备库。而从长远来看,安特卫普则暗度陈仓地使自己变成了欧洲时尚的一大发源地。①

另一个推动安特卫普时尚设计师发展的就是创立于 1663 年的安特卫普皇家艺术学院,也是欧洲最古老的艺术学院之一。20 世纪 60 年代,对于"应用美术"的普遍态度开始改变,它们不再被认为是美术的次等。遵循着在伦敦皇家艺术学院的例子,玛丽·普里约特(Mary Prijot)开始计划在安特卫普创立一个时尚学院。她给时尚课程一个国际化的视野并且非常强调其创造性。她的第一批学生中的琳达·洛帕(Linda Loppa),在 1982 年接替了普里约特。1987 年,毕业于安特卫普皇家艺术学院的 6 个比利时年轻设计师——安·得穆鲁梅斯特、华特·范·贝伦东克、德克·范瑟恩(Dirk van Saene)、朵利斯·范·诺登(Dries van Noten)、德克·毕肯伯格斯(Dirk Bikkembergs)、玛丽娜·易(Marina Yee)在伦敦时装周上一鸣惊人,后被称为"安特卫普六君子",为安特卫普在国际时尚界的地位奠定了基础。皇家设计学院时尚专业的课程涵盖了一系列艺术形式:艺术史、服装史、戏剧、文学以及音乐和学生可以学习的其他的文化课程。每年 6 月,皇家艺术学院会为毕业生组织毕业秀。"安特卫普六君子"到后来不再是具体的 6 个人,它变成了一个魔幻的空瓶子,里面被装进一茬又一茬"安特卫普皇家制造"的先锋设计师。② 这些年轻的、很有前途的设计师都选择了安特卫普,大部分在这里有自己的工作室、陈列室和商店。时尚界在 80

---

① 刘昕:《小众影响大众,安特卫普之路》,http://luxury.qq.com/a/20070425/000012.htm。

② 曾焱:《安特卫普,以时尚的名义思想》,《三联生活周刊》2009 年第 24 期,第 56—62 页。

年代对安特卫普感兴趣就是由于其源源不断的提供了大量的知名设计师。

（二）引领时尚与文化的融合

安特卫普并没有遵循同时代时尚城市主要围绕时尚进行商业活动的模式，和其他著名的时尚城市（伦敦、米兰、纽约或者巴黎）不同的是，安特卫普从来没有举办过任何时装周。相反，安特卫普作为一个时尚之都的地位是通过有组织的旅游和大型文化活动而创造的。公共和私人影响的网络交结导致时尚作为安特卫普最具有特色的创意活动而被当地机构所认同。[1]

1. 将时尚融入城市文化，以时尚打造城市形象

安特卫普的目标是在外部寻求成为欧洲文化中心以及文化旅游者的时尚目的地，同时对于当地市民来说，营造创造性和创新的文化氛围。这些城市品牌定位通过各种时尚活动得以成功实现。通过与城市文化及城市品牌的结合，安特卫普的前卫时尚不仅仅是一种商业活动，同时亦是集体消费的领域和文化的代表。

安特卫普93、安特卫普橱窗展以及"时尚2001"等大型的时尚活动，使观众与时尚之间的距离更加直接，时尚成为文化与城市品牌的桥梁，城市成为展览和艺术的集中地，时尚之都的品牌不再是一个符号而成为一个有形的存在，城市的多元文化氛围得以凸显。[2]

作为欧洲文化城市，安特卫普所举办的一些临时活动也促成了安特卫普的一些历史性建筑的重建和重新使用。时尚国家建筑并不是一个全新的建筑，而是一个早就与城市结构结合在一起的19世纪的老建筑，通过主办时尚活动而重新获得了独特的功能。位于市中心的民族大街（Nationalestraat）成为时尚商店的集中地。

---

① Javier Gimeno Martinez："Selling Avant-garde：How Antwerp Became a Fashion Capital（1990—2002）"，*Urban Studies*，Vol. 44，No. 12，November 2007，pp. 2449 – 2464.

② Javier Gimeno Martinez："Selling Avant-garde：How Antwerp Became a Fashion Capital（1990—2002）"，*Urban Studies*，Vol. 44，No. 12，November 2007，pp. 2449 – 2464.

时尚设计师、制造商、时尚机构

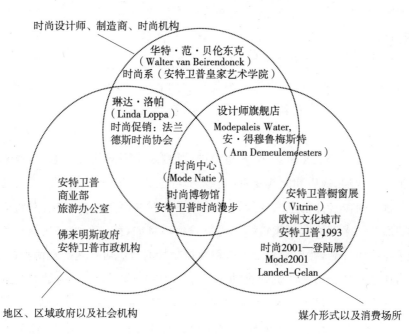

图3-4 安特卫普时尚关联图①

2. 将时尚与旅游完美结合

除了举办大型的文化活动之外,安特卫普打造时尚之都的另一个要素是将时尚与旅游紧密结合。安特卫普是世界主要的港口,拥有世界上最大的钻石加工中心,同时也拥有丰富的历史和文化,它也是一座拥有千年历史的古城,曾经有很多著名的艺术家在此生活和居住,彼得·保罗·鲁本斯,雅各布·乔登斯,画家普朗坦等,而保存完整的大量古城区建筑、露天雕塑、教堂和艺术博物馆,向来是旅游者的计划路线之一。

在安特卫普推动时尚城市的过程中,将时尚商店作为公共消费的场所进行培育是非常典型的特色。设计史学家盖·裘利尔(Guy Julier

① Javier Gimeno Martinez:"Selling Avant-garde:How Antwerp Became a Fashion Capital (1990—2002)",*Urban Studies*,Vol. 44,No. 12,November 2007,pp. 2449 - 2464.

2000)提出,设计物品在展览馆和商店中的展示基本是类似的,因为正如博物馆一样,商店注重于只展示每一个产品的样品来突出设计产品的独特性。因此它们在能够提供和可购买的同时获得了博物馆的地位。同样,时尚也可以作为一个集体识别的符号被纳入到集体消费的过程中,这是一种传统上只给予音乐、文学、绘画以及雕刻等行业的荣誉。①

早在安特卫普橱窗展 98 指南中,既描绘了不同的展览地点,也列举出了购物、饭店和旅馆。2001 年,安特卫普旅游办公室出版了安特卫普时尚漫步并且直到今天仍在使用。在时尚漫步中,一些线路将旗舰店与艺术博物馆和建筑标志进行连接。例如,第一条线路从皇家美术博物馆开始,然后沿着安·得穆鲁梅斯特的旗舰店到达摄影博物馆,当代艺术博物馆和建筑师鲍勃·凡里斯(Bob van Reeth)的最有名的设计里斯马伦(Roosmalen)别墅和临近河边的露德特(Zuiderterras)饭店。② 终点一般是一些家具店和年轻的安特卫普时尚设计师,比如维尼尔、克里斯多·布罗士(Wim Neels and Christoph Broich)的商店。时尚漫步引导每一个参观者通过当代设计、建筑以及音乐游览安特卫普,从而感受它不仅作为一个时尚城市同时也是一个文化城市。因此,时尚漫步在一个商品化和非商品化消费的过程中从空间上和符号上将时尚与安特卫普的其他的文化标志结合起来。时尚设计师在安特卫普的"活力"形象以及它古老和吸引旅游者的鲁宾斯和钻石之间搭起了桥梁。安特卫普时尚漫步的方式显示出,时尚,作为一个私人消费的场所,也可以与其他的公共消费的领域一样等同看待,因为这个方案是与其他旅行线路比如"安特卫普,金色的世纪"、"看鲁斯本"、"历史中心"以及"安特卫普,闪亮的钻石城市"等一起被提供给旅游者的。

---

① Javier Gimeno Martinez:"Selling Avant-garde:How Antwerp Became a Fashion Capital (1990—2002)",*Urban Studies*,Vol. 44,No. 12,November 2007,pp. 2449 - 2464.

② Javier Gimeno Martinez:"Selling Avant-garde:How Antwerp Became a Fashion Capital (1990—2002)",*Urban Studies*,Vol. 44,No. 12,November 2007,pp. 2449 - 2464.

　　当然，并不是所有的比利时品牌都同样适合于出现在旅游线路中，一般情况下只有那些设计师的故事能够与艺术家或者特色建筑相似时才能采用。许多零售地点已经成为集合消费的场所。德赖斯·范·诺顿的旗舰店，"时装宫"被认为是一个很好的例子。在 1989 年，旗舰店在位于民族大街的一个被翻修的 19 世纪的建筑中开业，这条大街后来成为时尚消费者最为重要的目的地。1998 年，范·贝伦东克在距离德赖斯·范·诺顿(Dries van Noten)的时装宫专卖店大约 100 米左右的地方开设了她的旗舰店华特(Walter)。除了作为时装的商业空间外，商店的橱窗主办过"橱窗"艺术走廊，艺术家娜斯·特德(Narcisse Tordoir)曾经在这里展示过。安·得穆鲁梅斯特在 1999 年开设了她的旗舰店，是由建筑师保罗·罗瑞丝(Paul Robbrecht)设计的，正对着安特卫普的皇家美术博物馆。这三个商店后来被确定为民族大街上新的购物坐标，通过创造集体消费的地点比如商店中的画廊或者是通过把商店与博物馆联系起来，这正如安·得穆鲁梅斯特的商店那样加强了购物的体验。①

　　由于同处于城市中心内，时尚旗舰店通过安特卫普时尚漫步达到了与博物馆等文化机构同等的地位，它与其他地方文化元素之间产生了一种流畅的关系，不仅是因为它们在地理上的临近性，同时也因为它们日益增加的城市符号的接近性。② 时尚与旅游实现了完美的结合，并再次联合展现了安特卫普时尚城市的魅力。

---

　　①　Javier Gimeno Martinez："Selling Avant-garde：How Antwerp Became a Fashion Capital (1990—2002)"，*Urban Studies*，Vol. 44，No. 12，November 2007，pp. 2449 - 2464.

　　②　Javier Gimeno Martinez："Selling Avant-garde：How Antwerp Became a Fashion Capital (1990—2002)"，*Urban Studies*，Vol. 44，No. 12，November 2007，pp. 2449 - 2464.

第四章　中国服装区域
品牌发展蓝本

随着我国服装产业的不断发展,服装区域品牌的建设也在不断推进,在各地发展服装区域品牌的过程中,由于当地的产业环境、产业政策以及产业基础等各种相关因素的影响,服装区域品牌的发展展现了不同的模式。

第一节　杭州服装区域品牌实践探索

杭州作为历史文化名城,具有深厚的文化底蕴,而丝绸与女装文化是其重要的组成部分之一。杭州女装产业的快速形成和发展已经成为一种显著的区域经济现象。2009 年,杭州规模以上纺织服装企业已超过 2000 多家,占全市规模以上企业总数的 26％以上,总产值近 1800亿元,占全市工业总产值近 20％。杭州服装产业现有从业人员 30 多万人,设计师 2000 余名,其中 13 名获历届中国十佳设计师称号。杭州的丝绸女装产业拥有一批国际知名、国内一流的行业龙头企业,如凯喜雅、达利、万事利、华鼎、江南布衣、秋水伊人等。截至 2010 年,全行业共有中国驰名商标 4 件、中国名牌 10 个、浙江名牌 29 个。① 杭州女装产业的发展与杭州市政府的不断推进有着直接的联系,因此,也可以称

---

① 杭州市经委:《构建杭州丝绸女装产业联盟》,http://kpb. hz. gov. cn/
showpage. aspx? nid＝3291＆id＝442。

为"政府主导型"的服装区域品牌的建设模式。

一、杭州服装区域品牌发展的历史阶段

杭州服装区域品牌的建设是在杭州女装产业聚集和发展的基础上,通过政府机构扶持政策的出台而发展形成的。

第一阶段:服装区域品牌的自发形成阶段(1981年至2001年)

杭州丝绸业的发展历史悠久,文化积淀深厚。新中国成立后,杭州发达的丝绸业带动了杭州丝绸服装业的发展,在轻纺工业中占有重要地位。这一时期为杭州女装产业集群的形成和起步阶段。20世纪80年代末90年代初,虽然杭州国有、集体丝绸服装企业的改制导致杭州服装产业一度陷入低迷,但借助于传统的丝绸优势,依托中国美术学院、浙江理工大学这些中国服装设计人才的主要输出地,外加民营经济发达的区域产业发展环境,杭州女装开始采用了"前店后厂"、手工作坊为主的经营模式,一批女装企业开始崛起。[①] 1991年,杭州女装借助于四季青服装批发市场和武林路等摊贩市场的辐射力量,逐步走向市场,市场区域指向基本依赖于批发市场的影响范围。杭州女装市场从摊贩市场开始了积累过程,进而得到发展,这一阶段以女装品牌"缥"的出现为标志。

20世纪90年代中期,杭州涌现出一批年轻的、富有创造力和想象力的服装设计人才,一批品牌女装企业脱颖而出。创业者大都来自地处杭州的浙江丝绸工学院(浙江工程学院)以及中国美术学院毕业的学生。他们采取小作坊式的工艺流程,在市场中摸爬滚打,逐步探索,完成初步的原始积累,他们怀有强烈的创业心,自我设计,创出了牌子。在他们最初设计时,想到了江南的婉约、柔媚、含蓄等文化氛围。他们的品牌名称充满诗情画意;他们的设计和市场观洋溢着"江南学院派"

---

① 查志强:《都市型产业集群研究——以杭州女装产业集群为例》,《上海经济研究》2006年第1期,第70页。

的"书卷气,灵劲、婉约、娟秀及平和",学院派设计培育了杭州女装。[①]
1996年杭州首家以连锁方式经营的"浪漫一身"女装专卖店开业,以此
为标志,杭州女装市场的区域性特征开始呈现,1997年"杭派"女装概
念正式提出;1998年新声路市场杭派女装服饰城挂牌;1999年杭派服
饰商标注册;2000年杭派服装商会成立。以"蓝色倾情"、"浪漫一身"、
"江南布衣"等为代表的区域性品牌逐渐成熟,成为杭州女装市场发展
的主导力量。随着众多杭州女装品牌的出现,杭州女装作为女装市场
主体的地位日益突出。

一大批知名女装品牌企业或产品品牌化的过程,进一步强化了杭
州女装的产业集群特征,基本形成了以江干、下城、西湖等老城区为主
的品牌女装集群和以萧山、余杭等新城区为主的服装加工集群。截至
2001年,杭州市共有女装生产企业千余家,约占全国女装企业总数的
5%,品牌数占据全国的一半左右,年产值近40亿元。[②]

第二阶段:政府主导服装区域品牌打造阶段(2001—2005年)

随着杭州女装产业集群的迅速发展,杭州市委、市政府开始对女装
产业进行整合,规划打造杭州女装的区域品牌,相关政策的出台对于杭
州服装区域品牌的建设起到了非常重要的推动作用。

"杭州女装"的提出与杭州城市的定位有着因果关系。2001年,杭
州市确立了"精致、和谐、大气、开放"的城市精神,以休闲为主题的都市
产业框架开始清晰。在许多城市提出"退二进三"的产业发展思路,大
量工业企业关、停、并、转的过程中,杭州市委、市政府果断决策:优二进
三,大力发展女装产业。决策者对此的诠释是:女装生产具有污染少、
消耗少、附加值高、劳动密集型的特点,是典型的都市型工业,这一传统
产业的发展,可充实杭州这座历史文化名城的内涵,与杭州的城市精神

---

① 魏俊:《试析杭州女装产业发展形成的原因》,《浙江树人大学学报》2005年第5
卷第3期,第67—69页。

② 王继晟:《杭州倾力打造女装之都》,《市场报》2002年3月26日。

和旅游休闲的城市性质也相吻合。有了清晰的理念,一项重大的决策诞生:打造女装之都,构筑时尚天地。①

2001 年,杭州市政府出台了《杭州市人民政府关于加快女装产业发展的若干意见(杭政[2001]20 号)》,也就是业界所经常提到的 20 条,它的出台曾易稿多达 17 次,在业界非常罕见,这也是中国加入 WTO 后的第一个产业发展文件。意见分别从加强与高等院校的合作,推进女装企业技术进步、解决瓶颈制约,为发展女装产业注入动力、建立产业园和特色街,树立杭州女装整体形象、营造发展的良好氛围,打响杭州女装品牌以及加强组织领导,推进女装产业快速发展等五个层面对杭州女装区域品牌的建设进行扶持。在政府产业发展规划和政策的支持下,杭州女装产业集群得到前所未有的发展,形成了"中国女装看杭州"的产业发展氛围。

2001 年 3 月 27 日开幕的第十届中国国际服装服饰博览会上,近 50 家杭州女装企业在杭州市政府领导的率领下,以政府组团的方式包下 200 多个展位,并单独设立杭州馆,以展示杭州女装的风采。② 同时,通过展会、中国女装万里行等活动,杭州女装的区域品牌在政府的强力推动下得到了前所未有的反响。在中国服装协会举行的 2003—2004 年中国服装品牌年度大奖评选活动中,杭州市女装发展领导小组荣获首个"中国服装品牌推动大奖",在杭州服装业的发展史上产生深远影响,对促进杭州女装发展产生了重大的激励作用。

在政府政策的强力推动下,杭州女装得到了快速的发展,据中国服装协会统计,2003 年全国 30 个服装产业集聚地中,杭州服装企业的数量居第九位,服装销售总量列第十一位,与大连、青岛、北京、上海、宁波、温州、石狮等城市形成了中国服装业的黄金连线。③ 截至 2004 年

---

① 万润龙:《西子霓裳更靓丽,杭州"丝绸之府"、"女装之都"再创辉煌的奥秘》,《文汇报》2006 年 4 月 11 日。

② 王继晟:《杭州倾力打造女装之都》,《市场报》2002 年 3 月 26 日。

③ 《2005 年蓝皮书之杭州女装发展回顾》,中国女装网。

末,杭州市拥有服装企业近 2400 家,比 2000 年增加近 1000 家;销售产值 170 亿元,同比增长三倍多,利税合计 10 多亿元;出口交货值近 110 亿元;自主品牌 500 多个,同比翻了三番还多;从业人员达 14 万人,同比翻了近一番。

四季青服装特色街、武林路时尚女装街和龙翔服饰城为中心的商圈形成"三足鼎立"的杭州女装市场格局。2004 年杭州女装市场的主导区域集中在本市四季青服装特色街和二三线城市,包括中小城市以及县城等。同时,一部分具备一定实力的杭州女装品牌企业积极拓展包括上海在内的一线城市,开始进入高端市场。其中,以汉帛(中国)有限公司、杭州西湖利达工业有限公司等为代表的中外合资或独资的外向型企业开始逐步转向国内市场,并推出自主的品牌,成为发展杭州女装的"领头羊"。而以杭州蓝色倾情服饰有限公司等一大批由学院派服装设计人员创办的女装企业,创出了一批具有江南特色的区域性时尚女装品牌,成为发展杭州女装的中坚力量和国内女装业新的亮点。

杭州女装形成的"清新、柔美、婉约、雅致"的品牌风格,传承了积淀千百年的"丝绸文化"精华,体现出杭州独特的"山水文化",尤其是"西湖文化"的地域特征,蕴涵了"精致、和谐、大气、开放"的杭州人文精神的内质。因此,杭州女装成为中国服装市场继京派、海派、汉派之后新的区域性品牌,在国内女装市场享有较高声誉,同时成为中国女装业新的亮点。无论是杭州女装企业创建的江南风格品牌,还是外向型服装企业新创的国际化风格品牌,体现出杭州女装企业创建强势品牌的强烈意识,促进了女装品牌的多元化,提升了杭州女装品牌的形象。[①]

杭州丝绸女装行业拥有国家级名牌产品"万事利"、"金富春"及省级名牌产品"喜得宝"、"夏尔茜",在 2004 年全国首先推广使用高档丝绸标志的 17 家企业中,杭丝绸女装企业有"凯喜雅"、"万事利"、"金富春"、"喜得宝"、"红绳"等 5 家,为全国最多。2007 年,中国商业联合会

---

① 申香英:《印象·杭州·设计》,《纺织服装周刊》2008 年第 24 期,第 14 页。

授予杭州"中国女装中心"称号,中国丝绸协会授予浙江省杭州市为"中国丝绸日"举办地,中国纺织工业协会授予达利集团"中国流行面料工程—丝绸流行趋势研究中心"称号。[①]

第三阶段:区域品牌调整升级阶段(2005年至今)

由于政府产业政策的大力推动,杭州服装区域品牌的建设取得了可喜的成绩,但是也出现了一些问题。由于杭州的中小企业所占比例较高,据有关调研资料表明,杭州服装企业中小型女装企业占95%以上,因此没有龙头企业的出现;另外,杭州中小型女装企业缺少高层次的品牌设计、运作、策划人才,多以清新婉约的品牌风格定位,致使品牌相对趋同,整体附加值不高。在2004年公布的中国女装品牌排行榜上,杭州女装品牌还未脱颖而出。[②] 因此,杭州市政府开始主动寻求政府职能的转变,即在服装区域品牌的建设过程中,政府搭建平台,由协会主导运作的方式,积极发挥行业协会和企业的作用,拉动杭州女装的建设。

随着服装产业的发展,如何促进产业向高端发展,特别是与文化创意产业融合,使服装产业升级是杭州服装产业面临的新的课题,杭州市政府机构利用服装区域品牌的建设逐步促进产业、文化和旅游三位一体,新女装与丝绸相结合,发挥城市特色,实现产业与文化的有机结合。2005年,杭州市发布了《中共杭州市委、杭州市人民政府关于弘扬"丝绸之府"打造"女装之都"的若干意见》(市委发[2005]50号)提出立足城市特色,发挥优势互补,以丝绸与女装结合为突破口,弘扬"丝绸之府"、打造"女装之都"。弘扬"丝绸之府"、打造"女装之都"的基本原则是:以丝绸与女装结合为突破口,实现"丝绸之府"和"女装之都"互相促进;以贴近生活为本,实现时尚和传统完美结合;以提高品质为方向,实

---

① 刘光宇:《杭州丝绸女装走多元化设计之路》,《中国商界》2010年第4期,第196页。

② 《2005年蓝皮书之杭州女装发展回顾》,中国女装网。

现技术和艺术双轮驱动；以市场为导向，实现精品和大众互为依托；以旅游为载体，实现产业和文化有机融合；以创新体制为动力，实现政府和企业协同互动；以资源整合为途径，实现市内与市外优势互补；以品牌为先导，实现产业和产品提升发展。

2007 年，杭州的丝绸与女装行业品牌标志经过广泛地征集方案和严格评选而正式诞生，这是行业品牌战略的标志性事件。该标志典雅而时尚，通过对书法、绸带、蓝印花纹等元素的有机融合，形成了独具人文气息的时尚行业标识。

丝绸之府与女装之都的结合使杭州服装区域品牌的发展进入到了新的阶段，2006 年发布的《杭州市丝绸与女装产业"十一五"发展规划》中提出，根据城市整体形象，策划活动，创新载体，打造"丝绸之府、女装之都"区域品牌和标志性产品，以企业品牌不断充实城市品牌的内涵，以城市品牌逐步提升企业品牌的综合实力，通过城市品牌与企业品牌互为推动、互为支撑，力争使杭州丝绸与女装整体品牌走向国际。随着杭州女装产业的升级与文化创意产业的蓬勃发展，杭州服装区域品牌将成为杭州城市品牌建设的重点环节。

二、杭州服装区域品牌的形成机制

原中国纺织部部长，中国服装协会会长杜钰洲在谈到杭州女装产业时曾经指出，杭州具有发展女装产业的众多优势和条件，是国内最有可能成为女装中心的城市之一。结合杭州城市品牌的提出，杭州女装从量的增加到质的飞跃，并逐步建立了良好的区域品牌形象。

(一)杭州女装产业集群为服装区域品牌的发展提供了产业基础

区域品牌的建设基础是产业集群，产业集群与区域品牌之间的互动关系有目共睹。产业集群是区位品牌的象征，如瑞士的手表产业集群、巴黎的时装产业集群等就是一种区位品牌。区位品牌之所以具有竞争优势，是因为与产业集群有着密切的关系。第一，地方特色产业集群本身在这一产业方面的声誉可以吸引新的客户和生产者前来；第二，产业集群能够把具有产业关联的企业联结成较紧密的团体,为了保持整个团体的发展前景,集群内企业相互产生影响,从而形成集群加速发展的趋势,进一步增强区域的整体竞争优势;第三,政府在产业集群形成与发展过程中起着多方面的扶持和推动作用,通过改善投资的软、硬环境,为产业集群的持续健康发展提供优质、高效的系列化服务,从而有利于加强区域的品牌效应。产业集群的这种区域品牌整体竞争优势是单一企业所无法达到的。[①]

杭州市政府通过产业园区推动产业聚集效应,为服装区域品牌的发展奠定基础。2002 年,杭州市政府为奠定和扩展服装产业的发展基础和空间,形成服装产业集聚优势效应,分别在萧山经济技术开发区和江干区规划、建设杭州(萧山)和江干女装块状功能区。同时,以萧山印染织造、余杭和建德家纺、江干和萧山女装等特色生产基地为核心,优化、整合周边纺织服装产业基地,扶持和巩固淳安优质茧丝基地建设,进一步扩大规模,突出品牌影响力和规模化生产能力,形成产业链上中下游一体化、品牌化、规模化发展的国际著名纺织服装产业基地。2008 年,杭州丝绸女装共拥有规模以上服装生产企业 607 家,实现工业总产值 256.65 亿元,占整个纺织行业比例的 14.4%,实现利润 14.88 亿元。[②]

随着产业集群的发展,杭州市也形成了多种业态并存的营销网络,四季青服装特色街、武林路时尚女装街、龙翔服饰城为中心的商圈以及各大百货商场服装区构成杭州女装市场流通的基本格局。这些市场定位差异化,形成杭州女装市场高中低端批发、零售的立体销售空间体系,辐射力日益增强,为杭州实现"打造女装之都,构筑时尚天地"战略目标奠定了坚实基础。

---

①　古赞歌:《基于产业集群的杭州女装业问题分析》,《经济论坛》2006 年第 12 期,第 33 页。

②　柴燕菲、赵晔娇:《丝博会梅开十度杭州女装借"东桑西移"华丽转身》,http://www.chinanews.com/cj/news/2009/10—20/1921239.shtml。

（二）企业品牌构成了杭州服装区域品牌的依托

企业品牌是区域品牌的基础,没有强大的企业品牌以及企业品牌的集中,服装区域品牌是无法形成的。随着服装产业的不断变化以及文化创意产业的发展,杭州的服装品牌正逐步走向升级。部分杭州女装品牌于 2004 年开始实施"变身洋品牌"的品牌发展战略,它们通过到国外注册或者购买等方式,纷纷推出了主打国内高端市场的女装自主品牌,例如"秋水伊人"的 COCOON、"古木夕羊"的 OTT、薰香的 CICIC、"蓝色倾情"的阿她琪等。"蜜玛"、"艾可"、"伊甸"等品牌企业,集聚力量、优势互补、资源整合,建立战略联盟,联合重点推广"蜜玛"品牌,共同服务客户,占领市场,积极探索走内联外引、提升品牌已成为杭州女装发展趋势之一。

金融危机发生后,面对各种压力,杭派女装试图通过转型升级寻求突破,实行全方位的品牌战略。"秋水伊人"2008 年下半年推出升级品牌 FIRST VIEW,杭州天之女时装有限公司在韩国正式创立了"BRJ"品牌,品牌的异域特色也给服装本身带来了更多的流行色彩。很多女装企业专门聘请法国顶尖的时装设计公司进行设计和咨询,并积极寻求设计元素的国际化,随着国际流行元素的加入,早年杭派女装温婉的形象,已经在悄然发生改变。同时定制服务,专卖店的个性化服务等都在促使女装品牌向国际一流时装靠拢。[①]

（三）区域营销为杭州服装区域品牌的发展提供了动力

当今社会,城市的主题化建设已成为 21 世纪主要中心城市发展的一大趋势,也就是以优势产业发展特色经济,培植城市的区域核心能力。以区域核心能力为基础建立起来的城市发展战略,将为城市发展提供卓越的竞争力。区域品牌的发展是城市定位的重要方面,将城市的主体产业品牌与城市定位相结合将有助于城市的整体运作与区域品牌化的发展。

---

① 沈积慧:《杭州女装向国际大牌靠拢》,《都市快报》2009 年 2 月 25 日。

杭州市结合杭州女装产业的发展,将自己定位为"丝绸之府"与"女装之都",从而明确了杭州服装区域品牌的建设方向,也确定了区域营销的方向。杭州服装区域品牌的区域营销在政府机构的大力推动下,取得了良好的效果。"丝绸之府"和"女装之都"强化了杭州城市形象和城市品牌,成为都市文明的强大"发动机"。

1. 整合展会资源,形成外部效应

杭州市原有两大服装展会,中国国际丝绸博览会和中国国际女装展是杭州市丝绸与女装产业展示、交流、贸易的两大重要平台,但两大展会也造成了一些不必要的资源浪费。整合资源成为提升水平的关键点。2007年,杭州市将两展正式合并为中国国际丝绸博览会暨中国国际女装展览会,从而突出了杭州丝绸与女装在新时期的新定位,展示了杭州丝绸与女装的整体实力,也宣传了杭州打造"生活品质之城"城市品牌的新目标。目前,中国国际丝绸博览会暨国际女装展已经成为杭州的名片之一,作为商务部举办的六个国家级展会之一,每年都会吸引全国乃至世界的眼球,极大提升了杭州丝绸女装的形象。

除此以外,培育高质量的会展品牌也成为杭州打造服装区域品牌的重要措施。杭州市政府提出,对在杭州市举办并取得良好经济效益和社会效益的丝绸类会展、节庆活动,依据杭州加快培育会展旅游的相关政策,积极推荐其参加杭州市优秀会展项目的评比表彰,尤其是积极引进特别高规格的国际性、全国性丝绸类会展项目。对举办代表杭州形象的丝绸女装、丝绸家纺会展项目,可确定2—3年的品牌培育期,从杭州丝绸与女装产业发展资金中安排一定的资金来培育会展品牌。

2. 对外打造杭州女装整体形象

杭州女装这个服装区域品牌的传播在很大程度上归功于杭州市政府的组织和推动。这其中最值得一提的是"杭州女装中国万里行"活动。2004年6月,杭州市女装办和杭派女装商会首次联合开展这一活动,组织30多家女装品牌企业,途经哈尔滨、沈阳、乌鲁木齐、成都、昆明、贵阳、长沙、济南、武汉、郑州等10个城市,行程达1.2万公里。每

到一地，都举行新闻发布会，开展《水之秀》联合动态展示，考察当地的
服装市场，组织开展宣传推广杭州品牌女装，与各地服装协会共同组织
企业和经销商交流经验和洽谈经销，对宣传杭州女装区域品牌起到了
良好的作用。之后的万里行活动每年举办一次，增加了新的内容，培
训、交流等方式综合起效果，并调整运作方式，完善分销网络，以区域优
势，整体推进，有效推广杭州女装品牌。万里行活动有效地推动了杭州
女装品牌的发展，提升了杭州女装在国内的知名度，更增加了"杭州女
装"这张城市名片的含金量。同时，组团参加每年一度的北京·中国国
际服装服饰博览会（CHIC）也成为杭州女装走向全国以及走向世界的
重要举措。

除了充分借助各类媒体滚动宣传报道杭州女装外，2002年还创办
了中国首家政府开办的女装专业门户网站"中国女装网"，以"时尚、权
威、全面、唯一"为理念，以"中国女装看杭州"为主题，立足杭州，面向世
界，利用互联网的资源优势，宣传、展示杭州女装，已成为国内唯一的女
装专业大型信息交流平台。2002年以来，杭州市政府和有关部门行业
协会积极策划、举办中国女装产业发展高层论坛、中国国际女装发展论
坛、杭州女装产业文化发展论坛等，从战略的高度、国际化的角度以及
大文化的视角，研究和探讨促进杭州女装的发展和文化建设。

（四）区域文化为杭州服装区域品牌的发展注入了内核

杭州是一个有着悠久历史的文化名城。杭州建城已有2200多年
的历史，拥有极其丰富的自然、文化、历史资源，底蕴深邃，既体现了杭
州的个性和魅力，又彰显出杭州不同于其他城市的比较优势。"人间天
堂"这一称谓道出了杭州特殊的、具有强烈文化意义的自然和文化的优
势。杭州文化是开放性的，她在开放中融合诸多外来文化而得以不断
发展，但又保持了自己的独特个性。①

---

① 张辛可：《杭州女装以文化为核心竞争力的研究》，《中国服饰报》2005年4月
18日。

　　杭州女装产业的崛起,也得益于杭州历史上丝绸文化的积累。杭州丝绸的历史更是源远流长。出土的距今4700年的良渚文化遗址中的绸片,有力地证明了杭州是我国最古老的丝绸产地之一。唐代,杭产丝织品经京杭大运河远销北方,并通过丝绸之路运往欧亚大陆。唐长庆三年(公元823年)任杭州刺史的白居易,在"杭州春望"中写道"红袖织绫夸柿蒂,青旗沽酒趁梨花",将杭州丝织品中的"柿蒂绫"与杭产名酒"梨花春"并提。① 南宋时,杭州丝绸发展达到了高峰,成为全国丝绸中心,由此而称"丝绸之府"。2003年,杭州被中国丝绸协会列为"中国六大绸都"之一。杭州深厚的历史文化沉淀成为杭州丝绸与女装产业的竞争优势之一。杭州女装发展的原因很大程度上归因于她的吴越文脉和"天生丽质、心灵手巧"的城市和人文性质,在于杭州人自觉不自觉地抓住了地域经济和地域文化的特质。杭州女装也直接地受益于"杭州丝绸"的经济价值、文脉血统和国际性的知名度。②

三、杭州服装区域品牌建设的特色因素

(一)公共管理机构培育服装区域品牌

1. 杭州服装区域品牌政府主导培育模式的发展

　　杭州的服装区域品牌的建设是典型的公共管理机构培育的模式,在建设服装区域品牌的过程中,政府机构的角色也在逐步进行转型。

　　杭州服装区域品牌的培育一开始是由政府主管机构进行的。在杭州服装产业自发形成产业集群之后,2001年11月,杭州市成立了杭州女装发展领导小组,成为培育和加快杭州女装产业发展而设立的最高领导机构,其主要的任务是统一领导全市女装产业的发展工作,负责制定女装产业发展规划和政策,协调解决女装产业发展中的重大问题。

---

① 魏俊:《试析杭州女装产业发展形成的原因》,《浙江树人大学学报》2005年第5卷第3期,第67—69页。

② 张辛可:《杭州女装以文化为核心竞争力的研究》,《中国服饰报》2005年4月18日。

2005 年,杭州市为进一步推进杭州市丝绸与女装产业、文化、旅游的繁荣和发展,更好地整合政、产、学、研、商等各类资源,又建立"弘扬丝绸之府、打造女装之都"战略合作促进委员会。战略合作促进委员会下设产业、文化、旅游 3 个专项工作领导小组。将原"杭州市女装发展领导小组"调整并充实为"杭州市丝绸与女装产业发展领导小组",这种转变将服装区域品牌的建设与文化创意产业紧密联系,并从政府管理以及规划的角度对服装区域品牌的建设方向进行了调整。

充分发挥政府机构在营造区域品牌过程中的作用,由政府出面对服装产业集群内的品牌资源加以整合、包装,为杭州女装的区域品牌建设提供全方位的服务支撑,提高知名度和美誉度,使之成为区域经济发展的宝贵资源,这种方式在产业集群发展的初期阶段是较有效果的。杭州市政府相关机构通过积极打造科技与文化创新平台,努力提升自主品牌与文化创新平台,鼓励企业技术创新,打造中国纺织服装信息商务中心等信息平台等为杭州女装区域品牌的发展创造了良好的发展环境。这里尤其值得一提的是,杭州专门设立丝绸与女装产业发展资金,市财政每年安排 2000 万元资金用于扶持杭州丝绸与女装产业发展,主要用于支持对丝绸、女装产业发展带动性强的公共平台搭建、各类研讨交流活动开展、重点项目建设、产业名牌创建、产品开发创新、产业基地建设及"丝绸之府"、"女装之都"推广宣传等,从而从公共资金角度为杭州女装区域品牌奠定了稳固的基础。

2. 政府主导型模式所产生的问题

由于杭州市政府的高度重视,杭州女装的整体推广做得可谓有声有色。自从 2000 年杭州女装整体亮相京城之后,杭州整体形象的打造活动就异彩纷呈。每年的"中国国际服装服饰博览会",杭州市政府都组团参展,影响巨大。无论是杭州女装形象大使的评选还是杭州女装文化发展论坛的举办,杭州女装整体推广都是非常出色和到位的,但政府直接运作服装区域品牌的方式也直接带来了相关的问题,主要体现在:

（1）企业缺乏主动意识，自主品牌建设强度差

在杭州女装整体形象得到整体提升的热闹背后，杭州女装企业的自身品牌建设却得不到足够的重视。杭州众多的女装品牌除了参加每一年一次的"北京·中国国际服装服饰博览会"、"杭州中国国际女装展"的"杭州女装中国万里行"等活动外、企业自主召开产品发布会、推介新品的专题营销活动寥寥无几。① 杭州女装企业鲜有进行有意识的品牌推广活动。由于缺少这种大力的宣传，在针对杭州女装进行的一项调查中显示，39.4%的受访者完全不知道杭州女装品牌。②

由于特定的发展背景，杭州很多女装企业的眼光都似乎仅仅局限在短期的利益——以赢利为最终目标而不是想让自己的品牌做大做强，深入人心，提高知名度和信誉，再加上一些担心人才被挖走等短浅现实的因素，导致品牌推广活动建设缺乏，杭州女装注重更多的是一些具有短期效果的促销活动，很少看到杭州女装企业进行有意识的品牌推广活动。③

同时，杭州女装一度大力宣扬"杭派"的概念，甚至是"学院派"的概念，这种提法是有其历史渊源的。可以说，杭州女装的兴起，得益杭州的中国美术学院、浙江工程学院等这些服装设计的专业院校培养的专业设计人才。杭州女装企业的企业主，许多都是具有学院设计的背景。但也正由于杭州女装企业的设计背景，杭州女装企业显示出一种过于看中设计或者品牌形式的倾向，产品与市场的结合往往显得不够密切，或者对市场潮流的捕捉不够及时，忽视了消费者、市场的需求变化，整体营销比较差，导致服装品牌无法做大做强。④

① 《冷思考：政府主导是否会惯坏企业》，《中国制衣》2007年第11期，第27页。
② 郑潞茜：《杭州女装品牌的现状分析及品牌提升的对策研究》，《商场现代化》2007年10月（上旬刊）总第517期，第190页。
③ 陶云彪：《杭州女装品牌五大营销软肋》，http://www.efu.com.cn/data/2003/2003－06－07/20393.shtml。
④ 陶云彪：《杭州女装品牌五大营销软肋》，http://www.efu.com.cn/data/2003/2003－06－07/20393.shtml。

(2)强势品牌缺乏,无法带动服装区域品牌的整体发展

杭州市纺织服装产业调整振兴三年行动计划(2009—2011)提出,杭州自主品牌附加值相对较低,其中外销纺织服装企业中知名度高的纺织服装名牌屈指可数,尚无国际知名品牌,内销纺织服装企业较为注重品牌建设,但目前大多处于中档水平,消费者品牌认同度仍不高,较难进入国内高档商场,品牌附加值相对较低。

杭州女装品牌绝对数量非常可观,这是杭州女装的优势。但是,品牌数量并不等于品牌的力量。杭州女装品牌群体中缺少强有力的品牌,在历年的销售排行榜上,鲜有看到杭州女装的影子。杭州女装品牌形成国际影响力还有很长的路要走。

杭州女装从四季青等服装批发市场逐渐发展起来,主要靠大批量和低廉的价格取胜,一直以来主要面向中低收入消费者。随着杭州女装市场的发展,一部分女装企业已经具备一定的实力,开始尝试进入高端市场。但是,高端市场对杭州女装的认可程度依然较低,进军高端市场的道路依然困难重重。2004年,杭州女装在高端市场依然处在一个相对尴尬的位置,奥特莱斯(OUTLETS)清除入驻70%的杭州女装品牌的举动,表明杭州女装市场的高端拓展依然任重道远。2004年,在中国女装品牌排行榜上还没有一家杭州女装品牌实现突围,成为全国性的品牌。市场所认可的中国女装品牌依然是"白领"、"斯尔丽"、"哥弟"、"华鑫"、"ESPRIT"、"ETAM"等。杭州女装较知名的品牌诸如"浪漫一身"、"蓝色倾情"等,在其他城市的知名度依然较低,在各大城市重点大型零售企业女装销售监测结果中,依然看不到杭州女装品牌的影子。

(3)区域文化的限制性导致杭州区域品牌发展遭遇瓶颈

纵观世界服装名牌,均是在各国历史文化的沉淀以及新的思想意识形态下发展起来的,如意大利、法国的名牌时装。因此,特定的文化背景是决定服装品牌的重要影响因素。杭州女装依靠自己独特的地域文化形成了一批与杭州的灵秀、休闲、风雅的城市风格极为相似知名的

服装企业,如"浪漫一身"、"江南布衣"、"蓝色倾情"等,这一风格也是女装市场消费者对杭州女装的总体印象,在杭州女装市场这一特点仍然非常明显。

但正由于清新婉约风格的地域局限,杭州女装市场的影响力仍然是区域性的,企业的市场定位缺乏多样化、差异性,在设计过程中,相互抄袭,销售中打价格战的恶性竞争也时常出现。品牌对市场的号召力和多地域伸展力不足,难以对外辐射扩大自身的产业规模,这些都严重制约着杭州女装的进一步发展。①

(4)区域品牌发展的无序性导致企业形象受损。

杭州市纺织服装产业调整振兴三年行动计划(2009—2011)提出,杭州女装企业无序竞争导致发展受制,纺织服装行业内的众多企业知识产权保护意识淡薄,简单模仿抄袭行为较为普遍,企业产品同质化恶性竞争现象较为严重,制约了纺织行业的有序、健康发展,也对提升企业品牌、扩大行业品牌影响力产生了不良影响。同时在技术创新方面投入两极分化,行业龙头企业注重自主创新和知识产权保护,已建立起较为完善的技术创新体系,每年都投入巨资用于设备更新、工艺改进、新产品开发以及人才的引进和培养;而中小企业只能通过简单模仿来抢占市场、获取利润,且知识产权保护意识较为淡薄。

虽然政府强力推出杭州女装的区域品牌,但也随即带来了搭便车的问题,由于门槛较低,大量的女装企业蜂拥而入,加上缺少标准,缺少引导,导致产品档次低,质量不过关,使得杭州女装的形象受到很大影响,以至于很多女装品牌不愿让人了解到自己的杭州背景,不愿打"杭派女装"的牌子。②

3. 服装区域品牌建设模式的转型

经过一段时间的政府主导服装区域品牌的运作,杭州市也在不断

---

① 古赞歌:《基于产业集群的杭州女装业问题分析》,《经济论坛》2006年第12期,第33页。

② 《冷思考:政府主导是否会惯坏企业》,《中国制衣》2007年第11期,第27页。

调整政府角色转型。如何科学合理的配置政府、行业协会和企业之间在建设服装区域品牌上的关系,是目前杭州一直在寻求解决的关键问题。杭州市丝绸与女装产业发展领导小组部署 2007 年杭州丝绸与女装产业发展的总体工作思路提出了"突出一项主题,推进两个转变,实现三个突破,落实四项措施,展现五大亮点"。所谓"突出一项主题"就是大力推进丝绸与女装品牌建设;"推进两个转变":一是产业目标从量的扩张向质的提升转变,二是工作方式从政府具体操作型向调研指导型转变;"实现三个突破"是在发挥市场机制作用上有新突破、在推动产业发展上有新突破、在改善产业环境上有新突破;"落实四项措施"是突出理念教育、加强资源整合、借助中介力量、充分发挥专项资助资金作用;"展现五大亮点"则主要体现在发展研究方面、搭建平台方面、培育人才方面、创新创牌方面和营造氛围方面,这反映出杭州市政府转变服装区域品牌建设模式的趋向。

在服装区域品牌的建设中,杭州市政府提出了在建设服装区域品牌过程中的"三力合一",即发挥"政府的主导力,企业的主体力和市场的配置力"。以政府的主导力为切入点,在服装产业集群刚刚起步时发挥重要的作用,但如果政府的主导力发挥过强,就会产生市场配置力和企业主体作用无法发挥等问题,因此需要探究产业转型过程中政府作用的发挥。

杭州市纺织服装产业调整振兴三年行动计划(2009—2011)提出:应实施品牌融合原则,按照杭州市"丝绸之府、女装之都"的产业定位,加强市场开拓和自主品牌建设,发挥品牌协同效应,创新宣传载体,不断提升自主品牌的影响力和竞争力,实现行业品牌、企业品牌和产品品牌的有效融合,这已经成为建设杭州服装区域品牌的一个重要指导原则。

政府加强职能转变,提供公共平台,一方面突出服装区域品牌的作用,积极引导企业参与对服装区域品牌的打造,以区域品牌聚集效应、激励效应以及巨大的外部经济效应带动企业品牌,以服装区域品牌带动服装产业的整体影响力,同时要看清服装区域品牌与企业品牌之间的互动关系,大力推动企业品牌建设,以企业品牌的不断提升来推动区域品牌,从而推动杭州服装产业结构的优化,增强区域产业核心竞争力。政府组织的整体推广能够创造和改善杭州女装的营销环境,却绝对不能取代杭州女装企业自身的品牌建设。

除了政府和企业的作用之外,行业协会也要在政府和企业间发挥重要的桥梁和纽带作用,杭州市服装协会品牌女装分会、杭州杭派女装商会和杭州市服装设计师协会等行业中介组织围绕加大杭州女装品牌的宣传力度,提高杭州女装在国内市场的影响力和知名度,推动杭州服装企业健康、持续、稳定发展等目标,在宏观指导、行业管理、信息咨询、行业与市场开拓、组织行业理论研讨、技术交流以及推荐名优企业、品牌的活动中,较好地发挥了服务、协调和监督的功能。[①]

从服装区域品牌的运作方式来看,政府机构正在从直接操作型向统筹指导型转变。参加每年的中国服装服饰博览会,原来的组织单位是杭州市经委,后将由杭州杭派女装商会承办,政府机构与女装商会签订协议,确定效果,从而刺激行业协会力量的发挥,有关丝绸女装的单个项目也都采取授权委托合同的形式,政府给予资金上的支持与政策上的引导,授权行业协会承担一些大型的推广活动,比如组团参加中日国际服装服饰博览会(CHIC),委托设计师协会组团到巴黎进行设计师的学习考察培训等,充分发挥行业协会的作用。[②]

2008 年金融危机发生之后,为了尽快促进杭州女装产业的升级,寻求服装区域品牌建设中的主体的转型,杭州市于 2009 年 5 月成立了杭州丝绸女装产业联盟,通过四界联动,建立打造推动产业发展的社会复合主体的创新机制。四界联动主要构成是:党政界依托现有的杭州

---

① 查志强:《都市型产业集群研究——以杭州女装产业集群为例》,《上海经济研究》2006 年第 1 期,第 70—75 页。

② 《杭派一个政府主导的区域品牌模本》,《中国制衣》2007 年第 11 期,第 23—24 页。

市丝绸与女装产业发展领导小组办公室架构,知识界是由中国美院、浙江理工大学、市品牌促进会、中国丝绸博物馆等组成,行业界由丝绸行业协会、市服装行业协会、杭派女装商会、市服装设计师协会以及行业知名龙头企业组成,媒体界由杭州日报报业集团、中国女装网、丝绸网、《丝绸与女装》杂志等组成,并借助商务部、中国纺织品进出口商会、中国丝绸协会、中国服装设计师协会和法国高级时装工会、欧洲设计学院等国内外部门和单位的力量,形成杭州丝绸女装产业发展的新格局。

在上述社会复合主体中,"四界"的作用可体现为:党政界主要是政府制定规划、完善扶持政策、加强协调、整合资源,在杭州市丝绸与女装产业发展领导小组的领导下,牵头项目安排,协调各方利益和监督项目的执行;知识界主要体现在院校对专业人才的培育和培训、对各类项目和活动的参与、帮助企业解决技术与品牌创新、体现个人与群体的创业、参与决策咨询与项目评估;媒体界主要体现为营造氛围、交流信息、提供电子商务平台,帮助企业拓展市场,提升行业形象;行业企业界一方面是搞好企业自身的发展、发挥行业协会的基础性作用,另一方面是承办和参与政府资助的一系列产业活动。①

在产业联盟建立后,由行业协会、特色街区管委会和行业龙头企业共同出资组建了杭州市丝绸女装展览有限公司,形成市场化运作的利益共同体,并由展览公司承担市场拓展工作。展览公司 2009 年共组织丝绸与女装企业开展了八场国内外的市场拓展活动,共有 2625 家企业参展,展位数 2800 余个,同时发挥杭派女装商会等协会和中国丝绸城等特色街区各自优势,充分整合资源,组织开展丝绸女装万里行等多层次、多形式的市场拓展工作。发挥政府政策引导作用,发动、鼓励杭州名牌产品拓展市场,在产业发展资金中安排专项用于对企业在国内外

---

① 丝之人:《四界联动推动杭州丝绸业发展》,《纺织服装周刊》2009 年第 11 期,第 34 页。

开设专卖店、专柜进行支持。①

（二）文化创意产业拉动服装区域品牌升级

近年来，杭州大力发展文化创意产业，并提出要重点扶持信息服务业、动漫游戏业、设计服务业、现代传媒业等八大产业，建设成为全国文化创意产业中心。据初步统计，2009 年杭州文化创意产业实现增加值642.4 亿元，文化创意产业增加值占全市 GDP 比重达 12.6％，一举超越商贸物流业、金融服务业。② 在从杭州制造向杭州创造的跨越过程中，如何将服装融入文化创意产业之内，借助于文化创意产业的力量，带动服装产业的整体升级成为杭州打造服装区域品牌的重要目标。

2005 年，中共杭州市委、杭州市人民政府《关于弘扬"丝绸之府"打造"女装之都"的若干意见》已经提出要在丝绸与女装产业、文化、旅游等方面形成区域优势。服装的内涵文化和外延文化将成为决定杭州服装品牌和服装产业的生存、发展、竞争力和附加值是否向高端方向发展的最主要因素。利用杭州发展文化创意产业发展的机遇，深度挖掘杭州深厚的丝绸文化底蕴，以杭州打造丝绸之府、女装之都为依托，举办各种与丝绸文化相关的文化交流活动，宣传丝绸时尚品牌文化，带动服装文化与丝绸文化的融合，在设计、展会、品牌等各个环节加深与其他文化创意产业的融合，创造出更具特色的产业内容和创新价值，营造浓郁时尚氛围，成为杭州促进服装区域品牌升级的重要举措。

通过各种文化交流活动营造产业氛围，推动区域品牌的美誉度是目前杭州女装所采取的策略之一。杭州女装借助北京奥运会的契机，结合国际游客云集、国际媒体众多的良机，吸引国际各界的眼光来聚焦杭州丝绸与女装产业的发展。杭州的万事利、达利、凯喜雅等企业的产品被北京奥组委官方选为指定产品，万事利提供的"青花瓷"等奥运礼

---

① 杭州市经委：《构建杭州丝绸女装产业联盟》，http://kpb. hz. gov. cn/showpage. aspx？nid＝3291＆id＝442。

② 《数读 2009：杭州文化创意产业发展现状大盘点》，《杭州科技》2010 年第 5 期，第 31 页。

服惊艳世界，很好地宣传和树立了杭州丝绸与女装产业在国内的行业地位，打响了"中国丝绸、杭州创造"的品牌。由奥运会所带动的国内外大量游客来杭旅游，也为更好地宣传推介杭州"丝绸之府、女装之都"的行业品牌提供了一个有利时机。

与旅游文化相结合是文化创意产业对杭州女装的另一推动，推动开发以丝绸文化为特色旅游和休闲中心，引导相关的地区将丝绸与旅游相结合，通过设计以杭州丝绸为主题的旅游线路，开拓特色旅游，并开发相关的旅游纪念品，提升文化内涵，目前达利（中国）、吴海燕纺织服装公司等都在开展流行趋势研究和丝绸旅游纪念品设计开发的工作。

（三）强力打造设计师品牌，为服装区域品牌注入动力

杭州市纺织服装产业调整振兴三年行动计划（2009—2011）提出：按照集聚化、专业化、细分化、配套化、国际化的要求，以设计与营销为核心，相关产业配套有效衔接，形成"两头在内，中间在外"的发展格局，推动杭州纺织服装产业向价值链微笑曲线两端提升，其中重要的措施之一就是采取措施大力发展设计师品牌和原创时尚产业。

杭州具有发展设计师品牌的良好基础，与北方服装品牌讲究版型和面料不同，杭州女装的设计师又被称为学院派，更注重设计感，强调色调和细节的处理。早在2004年第四届中国国际女装展上，江南布衣、蓝色倾情、古木夕羊、熏香、红袖、永远的女人、女性日记等12家杭州女装知名品牌企业就曾以每家两个展位单独组成"杭州服装设计师品牌展区"的形式集体出击。

杭州市一直在努力实现设计师品牌与企业品牌的互动，即从培养时装设计师入手，鼓励创建设计师品牌，培养一批坚持原创性和不可复制性的品牌，取得时尚话语权，同时加大企业与设计师的合作，围绕企业市场定位，合作开发、设计产品、依托设计师在业界影响力和企业的完善取得推进市场，实现设计师品牌和企业品牌的互动提升。通过不断吸收国际知名品牌的成功经验，使杭州女装的设计突破产品设计的

概念,从单一的产品设计提升到品牌设计、企划设计、管理设计、营销设计等多元化、立体化设计,最终以设计文化提升杭州服装产业参与国内外竞争与合作的能力和水平。[①] 杭州女装已经走到了以设计提升品牌,打造设计师品牌的新阶段。

1. 以时尚创意园区聚集时尚设计师

随着文化创意产业的发展,创意园区成为创意力量的聚集地,目前,杭州正重点打造西湖创意谷、之江文化创意园、西湖数字娱乐产业园、运河天地文化创意园、杭州创新创业新天地、创意良渚基地、西溪创意产业园、湘湖文化创意产业园、下沙大学科技园、白马湖生态创意城等十大园区,一批时尚设计师聚集其中。

由杭州上城区和中国美术学院联手共同打造的"西湖创意谷"首个园区"开元198"于2007年4月正式开园,其中聚集了时装、城市建筑色彩设计、模特文化经纪等多种文化经营领域。由中国纺织工业协会、杭州市人民政府、浙江中纺腾龙投资有限公司共同打造的中国纺织服装信息商务中心,是国内第一个专业为纺织服装行业服务的大型综合空间,其打造的中国"116时尚设计创意园"的理念是"设计师经营"和"经营设计师",通过面料—服装企业—推广平台的产业环境支持,实现品牌与市场的有效互动,力争培育出一批中国本土大设计师、孵化出一批中国本土的大品牌,为设计师提供更为宽广的展示平台。[②] 到2010年12月,"116时尚创意园"已经签约设计师47名,进驻设计师工作室20多家,预计到2011年将超过100家,汇聚了杭州本土、长三角地区的新兴设计力量。在设计师培育过程中,摸索出了两条发展道路与模式。一是以设计师工作室的形式实现服饰创意的物理集聚;二是建设设计中心,通过设计版权经营的形式,实现服饰创意价值。两种模式齐

---

① 孙艳兰:《杭州女装"十年计划":世界级大师和全球市场》,《观察与思考》2007年第15期,第44页。

② 申香英:《印象·杭州·设计》,《纺织服装周刊》2008年第24期,第14页。

头并举在我国服装设计界尚不多见,这主要依赖于"116 时尚创意园"扎根于四季青服装市场的产业环境优势,能够真正实现设计师与服装市场的无缝对接。①

2. 打造杰出设计师,提升创意力量

设计师是品牌建设的核心和灵魂,实施品牌战略,归根结底就是要实施设计师战略。杭州市在打造设计师与设计师品牌方面不遗余力。从 2003 年起,在设计师人才方面,杭州在高等院校评选"未来之星",连续举办"中国服装设计师大奖赛",参加全国十佳服装设计师评选,每两年评选杭州女装十大企业、十大品牌、十佳设计师来发现人才;组织获得"十佳设计师"称号的设计师到法国、巴黎、意大利、米兰参加培训,组织服装设计师、服装技师参加国内各种形式的培训来培养人才;通过引进国内、国际知名设计师来提升杭州女装产业品牌,对杭州女装全面与国际接轨特别是对杭州女装设计理念和水平的提升发挥重要作用。

杭州市委、市政府提出并实施"中国杰出女装设计师发现计划",从2007 年起,政府出资 400 万人民币,将用 10 年的时间,在国际知名服装设计院校培养 60 名杰出女装设计师,在国内知名服装设计院校培养250 名优秀女装设计师;短期出国培训优秀女装设计师和女装企业高层经营管理者 200 名,短期国内培训服装制作技师 400 名、服装制作高级工 1000 名;引进知名女装设计师 10 至 20 名。通过壮大杭州女装设计师队伍,培育和确立杭州丝绸、女装产业发展的人才竞争优势,打响杭州"中国丝绸之府、中国女装之都"的行业品牌和"生活品质之城"城市品牌。

中国十佳时装设计师评选是国内设计师展现品牌风格,彰显设计水准的平台,从 2003 年开始,杭州市丝绸与女装产业发展领导小组办公室和杭州市服装设计师协会组织推荐杭州优秀设计师参加这一评

---

① 杭州市江干区文创办:《区文创办走访中国 116 时尚创意设计园》,http://www.jianggan.gov.cn/content/20080102000017/20101207000003.html。

选,截至 2009 年,杭州已有 18 位设计师获此殊荣,2010 年又有两位设计师获得了此项荣誉,涌现了吴海燕、赵伟国、应翠剑、张义超、刘华、郑红樑、施杰、杨红彬、朱威、肖红、吴吉、钟健、张鸿雁等优秀的杭州设计师,为杭州女装建立了良好的声誉。

设计师品牌的培育不仅需要浓郁的时尚氛围,同时也需要一定的财政支持。2006 年,杭州市出台的《杭州市丝绸与女装产业发展资金管理办法》提出,由市财政每年统筹安排 2000 万元资金,用于支持对产业发展带动性强的公共平台搭建、人才培养、各类研讨交流活动开展、重点项目建设、产业名牌创建、产品开发创新、产业基地建设及"丝绸之府"、"女装之都"推广宣传等。凡符合申请条件的设计师工作室只要填写杭州市丝绸与女装产业发展项目资金申请表,同时提供工商营业、税务登记及其他相关证明,在规定的时间内提交到杭州市丝绸与女装产业发展领导小组办公室(市经委纺织服装处),即可享受到相关的市财政资助。

从资助条件来看,主要是针对国内外的知名设计师,要求设计人员必须在国际知名服装设计大赛或国家有关部门、国家级行业协会举办的服装设计大赛上获奖,对于出国培训毕业的服装设计师工作室则要求与杭州市女装办签订在杭开设工作室三年以上的合同,设立人员必须是在中国国际女装设计师大奖赛上获奖,由杭州市人民政府资助前往国外进行长期培训毕业的服装设计师等,通过这些资助,为设计师提供了创业资金帮助,从而在一定程度上扶持了杭州设计师品牌的发展。

第二节　上海服装区域品牌实践探索

上海是我国服装产业最为发达的城市之一,由于其悠久的历史背景,高端服装产业链的聚集以及浓郁的时尚氛围,在 2000 年即提出要建设世界第六大时装之都。文化创意产业的发展为上海服装产业向时尚创意产业的转型提供了难得的机遇。上海服装区域品牌的建设显现出与主要的服装制造产业集群杭州、深圳等完全不同的发展路径。

一、上海纺织服装业发展状况

上海是一个国际性的大都市,发展都市型工业具有得天独厚的优势,而服装产业又是上海都市型工业的一个重要支柱,1998 年服装产业被列为上海市重点都市型工业。

(一)上海纺织服装产业的发展状况

上海纺织服装业有着悠久的历史。早在明清时期,上海的手工棉纺织服装业就享有"衣被天下"的美誉。光绪十五年(1889 年)建成开工的上海机器织布局,开创了中国近代动力机器纺织工业的新纪元,成为中国近代纺织工业的发源地。

上海纺织服装业是中国纺织工业的起源地之一。在新中国成立后,上海纺织服装业累计向国家上缴的利税及创汇,均居各系统之首,对国民经济发展和社会进步做出过极大的贡献。在全国纺织工业中上海纺织曾以占全国 5% 的棉纺锭创造了占全国纺织 10% 的产值、11% 的出口交货值和 17% 的利税,行业最高时吸纳了 55 万就业人员。但是 20 世纪 80 年代以来,由于历史问题的沉淀和现实环境的变化等因素,竞争优势逐渐被削弱,许多企业相继发生亏损。上海纺织在全国纺织中的比重逐渐下降,上海纺织占上海经济的比重低于全国纺织占全国经济的比重。上海纺织经济的发展陷入了困境。①

从 1992 年年底开始,上海纺织服装行业在全国率先进行了以产业结构调整为主旋律的产业创新。围绕"高档次、新技术、多元化、外向型"的目标定位,上海纺织服装业重点进行了产业、企业、资产、就业四大结构调整,大力发展纺织新材料业、有特色、有创新的时装业和纺织服务业,逐步摆脱了传统纺织产业的束缚,使上海纺织工业逐步成为具

---

① 张瑞、徐明:《上海纺织产业在创新中实现产业结构向现代纺织转型》,《中国上海》2007 年第 3 期,第 37 页。

有鲜明时代特色的综合型都市产业。

2009 年上海纺织行业规模以上企业实现主营业务收入 2939.7 亿元,其中纺织服装行业实现主营业务收入 639.5 亿元,占总额 21.8%,上海纺织行业规模以上企业资产总计为 2327.5 亿元,增长 4.5%,其中上海纺织服装业资产总计为 567.3 亿元,增长 8.7%,为纺织行业增值额最大的行业。2009 年,上海纺织行业平均总资产利润率为 5.9%,由 2008 年的负增长扭转为正增长 151.9 个百分点;其中纺织服装行业平均总资产利润率为 8.3%,增长 17.2 个百分点,为全纺织行业总资产获利最高的行业。[①]

(二)上海服装业市场现状

上海服装业的巨大成就,有目共睹,特别是改革开放后,其发展速度惊人。其中服装市场的崛起,是最引人注目的新业态。这些市场已成为上海都市产业不可或缺的重要组成部分,是上海国际时尚文化中的一大亮点。

1. **市场规模巨大**

上海服装市场是一个传媒资讯发达且与国际接轨的大都市市场,上海人每天都有机会与国际上最新、最流行的信息交融,日本、韩国的时尚之风最先吹到上海,海派文化的熏陶又注定了上海人讲究格调,追求时尚的消费心态。很多国外的时尚品牌进入中国时首选城市就是上海,它们在上海的成功与此不无关系。因为只要搭上时尚的快车,你就能更快的进入上海市场,融入上海。

2009 年,上海服装市场品类结构继续延续 2008 年的稳定格局,女装仍以绝对优势继续占据服装市场的主体地位,全年的销售占服装市场份额的 45.6%,比上年提高 0.8 个百分点,稳居上海服装市场销售的龙头地位;男装销售占比为 22.8%,比上年提高了 2.7 个百分点,销

---

① 郭黎阳:《2009 年上海纺织服装经济运行简析》,《纺织服装周刊》2010 年 4 月 5 日,第 84 页。

售增长明显。休闲装的销售占服装市场份额的 3.9％,比上年提高了 1.7 个百分点,消费者着装休闲化趋势日益明显。

2009 年,羊毛衫和羊绒衫的销售占服装市场的市场份额分别为 4.5％和 5.8％,羊毛衫的销售比上年增加 1.2 个百分点,羊绒衫的销售比上年降低 0.6 百分点,羊毛衫与羊绒衫销售占比差距进一步缩小。价格较为实惠的羊毛衫的市场地位正逐步提高,畅销品牌中的开开、恒源祥、凤凰、雪马等羊毛衫更是以其价廉物美受到市民的喜爱。

童装的销售占市场份额为 4.6％,比 2008 年提高 0.6 个百分点;成人内衣的销售占比为 3.4％,较上年降低 1 个百分点,"空调链"的形成改变了服装穿着的传统习惯,也在一定程度上影响了成人内衣市场。[①]

2. 时尚元素凸显顶级品牌趋升

国际的、时尚的、多变的元素充斥在上海市服装市场的各个角落,风格各异的服装使得上海市的服装市场丰富多样。各类服装的强势品牌已经逐渐形成,市场地位不断巩固。消费档次的不断提升、高端化水平越来越高正成为上海市服装消费的主要趋势。近两年的数据资料显示,各大类服装零售平均价格的增长幅度都在 10％左右,价格的上升说明了上海消费者服装消费档次正呈现不断增长的态势。南京西路商圈、淮海中路、外滩、新天地等已成为了上海奢侈品消费的地标,与此同时,一些百货店也在积极地引进国际一线品牌,东方商厦、第一八佰伴商厦、新世界城等百货店在高端服装品牌的引进上都卓有成效。目前,一些百货店国际一线品牌的销售额已经占到服装类商品销售额的 10％以上,逐渐扩大的趋势更是相当明显。

近几年国际顶级品牌服装加速进入上海市场,现已进入上海的各类奢侈品中,服装占了一大半。据上海市商业经济研究中心调查,上海

---

① 《2009 年上海服装市场份额进一步向优势品牌集中》,http://news. hexun. com/2010-04-28/123565025. html.

奢侈品牌中,服装类占了 55％,运动服饰类占了 8％。在 2004 年男装零售额中,阿玛尼已占了 1.74％。在各种奢侈品牌中,来自法国的占了 23％、意大利占 19％、美国占 15％、日本占 10％、德国和瑞士各占 7％、英国占 6％①。

3. 商场经营品牌数量众多

上海市百货店经营的服装品牌数相当多,从品牌数来看,百货店经营的女装品牌在 350 个以上,男装品牌有 200 个以上,运动服饰品牌在 100 个左右,成人内衣品牌在 50 个左右,女士内衣品牌在 40 个左右。调查显示:其中仅在一家大型百货商店经营的女装品牌就达到了 170 个,男装品牌达到 120 个。② 在众多的服装品牌中,一些设计独特、具有个性的服装品牌脱颖而出,引领着时尚。百货店经营服装品牌数量较多导致了不同商场之间品牌经营的差异化较大。其中以男装和女装表现最为突出,70％以上的品牌仅仅在两个以下的商场有售,男装和女装品牌在不同商场之间的重复率相当低。另外,男装和女装销售排名在前 5 名的品牌商场经营的重复率却高很多,最高的可以达到 70％以上。

4. 网上购物和电视购物快速增长

生活习惯和生活方式的变化,导致了网上购物和电视购物的快速增加。网络通过展示产品形象和流行元素,电视购物通过陈述式的销售方式,都能够很好地诠释一些流行的或具有特殊功能的服装产品。网上购物和电视购物正逐渐成为服装消费的新方式。③

根据上海服装行业协会网络信息统计资料显示,2009 年的上海服装销售市场情况总体明显好于上年,高端商场营运模式和商品销售的

---

① 晓斋:《上海服装市场分析》,《上海商业》2005 年第 12 期,第 56—57 页。
② 斯勤华域:《上海服装市场现状及发展趋势分析》,http://www.ie38.com/ns/200912/077FK2A7610E.html。
③ 斯勤华域:《上海服装市场现状及发展趋势分析》,http://www.ie38.com/ns/200912/077FK2A7610E.html。

结构上出现了整体调整,效果显著。

二、上海服装区域品牌的形成条件

上海,曾经是中国品牌的摇篮,服装品牌同样受人瞩目,孕育出培罗蒙西服、三枪内衣等一批有中国悠久历史沉淀、蜚声海内外的老字号轻纺产品。上海成为中国服装名牌产品的发源地。

(一)悠久的文化环境为区域品牌注入内涵

服装作为消费品,虽有一般商品的特点。但同时也需要有一个创造流行、追求时尚的文化环境。国际上公认的领导时装新潮流的巴黎、米兰、纽约、东京和香港,无不都具有这样的特点。

上海是一座融合东西方文化、有悠久历史文化传统的现代大都市,其城市文化精神博大精深。而"上善若水,海纳百川"这八个字能很好概括其城市精神。上海的发展一直与水有着不解之缘,水成了上海的一个文化意象。上海以一种开放的姿态表现了自己对文明的追求。在上海,东方和西方的、传统和现代的文化,都可以和谐地、恰如其分地并存共荣。在上海可以看到各国文化的传统形成的移民文化。所谓的"海派文化",其实质也就是文化的多元化传统。

在这种文化背景下,上海一直以来都执我国服装服饰业之牛耳,因而也获得了"东方巴黎"的美誉。上海拥有的这种文化环境,是服装区域品牌发展的最为有利条件。

(二)名牌企业为区域品牌打下基础

上海的服装经过多年的探索和改革,逐步形成了一批以品牌为龙头的企业或企业集团。

这些企业集团通常以一个在市场上拥有著名品牌竞争优势的企业作为其集团的核心。上海的名牌服装企业,在国内同行业中有一定的地位和市场竞争力。在 1998 年全国服装行业百强企业排行榜中,上海市的上海服装集团有限公司、上海三枪集团有限公司、上海海螺集团有限公司、上海凯托集团有限公司、上海开开股份有限公司、上海荣臣集团有限公司、上海培罗蒙西服公司、上海康培尔服装有限公司等八家企业名列其中。依靠这批优势企业,上海服装行业不断保持着在全国的领先地位。

(三)强大的服装市场为区域品牌提供沃土

1. 品牌集中度高

上海市服装市场品牌众多,竞争激烈。从总体情况来看,2009年上海服装市场各品类商品品牌数量均有一定程度的减少,其中女装品牌有943个,比2008年减少了276个;男装品牌有504个,比2008年减少了116个。优胜劣汰的市场竞争机制使各品类服装市场份额进一步向优势品牌集中。

2009年上海服装市场前20位品牌合计占有率较上年均有不同程度的提升,女装为26.9%,比2008年提高了6.5个百分点,男装为29.2%,休闲装为44.1%,童装为44.2%,羊绒衫为76.8%,羊毛衫为47.4%。成人内衣中的三枪、男衬衫中的开开等品牌的市场占有率都在10%以上;男西裤中的虎牌、川弘、地牌、一见棒,女士内衣中的古今、达吉斯,童装中雅多等品牌的市场占有率都在其品类商品中有着明显的优势。消费者理性消费意识的增强使部分质量和口碑较好的品牌进一步受到青睐,市场集中度进一步提高。①

在各类服装中,不同的服饰类别品牌的集中度有着相当大的区别,女装品牌的市场集中度最低,竞争最为激烈,而运动服饰品牌的市场集中度则要高很多。

女装和男装市场,销售前10名品牌的市场占有率分别为11.9%和15.3%,其中女装销售前20名品牌的市场占有率也不超过16.5%,男装销售前20名品牌的市场份额比女装略高,但也仅有23%。

相比女装和男装,其他服饰类商品品牌的市场集中度则高很多,前

---

① 《2009年上海服装市场份额进一步向优势品牌集中》,http://news.hexun.com/2010-04-28/123565025.html。

10名品牌的市场占有率都在50％以上,运动服销售前10名品牌的市场占有率最高,达到了78.3％。成人内衣和女士内衣销售前10名品牌的市场份额分别是54.8％和72.3％。①

2.内衣系列强势品牌地位最为牢固

从近两年来销售前10名服装品牌的更新率来看,上海市服装品牌的更新率不高,女装、男装和运动装销售前10名品牌的更新率分别为30％、20％和10％。虽然服装市场的品牌越来越多,但是强势品牌越来越强的趋势则更趋明显。这些强势品牌在依托于强大的设计队伍的同时,在经营上也形成了良性循环,成为了上海市服装市场的亮点。

成人内衣和女士内衣销售前10名品牌的更新率比女装、男装和运动服更低,连续两年都仅有10％的更新率。以"三枪"为主的国产内衣强势品牌在较长一段时间里牢牢地控制了该领域市场的走势,它们在新产品的开发上不断推陈出新,在经营的网点上也不断拓展,这些品牌已经成为了市民购买时的首选。②

3.优势品牌市场销售规模可观

销售前10名品牌的服装大类市场规模很可观,市场空间巨大。虽然女装市场的品牌集中度较低,但是由于女装市场规模较大,因此各女装品牌仍有着较大的发展空间。

2009年,上海服装市场国产品牌的建设已进入品牌塑造的新阶段。在调查的近千个女装品牌中,排名近四成是国产品牌;男装国产品牌占了半数多,比2008年增加了近一成。2009上海购物节期间,七浦路服饰商业街区举办了首届七浦服饰节。据不完全统计,新七浦已有56个自主品牌完成注册,自主品牌的品牌效应已初具规模。新七浦、

----

① 斯勤华域:《上海服装市场现状及发展趋势分析》,http://www.ie38.com/ns/200912/077FK2A7610E.html。

② 斯勤华域:《上海服装市场现状及发展趋势分析》,http://www.ie38.com/ns/200912/077FK2A7610E.html。

白马、豪浦、联富等大型服装室内市场的逐步完善,正全面提升七浦路服装市场的档次和实力。此外,豫园商城、曹安轻纺城等专业市场也正逐渐强化对入驻品牌的宣传推广,品牌集群效应日益显现。①

4. 顶级品牌和"快时尚"占领市场

近年来,上海服装市场日益雄厚的消费实力,吸引了越来越多的国际一线品牌(奢侈品)进入并开设品牌旗舰店。2009年,GUCCI、Y—3、ALEXANDER DE PARIS(全球唯一发饰奢侈品牌)等品牌纷纷在上海开出旗舰店。在中国的奢侈品消费市场中,上海市场的销售额处于第一位,上海市政府已在现有和新开发的零售商圈中规划出数个专门区域,用于发展奢侈品零售业。

另外,在奢侈品市场升温的同时,代表消费时尚的"快时尚"品牌也加速扩张。据上海市商业信息监测数据显示:截至2009年9月,"快时尚"品牌在上海开设的门店,ZARA有9家,H＆M共7家,C＆A有6家,UNIQLO有14家,MANGO有8家。"快时尚"品牌凭借迅销、供应链完整且迅速的优势在上海服装市场迅速铺开,一路高歌猛进。②

(四)时尚之都的地位为区域品牌零距离接触时尚

上海国际服装文化节已经走过了十多个年头,十多年来,几十个世界一、二线品牌借助服装节的推介,落户中国上海,带来的运营理念与管理文化促进了中国时装品牌的日渐成熟;时尚资讯的普及推动了中国时装设计文化的迅速成长和服装教育的发展,也推动了本土设计师队伍的发展壮大,形成了一支不可或缺的原创设计队伍;同时,另一种势头也在涌动,国内的服装大牌企业纷纷将企业总部搬往上海,如美特斯邦威、杉杉、波司登营销总部等,目前,中国服装服饰行业的领袖品牌80%以上都将总部或设计中心、销售中心设在了上海,国际前一百位的

---

① 《2009年上海服装市场份额进一步向优势品牌集中》,http://news. hexun. com/2010—04—28/123565025. html。

② 《2009年上海服装市场份额进一步向优势品牌集中》,http://news. hexun. com/2010—04—28/123565025. html。

顶级品牌也有超过 70％落地上海。上海正成为国际、国内大牌服装的聚集之地,中国上海作为世界的第六大时尚之都的地位正在崛起。

十多个创意园区经由服装节的推广,老建筑被赋予时尚的新形象,成为创意纵横、设计品位的时尚地标;上海国际服装文化节的实践为服装注入了文化的内涵,通过频繁的中外交流,上海的城市魅力经由这一平台传播久远,国际同业的友谊、中外产业的互动、知识的融汇及扩散呈现出深远意义。

上海国际服装文化节举办多年来对推动上海纺织服装服饰现代服务业的发展、对打造上海成为国际时尚之都起到了很大的推动作用,也使得服装品牌与国际时尚零距离接轨。

（五）行业协会成为区域品牌发展的桥梁和纽带

上海服装行业协会成立于 1986 年 3 月,在政府与企业、企业与企业、企业与市场之间发挥桥梁和纽带作用。主要的工作职能是开展行业调查,研究行业发展战略,拟定行业发展规划;参与制定、修订行业技术质量标准,组织推进标准的贯彻实施;制定行规行约,建立行业自律机制;开展各类专业培训,组织行业技术职称评审,推荐名优品牌;开展国内外有关服装服饰和相关产业链的技术、商贸、文化等方面的交流与合作。

作为协会打造的国内知名的服装设计大赛,"中华杯"设计师个人作品发布等创新活动每年一次地如期举办,这对上海纺织服装选拔出更多的优秀设计人才,全面提升中国服装设计师的整体水平,与国际接轨,具有重要意义。同时,上海服装行业协会通过网络信息平台、专业杂志媒体,以及每月统计和分析的上海服装行业十大类服装品牌销售排行榜,发布行业信息,提供相关服务。

三、上海文化创意产业发展的现状和前景

上海作为一个国际化大都市,地处我国经济、文化最发达的长三角城市带的核心,具有人才、科技、市场等方面的综合优势,又有建设上海

国际经济、金融、贸易和航运中心这一国家战略作为强大的支撑,再加上长期以来积淀下来的"海纳百川,兼容并蓄"的海派文化,使上海比国内其他城市更有条件、更有可能成为中国乃至亚洲地区最有生机和活力的国际文化交流中心,上海应该而且能够在我国文化创意产业的对外开放特别是推进我国文化创意产品"走出去"战略中发挥核心和龙头作用。

(一)上海发展文化创意产业现状

兴起于 19 世纪初的近代上海,是一个以港兴市的典型城市。来自四方的船舶和移民带来了源源不断的资金、技术、人才和文化艺术,聚拢起上海特有的活力和潜力,也形成了海派文化开放、国际化的精神传统。正是上海这独有的物质文明和文化传统,为上海文化创意产业的发展提供了得天独厚的基础。

2001 年以来,上海发展进入了关键时期,整个城市的产业结构正经历新一轮调整。一种名为文化创意产业的新兴服务产业悄然兴起,国际经验显示,在全球新一轮产业结构调整中,文化创意产业正日益显示出其重要性,极大地影响着世界范围的产业空间转移和重新布局,并由此形成新的国际分工体系。因此,抓住机遇,加快上海文化创意产业的发展,对于促进上海产业结构调整,增强上海城市的综合竞争力,尤其是加快上海现代服务业的发展具有十分重要的现实意义。

首先,上海有较发达的制造业和服务业基础,且商业发达,人才集聚,也是中西方文化的交会之处,是非常适合发展文化创意产业的城市,这些对上海城市发展、产业结构转型等有着非常重要的意义。其次,"设计之都"和上海世博会一起向世界推介,可以更好地提升城市文化品位和气质,塑造开放包容、时尚先锋、富有创新精神的上海城市形象。再次,经过多年发展,上海已经拥有一大批创新人才,创意团队、企业和基地,上海市民对于服装、餐饮、居住和生活方式不断有新的要求,这是推动文化创意产业发展的动力。最后,上海可以学习借鉴全球其他国家和地区发展文化创意产业的经验,并积极吸引各国的国际创意企业和人才来上海发展。

上海市文化创意产业的战略目标是：用 10 年时间建成亚洲最有影响力的文化创意产业中心之一；用 20 年时间，和伦敦、纽约、东京一起成为全球最有影响力的文化创意产业中心之一。

上海市政府关于创意产业的规划和引导为其提供了明确的政策导向，2005 年发布了《上海创意产业发展重点指南》，"十一五"期间对文化产业有明确的规划和指导意见；上海提出人才高地建设计划，为了让创意人才聚集到上海来，专门发布了《上海市重点领域人才开发目录》，将创意型人才的培养列入计划；积极培育市场打造文化产业链，把各种信息、人才、发明和市场需求交融穿插，让新的生产力和市场要素组合，形成有效的产业链关系，建立产业集聚、品牌特色突出、链条带动延伸的产业结构；努力优化创意环境，学术界、教育界、经济界的一批专家学者对创意产业的理论和措施开展研究，产生了一批有影响的成果，为领导决策提供了重要的理论支持和决策依据。此外，上海注重加强对发展创意产业的舆论宣传和社会宣传，以活动周、研讨会、论坛、集聚区成果展示等形式，引导社会广泛参与，每年一届的"上海国际创意产业活动周"已成为上海的重要品牌。[①]

（二）上海创意产业集聚区的发展

上海创意产业集聚区源自于上海的第一次重大的产业结构调整，即都市产业结构调整。在 1997 年上海市第七次党代会上，首次提出要积极发展城市型工业。到了 1998 年，上海市政府正式明确了"都市型工业"新概念，并于 2000 年实质性启动，确定了 600 平方公里的中心城区优先发展现代服务业、6000 平方公里的郊区优先发展先进制造业的布局，即"两个优先"发展的方针。

2004 年年初，上海市经委首先成立了上海设计中心，对上海逐步

---

① 张孝辉：《借文化创意产业发展，助上海城市形象》，《东华大学学报（社会科学版）》2009 年 9 月，第 233 页。

形成的创意产业集聚区进行分类调研分析,从宏观上制定了一系列的政策和措施,推进上海都市型工业的升级换代,同年相继成立上海创意产业中心,通过中心对上海的创意产业发展及产业规划进行了全方位的研究和分析,并指导性地进行了上海创意产业的资源整合,对已形成的创意产业集聚区进行变革,使其逐步向品牌价值和创意产业集群价值链的结构形态上转化,同时对拟建创意产业集聚区给予了策略性的指导和政策方面的倾斜,以示范区的方式构筑出具有创意产业主体形态和价值链的创意产业集聚区。

2004年年底,上海市副市长胡延照在视察8号桥时,对上海创意产业的发展和创意产业集群的产业形态,给予了大力的肯定,并将这些集聚着大量创意设计类企业的园区正式命名为"上海创意产业集聚区",这种模式为中心城区的都市型工业的发展和上海的现代服务业的发展提供了借鉴,同时将上海的创意产业集聚区定义为上海都市型工业园区的升级版,要求更多的上海都市型工业进行转型升级。从此,这个概念被传到了大江南北,成为上海发展创意产业和建设上海特色创意产业集聚区的一条有效途径。

2005年4月由上海市经委牵头,以上海创意产业中心为平台的上海创意产业发展服务机构正式宣告成立并运行,同时对已形成的18家创意产业集聚区,授予了上海创意产业集聚区的称号。

上海创意产业集聚区源自都市型工业的实践探索,经历了从自发集聚到政府引导的过程。上海创意产业集聚区的形成和发展从一个侧面反映出上海的"创意城市"定位和"新型产业体系"结构调整对上海创意产业发展的整体推动所起到的作用。政府管理的透明、社会亲和力和多样化包容性的创意城市机制为上海吸引了来自全国及世界各地的创意产业人才和与创意产业发展有关的机构和配套产业,国际化城市的开放力度,国际性的融合的加剧,构成了上海创意产业集群形成的必然性和价值链。

(三)上海发展文化创意产业的重点

分析文化创意产业发展规划可以发现,上海文化创意产业的发展既注重体现其人文历史和地域特色,与其在未来全国乃至世界的经济和文化地位相适应,同时,也非常注重与其他省市的文化创意产业发展形成有序的竞争和互补关系。

2005 年,上海市制定出台了《上海市创意产业"十一五"规划》,明确提出要打造成为亚洲最有影响的创意中心。在其后发布的《上海创意产业发展重点指南》中,明确以研发设计、建筑设计、文化传媒、咨询策划与时尚消费创意为五大重点创意产业发展领域。这 5 大类 33 个小项目紧密结合上海传统优势产业,既体现了扬长避短的原则,又注重与上海城市转型的需求及其国际化大都市的定位相适应。

积极培育和发展上海文化创意产业,是认真贯彻"科教兴市"主战略,落实科学发展观,大力构建和谐社会的基本要求,是建设和发展先进文化的客观需要,也是上海推进现代服务业优先发展,提升和完善上海产业结构的重要举措。从国际经验来看,发达的创意产业是国际大都市产业结构优化和综合竞争力提升的基本要求之一。更重要的是,上海文化创意产业的繁荣发展对于提高上海的城市综合竞争力,提升上海的城市地位都具有深远意义。

四、文化创意产业下的上海服装区域品牌的调整

在认清了纺织服装业的发展趋势之后,上海纺织服装业以"科学与时尚"为发展理念走高端纺织之路,通过建设科技纺织、品牌纺织、时尚纺织、绿色纺织促进产业转型,使上海纺织服装产业与上海市整个产业调整和发展规划相衔接,把传统纺织服装业通过整合而改造成为可持续发展的都市型产业。上海要建立世界第六大时尚中心的目标离不开上海纺织服装业的发展。

(一)文化创意产业环境下上海服装产业的调整

从纺织服装产业演化规律看,其发展内涵必然随着城市经济发展

总量与运行质量而不断拓展,中心城区受土地资源、综合商务成本等条件的约束,传统纺织服装工业的利润空间逐渐缩小,必须向城郊或其他区域转移,而附加值高、创意密集型的研发设计业与流通分销业更适合在中心城区内生长。上海未来的纺织服装产业主要定位将是"研发"与"创意",目前上海纺织服装产业的转型特点也符合整体发展方向。[①]

上海纺织服装工业在稳定发展和调整转型之间,在现实和未来之间,还需要有一个调整、整合的过程。将呈现以下三大特点:

第一,优势和均势行业并重,将同时获得重点扶持,劣势企业淘汰速度会加快。依据有关资料和实际情况分析,上海纺织服装工业中有14个行业仍在全市41个优势行业之列,这些行业将会得到支持,加快发展。

第二,产业集聚区的建设力度将加大。构建纺织服装产业集聚区能使区内中小企业加强沟通和合作,共同进行技术创新和新产品研发,能使纺织服装产业形成从设计、研发到加工、生产再到包装、销售的完整产业链,提升轻纺产业的整体竞争力。上海正在加快建设三类集聚区:第一类是郊区型纺织服装企业集聚区,主要承接都市轻纺产业转移,从事纺织服装产品的加工和制造;第二类是都市型纺织服装企业集聚区,从事纺织服装产业产品的研发、工艺流程的设计,产品的包装和销售;第三类主要在市中心,将创建纺织服装创意企业集聚区,从事纺织服装产品的开发和包装设计、信息服务、展示以及与纺织服装产业相关的各种生产性服务业。

第三,重视长三角区域的联动发展。上海作为"长三角"地区的中心城市,在区域产业发展中起着提升区域产业链价值、促进区域产业融合的重大作用。从上海自身战略出发,上海纺织服装产业必将着重于发展附加价值高、技术含量高的高端化、特色化和专业化产品,为避免与"长三角"其他地区进行低成本的竞争,又将更多地偏向于产业链的

---

① 席时平:《加快产业升级》,在网易 2009 服装业营销高峰论坛上的演讲。

前端(研发设计)和后端(销售贸易)的发展,而中端(加工制造)则由郊区或区域内相关城市承接,形成"长三角"地区较为合理的纺织服装产业链。这种产品市场不断细分的差别化战略,将会随着上海市区域经济中心地位的不断突出而更加明显。

(二)创意产业环境下上海服装区域品牌的发展趋势

上海成为国内外各大顶级品牌开设旗舰店的首选之处,越来越多的国内外大品牌将上海作为"中国总部"的首选之处。设计师品牌、"海派"服饰,在继承传统的同时,以吸收西方艺术为特点,标新立异且灵活多样,商业气息浓厚,充满流行感,成为上海服装区域品牌的鲜明特色。

1. 设计师品牌彰显个性

设计师个人工作室的建立预示着服装业作为一种时尚产业的深度发展,一个充分展示设计师才华的舞台能够迅速提升设计产品的质量,显然这也符合国际上设计师自身发展的一种趋势。

一些设计师品牌在 20 世纪 90 年代末开始蓬勃发展。这些设计师品牌具有深厚的文化底蕴,彰显着十足的个性魅力,他们的设计"风格鲜明",比如德士、OIKOS 等。这些设计师的很大一部分,是东华大学服装设计专业培养出来的第一批专业人才,亦成为上海本土的第一批专业设计师,具有鲜明的个性特征。同时,上海以 Innovative Design (创意设计,简称 ID)为名的上海首家设计师品牌集成店,正式亮相上海世贸商城 3 楼,用设计师的个性创意诠释"Design、Define、Dierentiate"的 3D 精神。张肇达、武学凯、杨柳春、陈闻林、许旭兵、李晓、安彬、陆昀、谢家齐等 10 位著名华人设计师在 ID 的开张现场亮相。他们或者怀揣"金顶奖"、"中国十佳设计师"等荣誉,或者从日本、欧美等时尚前沿载誉而归,无一不彰显中国本土的顶尖设计力量。[1]

---

① 《上海首家服装设计师品牌集成店开张》,《中国纺织》2008 年第 12 期,第 157 页。

2. 服装品牌经营中心正在形成

上海服装在制造业的没落和优势渐失，与此相反的是上海作为国际国内服装品牌的经营中心的地位正在显示出自己独有的优势。越来越多的服装类人才聚集在上海，快速的物流及信息优势，正在成就着上海成为国际服装品牌的经营中心。在上海市服装行业协会这个品牌平台上就汇聚了 henryfisher、玮珍、三枪、斯尔丽、雅多、海螺、波司登、恒源祥、海澜、培罗蒙、博士蛙、安莉芳、凯普狄诺、LILY 等一大批国内外的同行领军品牌，韩国服装委员会在上海的成立使上海市服装行业协会的国际化程度大大提高，品牌平台的功能也更引人注目。

上海市政府提出将上海打造成为品牌运作中心，形成以商标为龙头的科研开发中心、商标管理和品牌输出中心、市场营销中心和商标资产运作中心，对于上海企业来说，其实就是将品牌虚拟化，借此引导上海企业由生产性经营转向品牌性经营。[①]

（三）从集聚区建设向培育品牌和延伸产业链转变

近几年来，上海的文化创意产业发展令人瞩目，在加快推进文化创意产业发展的过程中，上海主要是以都市工业园区为基础，以中心城区产业结构调整、旧区改造等为契机，逐步建成了一批文化创意产业集聚区。到目前为止，经上海市有关部门正式授牌的文化创意产业集聚区已经达到 70 多个，这在数量上远远超过国内其他城市。上海在文化创意产业集聚区的建设方面已经走在了全国的前列。

文化创意产业的核心价值主要体现在创新基础上的知识产权、产业链的延伸和扩展以及对其他产业的渗透、融合作用等几个方面。上海未来几年在推进文化创意产业的发展重点上应该注重从形态、载体建设逐步向政策引导、环境营造、品牌培育、延伸产业链等方面转变，提高上海文化创意产业的整体竞争力、影响力和辐射力。

---

① 孟杨：《上海服装：复兴亦或重生？国际服装品牌经营中心之路或许更辉煌》，《纺织服装周刊》2006 年第 31 期，第 38—39 页。

(四)专业平台促进区域品牌国际化

近几年,随着全球纺织服装买家齐聚上海,上海越来越多地承载起助推中国服装走出国门的重任。与此同时,重大的行业盛会纷纷落户上海,国内外产业资源、贸易资源、创新资源等全球资讯相继融合,为中国服装业搭建了跨国采购、国际面辅料、设计创意等一系列展会服务平台。

中国国际服装跨国采购交易会是由中国服装协会与上海世贸商城联手打造的交易会,为全球服装业者呈现了一个集时尚、文化、创意等于一体的一站式服装跨国采购专业盛会。在展会上独具匠心地设置了"创意设计师展区",并邀请武学凯、陈闻、杨柳春等24位中国设计大师坐镇其中。"创意设计师展区"的建立,既完善了整个展会的创意产业链,又在服务国际中小型连锁买家的同时,大大缩短了中国服装企业从OEM过渡到ODM的转型期。

上海也搭建了国际流行面辅料交易平台,举办多届的国际流行面辅料交易会秉承着"小而精、小而专"的办展特色,涵盖了棉、麻、丝、毛、化纤、针织、梭织等面料的同时,更汇集了包括花边刺绣、纽扣、拉链、商标吊牌、线带织带、服饰配件、衬里衬布、衣架道具等在内的流行辅料。与设计师合作,以时装秀的动态形式展示面料颠覆了传统的面料推广观念,通过直接成衣化的时装秀,不仅使面辅料产品得到了很好的推广,设计师本人也因此受到了各界的关注。此举无疑将更好地提升我国纺织服装在全球采购链中的商业价值。

创意是推动"中国制造"到"中国创造"的助推器,作为创意的主流文化——服装设计和配饰礼品设计,是时尚创意产业链上的重要环节。随着全球时尚消费浪潮的兴起,时装及配饰礼品创意产品的设计,逐渐由单一化向关联化加速转型。①

---

① 《上海:搭专业平台促服装业发展》,《中国服饰报》2007年10月10日。

（五）联动长三角洲赋予区域品牌新内涵

长江三角洲经济区经济基础雄厚,正在成为全球现代制造基地和现代服务基地。面对长三角地区新一轮的合作与发展热潮的兴起,上海的都市型时装业、浙江的服装业和江苏的纺织业组成了以上海为龙头,以江浙为两翼的产业群链,并将对周边地区产生极大的辐射和带动作用。

浙江和江苏都是我国纺织产业集群经济活跃的地区。在浙江,绍兴、萧山的化纤及化纤面料产业,宁波、温州的服装业,杭州的女装等已扬名全国。长三角地区纺织集群的活跃为上海提供了新的产业腹地和发展空间。过去在纺织行业退出时代,长三角地区就积极在上海活动,谋求承接上海纺织工业的盘子。现在,上海纺织以一种进取的姿态主动寻求与长三角地区的联动。这种联动和过去的被动式的转移不同,它是一种提升式的转移。

现代产业集群,不再是空间上的简单集中,而是产业链上优势资源的跨地域布局。上海纺织通过与长三角地区的联动,把位于上海市区的纺织服装制造实施提升转移,完善了产业结构,构建了以优势资源为依托的制造集群,把销售和市场铺在海外,构建了以品牌为载体的通道集群;把全球智力引进上海,构建了以科技与时尚的头脑集群。

每个城市文化都是由其独特的物质资本和人文精神组成的,区域品牌虽能在这种个性文化的土壤里萌生,但不一定能在其他文化土壤里发展。所以,在一定都市文化环境中成长起来的区域品牌,要想走向世界,就必须在广泛吸纳海外时尚文化的基础上,不断创新和提升,使品牌文化和产品文化具有高度的国际融合性,在更广泛的范围内引导消费观念、影响消费行为,培育消费文化。区域品牌只有在推陈出新中才有活力,才能真正成为一个都市的名片。

第三节　宁波服装区域品牌实践探索

纺织服装业是宁波市的传统优势产业和支柱产业。2008 年,宁波市规模以上纺织服装企业 2165 家,实现工业总产值 1018.79 亿元,利税 64.85 亿元。据统计,宁波市纺织总量约占全国 3%,拥有维科、博洋等 20 个中国名牌、25 个中国驰名商标;各类服装总产量占到全国的 12%。宁波市形成了以西服、衬衫为龙头,集针织服装、羊绒服装、体闲装、童装、皮装之大成的庞大服装产业集群,是中国服装业最大的制造基地和主要出口城市,规模以上企业产量占全国服装的 8%,占全省服装的 40%,综合实力特别是男装产业综合实力居全国同类城市之首。宁波服装是我国第二代服装区域品牌的代表,其发展路径非常具有典型意义。

一、宁波服装区域品牌发展的历史

服装产业一直是宁波经济发展的优势产业,在《宁波纺织服装行业"十一五"规划》中,更是将服装业列为宁波经济社会发展的优势产业和新型支柱产业,这为宁波服装区域品牌的建设创造了有利环境。宁波服装区域品牌的发展可分为四个阶段。

第一阶段:服装加工制造优势明显,完成初步工业化品牌积累(1978 年至 1997 年)

20 世纪 70 年代末 80 年代初是宁波服装业的发展初期。改革开放初期,以上海为中心的江浙产业带是中国最初的服装产业带之一。随着纺织服装加工业的转移,中国现代服装加工开始快速发展,宁波是红帮裁缝的故乡,依托上海成衣业的发展,宁波的服装加工业开始起步,在成为对外开放的沿海城市之后,原厂委托制造(OEM)慢慢开始逐渐发展。[①]。

1988 年起,宁波服装出口呈连年快速递增势头。1996 年,全市服装出口额达 50340 万美元,比 1988 年增加 118 倍。[②] 随着技术的发展,从面辅料和来样,到单独来样,到款式结构图,到设计图稿,从原厂

---

① 陈国强:《中国服装产业蓝本寓言——宁波服装观察》,中国纺织出版社 2008 年 10 月版,第 15 页。

② 俞丹桦:《宁波市服装出口现状与发展趋势》,《中共宁波市委党校学报》1998 年第 1 期,第 17—18 页。

委托制造(OEM)到原始设计制造商(ODM)宁波的服装企业也紧跟国际行业新标准,恪守国际商务规则,逐渐使加工制造成为宁波服装企业的主营业务。

出口的增加,加工能力的提高,为宁波的服装企业积累了生产能力和技术,也使得服装产业的基础越来越扎实。截至1996年,宁波市拥有服装生产企业1275家,年产服装8.8亿件,服装产量占全国总量的十分之一以上,全市乡以上服装工业总产值达到105.5亿元。宁波已初步形成系列服装生产群体,崛起了一批服装生产骨干企业,引进了一批先进生产设备,同时,红帮裁缝也为宁波服装品牌的创立贡献了不可磨灭的力量。例如罗蒙服装和江六村化纤劳保用品厂(宁波培罗成制衣公司前身),在企业成立之初,红帮裁缝的技术与绝活将企业带入品牌服装制造和规范化经营的道路。截至1996年,宁波市服装注册商标约达128个,如"杉杉"、"雅戈尔"、"一休"、"罗蒙"、"培罗成"、"培蒙"、"大地"、"西湖春"、"富乐色"、"红灯"等。服装企业也逐渐树立了"发展名牌意识,走名牌路线"的发展思路,很快,宁波市拥有了一批全国知名服装品牌,如"杉杉"、"雅戈尔"、"罗蒙"、"一休"等。

凭借着自创品牌,企业知名度不断提高,宁波服装的整体优势开始显现。这时,宁波服装的品牌优势主要体现在产品质量的严格控制、品牌宣传推广这两方面。以雅戈尔为例,一件衬衫要经过72道工序,企业对每道工序都有严格的细则要求,而像杉杉、罗蒙等企业已经开始进行品牌设计,赋予品牌意义和内涵,同时这些企业开始聘请知名明星作为品牌代言人。

第二阶段:产业集聚初步带动区域品牌形成(1997年至2002年)

2001年,宁波规模以上服装企业完成工业增加值36.1亿元,占全国服装产业工业增加值的5.25%(指规模以上,下同);完成销售产值135亿元,占全国服装产业销售产值的5.37%;实现利润总额13.2亿元,占全国服装产业利润总额的13.1%。产、销、利各类数据,均居全国同类城市第一。截至 2001 年年底,宁波规模以上服装工业企业拥有总资产 136.42 亿元,单体企业平均资产规模达 3677 万元,是全国平均水平的 1.55 倍,两项均居国内同类城市之首;年产值超亿元企业 20 余家①。

宁波服装素以男装闻名,已形成以西服、衬衫生产为龙头,集针织服装、羊毛羊绒服装、童装、皮革服装之大成的庞大产业集群,成为中国男装业的一面旗帜。其中,雅戈尔集团、杉杉集团的资产规模分别达到 40 亿元和 30 亿元,2001 年分别完成销售收入 56.6 亿元和 27.2 亿元,成为国内服装生产企业当之无愧的"航空母舰"。85％以上重点服装生产企业的关键技术装备已达到国际先进水平。据国家权威部门统计,中国服装业产品销售收入中,宁波雅戈尔、杉杉和罗蒙分居第一、三、十位;效益前五位企业中,雅戈尔、杉杉和罗蒙分居第一、二、五位。② 与男装相比,宁波女装的发展并不是遍地开花,而政府和企业已经意识到女装领域的缺失,逐渐加大对女装和时尚产业的投入,一批有代表性的女装品牌包括"菲戈"、"太平鸟"、"德玛纳"、"罗蒙"女装、"杉杉"时装与职业女装等逐渐占领市场。

在产业园区建设方面,形成了独具特色的"L"形服装产业带,在长约 10 公里的区域内,聚集了几十家具有相当规模和品牌效应的服装企业,例如"杉杉"、"雅戈尔"、"罗蒙"、"洛兹"、"太平鸟"等,这些企业的产量占宁波全市服装总产量的 60％以上③。

宁波闻名遐迩的男装产业与蒸蒸日上的女装产业,以区域特色促进产业发展,综合实力雄厚,并且拥有一批具有一定规模的服装大

① 宁波市经济委员会:《加快宁波服装产业发展对策研究》,《宁波经济丛刊》2003 年第 2 期,第 19—23 页。

② 宁波市经济委员会:《加快宁波服装产业发展对策研究》,《宁波经济丛刊》2003 年第 2 期,第 19—23 页。

③ 陈国强:《宁波打造一流的中国服装产业园》,《今日浙江》2002 年第 21 期,第 31—32 页。

企业,竞争能力颇强。在产业集群优势带动下,大企业纷纷开始构建"品牌化"、"国际化"、"多元化"的发展策略,以知名品牌带动产业进一步升级优化。截至 2001 年年底,我国主要的服装集聚地有 39 个。宁波服装产业集群拥有企业将近 1800 家,排第 12 位,共销售服装 17630 万件,实现服装产品销售收入 1350 亿元,占全国集群企业销售总收入的 4%[①]。

同时,为增强宁波服装产业集群的竞争力,宁波政府提出要做服装文化名城,并且意识到宁波的现代文化、时尚文化与创意文化严重不足。为改善这种局面,宁波市政府开始积极筹措。1997 年,宁波政府开始大力举办"宁波国际服装节",并以此为契机,开始一系列的文化攻势。1998 年年底,为了展示中国悠久的服装演变史,并弘扬宁波"红帮裁缝"的创业史以及推动宁波现代服装业与世界服装新潮接轨,宁波市建立了我国首家服装博物馆[②]。借助这一博物馆,丰富了城市文化内涵,同时提高了其文化包容性和交流性。2000 年,宁波提出建设"文化大市"的目标,并建成启动了一系列文化设施项目。

在此基础上,中国服装协会产业经济研究所常务副所长陈国强指出,宁波服装产业发展目标应该是"营造服装名城,建设中国服装业的'硅谷'"。宁波市服装业要完成五个任务,一是维持生产大市的地位,保持服装企业的质和量在国内拥有一定的规模优势,使服装、服饰的产量、销售量、出口量和品牌在国内占有较高的位置;二是建设贸易基地,吸引顾客群到宁波购买服装,吸引知名品牌在宁波落户,使宁波成为国内服装的重要集散基地,同时使宁波本地服装名牌进一步提高市场占有率;三是占领资源高地,进一步改善宁波服装产业发展的软硬环境,强调地区产业的开放性、包容性;四是搭建信息窗口,使宁波成为服装、

---

① 贺赛龙:《基于产业集群的宁波服装产业国际竞争力研究》,《当代财经》2005 年第 4 期,第 91 页。

② 葛姬华:《宁波诞生国内首家服装博物馆》,《今日浙江》1998 年第 19 期,第 12 页。

服饰文化各类信息的展示、交流中心;五是打造文化中心,倡导丰富多彩的生活方式和文化鉴赏力,形成个性化、现代化的服饰消费观,从而形成宁波特有的城市主色调和城市品格①。

与此同时,宁波市提出了《宁波服装业"十五"战略规划》,将总体目标定位于把宁波市建成"中国服装名城"和"世界著名服装都市"。计划至 2005 年,全市服装工业总产值力争达到 600 亿元,出口交货值 180 亿元,培育 1 至 2 家产值超百亿元的服装企业,在国际上创名牌 4 至 5 个,建成一个以服装为主体的中央商务区,一条全国有影响的服装时尚街和一座一流的服装产业城。

第三阶段:以"服装强市"推进区域品牌建设(2002 年至 2007 年)

从 1999 年开始,宁波的服装产业占全市工业产值的比重开始呈现逐年缓慢递减的态势。尤其是 2002 年宁波市规模以上服装产业发展速度趋缓的势头已开始明显呈现。② 从与宁波全市工业整体发展情况比较看,服装产业相对滞缓。

2002 年 9 月,宁波市经委出台了《加快宁波服装产业发展对策研究》,研究认为,我国服装品牌格局正进入一个竞争日趋激烈,国际化和多元化并存的新时期,国内品牌的区域集群化逐步形成。而从宁波自身发展环境看,宁波作为一个沿海开放城市,良好的投资环境,加上雄厚的服装产业规模和实力,将完全有可能成为国外众多著名服装企业和品牌进行投资合作的首选对象之一。届时,它们不仅带来雄厚的资金,同时也把先进的技术、科学的管理经验、现代化的市场营销模式、广阔的国际供销渠道和时尚的产品设计引进来,这必将迅速提升宁波服装产业的水准;而跨国公司的大量涌入,将进一步增强宁波众多服装企业的竞争意识,迫使它们加大对品牌培育、产品开发、科技创新、员工培

---

① 陈国强:《宁波服装业发展的战略构想》,《宁波经济:财经观点》2002 年第 2 期,第 18 页。

② 宁波市经济委员会:《加快宁波服装产业发展对策研究》,《宁波经济丛刊》2003 年第 2 期,第 19—23 页。

训等方面的投入,逐渐提升产业竞争力[1]。

但是,宁波服装产业自身长期存在的一些结构性、素质性问题仍然没有得到根本性解决,例如产业集群内部存在过度竞争现象;研发、创新能力不强;产业链较短,高附加值的产业链接环节薄弱;集群的系统功能不完备,整体效率差[2];文化氛围不浓,现代服饰文化内涵浅薄,宁波市时尚文化程度低,没有专门的服饰类报刊杂志,没有现代化、高品位、多功能的服装展览中心,没有集服装、文化、休闲于一体的时尚一条街[3]。这都将成为制约宁波服装产业持续发展和"服装名城"建设的"瓶颈"。

为了改善这种局面,宁波市政府和服装企业开始行动。一是引进与培养高层次人才,包括服装设计人才,高级样板师、样衣师,品牌营销人才和外贸人才等,依托人才帮助宁波企业和产品走向国际市场,帮助企业增加品牌附加值;二是丰富产品结构,在保证男装竞争力的基础上,增加女装、童装、休闲装等品牌服装,同时增强产业链上各环产品的品类和质量;三是完善相关产业政策,针对规模以上重点企业建立相关扶植政策,同时针对中小企业建立帮助政策,帮助企业培育品牌;四是进一步培养文化氛围,以多种专业活动推动服装文化交流,以倡导多样生活方式推动消费文化;五是通过创意产业的高附加值提升品牌价值与区域品牌建设,发挥文化创意产业的积极作用,为企业发展提供新的平台。

在政府的推动和大企业的带动下,宁波服装产业展开转型之战,很多企业已经意识到,2007年将成为宁波服装的一个拐点,尤其是当外

---

①　薛青:《宁波服装产业集群现状分析及发展对策》,《经济论坛》2005年第8期,第25—27页。

②　薛青:《宁波服装产业集群现状分析及发展对策》,《经济论坛》2005年第8期,第25—27页。

③　蔡建、张瑞:《宁波服装区域品牌发展的SWOT分析》,《中外企业家》2006年第4期,第66—69页。

贸型企业的发展速度明显慢下来之后,企业的转型成为当务之急,而不少企业已由纯外贸出口变为了内外并举;或根据宁波产业链原有的弱点,延长产业链或虚拟产业链;由单一产品向产品多元化转变①。

第四阶段:借势文化创意产业升级区域品牌(2007年至今)

在经过拐点发展之后,宁波政府和服装企业意识到,仅仅依靠产量、依靠简单营销已经不能满足品牌的发展需要,企业品牌以及宁波区域品牌都应当寻求机会升级,创立新的发展模式。品牌要想进一步提升价值,主要手段就是时尚、优秀的设计。时装设计和创意都是文化创意产业中不可缺少的一部分,企业要借机文化创意产业来增强自身实力。例如,雅戈尔非常看好创意产业的发展前景,也积极投身当中,选择与创意产业结合的发展道路,有效地利用创意提升企业的核心竞争力。

宁波政府早已将宁波服装产业明确为宁波城市经济、品牌经济、时尚产业(含创意产业)和都市产业的重要内容和主体部分,宁波产业创新和产业链延伸的重点领域,引领现代生活产业、城市商业、会展文化、旅游产业的重点产业。

宁波具有发展创意产业和创意经济的重要基础,同时显现出规模化培育和发展创意产业的必要性,创意产业的发展也有利于区域经济竞争力的提高。继北京、上海、深圳重点发展文化创意产业后,宁波市委、市政府也着手展开创意产业和创意经济的重要部署,并把其作为实现提升战略的重要路径选择,先后出台《关于推进文化产业发展的若干意见》、《关于大力推进文化创新的若干意见》、《关于推进市工业设计与创意街区建设的若干意见》、《关于加快都市产业及相关服务业发展的若干意见》等政策,并设立文化创意产业专项基金,从2008年起,市财政每年安排1000万元,通过贴息、补贴、奖励、政府采购等方式,扶持文化创意产业发展。除此之外,政府还积极评选文化人才,先后举办了甬

① 《宁波服装:蹒跚的大象之舞》,《中国制衣》2007年第9期,第26—28页。

港文化创意产业发展论坛、文化创意产业培训班等,举办了 2006 年、2007 年中国宁波世界创新工业设计展、2007 年宁波市工业设计创意产业香港推介会等。

除了通过活动扩大宁波文化创意产业的影响力和知名度外,宁波市政府还积极搭建文化创意产业集群发展平台,并于 2007 年设立设计街区专项扶持资金,由市财政每年安排 2000 万元(共 3 年),加快推进工业设计与创意街区建设,大规模培育发展文化创意产业。在政府的支持和鼓励下,涌现出一批文化创意产业园区。其中,全市首个 LOFT 创意园区——新芝 8 号创意园区,于 2008 年 4 月竣工验收,6 月底园区入驻率已达 78%,行业涉及工业设计、创意策划、文化创意与展示等产业门类;和丰创意广场先期体验区已吸引了荷兰 INDES 设计公司、韩国设计产业协会、西安交大快速成型中心等 22 家国内外著名设计企业入驻,总注册资金约 5000 万元,初步形成了集设计、创意、中介为一体的设计创意园区;集都市产业、设计创意、服务外包于一体的时尚创意街区目前已吸引 14 家企业入驻。此外,江东的 228 创意园区、江北 1842 外滩创业基地、财富创意港、134 创意谷、东钱湖旅游度假区 211 创意空间等一批特色鲜明的创意园区已形成了一定的规模。其中,"财富创意港"2008 年荣获第三届创意投资榜"中国最具投资价值创意基地"称号[①]。

经过几年的努力,宁波市文化创意产业发展环境不断优化,并呈现出集约化、基地化、规模化方向发展的态势。在这些创意产业基地的带动下,宁波的时尚文化产业正在向着越来越国际化的方向发展,而宁波的服装业则积极借势创意产业、时尚文化来完成整体提升。

在金融危机的影响下,不少以外销为主的纺织服装企业受损严重。如何加快服装产业转型升级,帮助企业走出危机成为亟待解决的难题。

---

① 徐明亮:《宁波市文化创意产业集群发展研究》,《经济丛刊》2010 年第 1 期,第 44—45 页。

为了提升产品竞争力,宁波服装企业采取错位竞争,自觉选择成长性更高、更优良的产品。宁波服装产业转型升级的步伐也进一步加快。2008年,宁波市出台了工业创业创新倍增计划,提出做强做优 5 个重点优势产业,做大做强 5 个新兴产业的"'5+5'产业优先发展战略"。其中,传统的纺织服装行业被放在 5 个重点优势产业中的第一位,将更加注重品牌建设,提高产品的技术含量和设计水平,实现高度专业化、多元化、国际化的服装产业结构调整和提升;定期举办高水准的宁波服装节和服博会,推进宁波服装产业上档次上水平,实现产业有序适度转移和向高端升级;依托现有工业园区和产业集群,建设培育纺织服装产业基地。宁波市鄞州区于 2009 年推出高档服装产业转型升级规划。根据规划,鄞州区在未来 3 年内将构建由多个纺织服装品牌营运中心、先进制造中心组成的高档服装产业网络,实现服装产业的整体升级。同时,宁波市的象山、奉化等县市也在紧锣密鼓地制定类似产业转型升级规划①。

二、宁波服装区域品牌的形成机制

(一)宁波产业集群为服装区域品牌的形成奠定了基础

1."L"型服装走廊企业云集

宁波市区就是一个大的产业集群,其中又汇聚了众多小的群落。据资料推算,宁波有 80% 以上的服装生产能力集中在这些"群"内。最具有代表性的是"L 型服装走廊"——从鄞州的东钱湖镇沿鄞县大道至奉化江口镇的鄞奉路一线,长约 20 公里。这一区域内,集聚了几十家具有相当规模和品牌效应的知名服装企业,形成了自然的行业集聚区,这些企业的总产量占宁波服装总产量的 70% 以上,集群总产值超过百亿②。整个产业集群的品牌建设层次分明、优势互补,形成了三级的集

---

① 郁进东、于澄:《纺织服装产业转型升级步伐加快》,《经济日报》2009 年 10 月22 日。

② 温佩佩、黄飞:《产业集聚与对外贸易——基于宁波服装产业的实证分析》,《经济论坛》2008 年第 6 期,第 36—39 页。

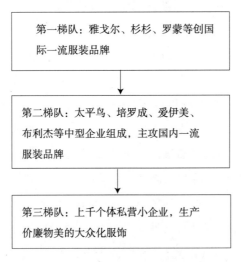

第一梯队：雅戈尔、杉杉、罗蒙等创国际一流服装品牌

第二梯队：太平鸟、培罗成、爱伊美、布利杰等中型企业组成，主攻国内一流服装品牌

第三梯队：上千个体私营小企业，生产价廉物美的大众化服饰

图 4－1　宁波服装产业品牌三级集团军梯队

团军梯队，如图 4－1 所示①。大型企业的示范效应催生了众多中小企业的诞生。大中小企业共存，高、中、低档产品共生，服装加工、制造、品牌企业共存。服装加工业的发展和延伸，又带动了面料、辅料、染整、设计、物流与营销、机械配件等相关产业的发展，产业链逐步形成，产业集群创新系统初步成型。集群内配套设施齐全，商贸形式多样化，企业交易成本低且易获得市场信息②。

2. 产业特色鲜明，综和实力较强

宁波的产业集群特色十分鲜明，也具有较强的综合实力。集群以男装为特色，主要产品为西服、衬衫。宁波的男装产业集群内产业基础非常厚实，如雅戈尔、杉杉、罗蒙、培罗成、洛兹等品牌，在市场上影响较大，在国内有着良好的知名度。整个宁波服装产业名品争相辉映，群体

---

① 刘丽、张星：《宁波服装产业集群发展影响因素分析》，《西安工程科技学院学报》2006 年第 20 卷第 3 期（总 79 期），第 298 页。

② 薛青：《宁波服装产业集群现状分析及发展对策》，《经济论坛》2005 年第 8 期，第 25—27 页。

优势十分突出。2009 年，宁波共有纺织服装生产企业近 4500 家，从业人员近 50 万人，纺织产品总量约占全国的 3％，拥有 20 个"中国名牌"、25 个"中国驰名商标"。① 其中雅戈尔、杉杉、爱伊美、维科、布利杰、太平鸟这 6 个品牌被商务部列为重点出口品牌。

宁波的服装产业集群形成了以西服、衬衫生产为龙头，集针织服装、羊毛羊绒服装、童装、皮革服装之大成的庞大产业集群，并且集聚程度不断提高，集聚规模不断增加。更加专业化、合理化的产业集群不仅带来了资金集聚，同时促进了企业间的竞争与合作，有效提高了区域内企业的生产率，从而获得了外部经济和创新等方面的竞争优势，使区域优势效益显著提高，这都为宁波服装区域品牌的形成奠定了良好而稳定的基础。

（二）特色文化为服装区域品牌添加了内涵

宁波特色传统文化为服装区域品牌添加了历史感，红帮裁缝可谓是近代服装之源，更是宁波服装发展的奠基者。而"海上丝绸之路"则为宁波服装业增添了神秘色彩，这都是宁波服装区域品牌无可估量的无形资产。

19 世纪，涌现了一个以缝制西式服装的社会群体——"红帮裁缝"。"红帮裁缝"主要来自宁波的鄞县和奉化一带，因工艺高超而闻名海内外。19 世纪末期宁波人在上海开设了 420 多家西服店，占当时上海西服店总数的 60％多，同时也在天津、烟台、哈尔滨、长春等地经营。"红帮裁缝"在晚清时期为中国著名民主主义革命家徐锡麟缝制了中国第一套名人西装，于民国前后裁制了中国第一套中山装，宁波"红帮裁缝"创制的中山装，为中国服装史平添了光辉的一页。1821 年，开设了中国第一家西服店，由著名"红帮裁缝"张有松委托其族兄张有福出名

① 陈章升：《宁波纺织服装产业进入产业提升重要发展时期，〈2009/2010 宁波纺织服装产业发展报告〉发布》，http://news. cnnb. com. cn/system/2010/10/21/006715903. shtml。

开设于上海。1933 年,编制出版了中国第一部西服理论著作《西服裁剪指南》,作者顾天云是第四代"红帮裁缝"传人。在中国第一部西服理论著作出版基础上,创立了中国第一所西服工艺学校,由此揭开了"红帮裁缝"培养服装人才崭新的一页[①]。

作为中国服装史第三次的开拓者,"红帮裁缝"一改中国几千年的服装制作落后工艺,率先采用西方立体设计、按人体部位裁剪的技术,缝制出的服装全体适用。以精湛的技艺、上乘的质量、敬业的精神、良好声誉名扬海内外,使宁波成为中国近代服装的发源地,也为宁波服装产业飞速发展扎下坚实的历史根基[②]。

在"海上丝绸之路"的发展史上,宁波以其鲜明的个性特质和不可替代的重要地位令世人瞩目。宁波市政府通过举办"海上丝绸之路"文化节来打造"海上丝绸之路"文化品牌,这也为宁波服装区域品牌赋予了独特的地域色彩。

(三)各具特色的企业品牌建设推动了服装区域品牌的发展

宁波的服装产业在起步阶段,主要依靠开放政策和地域优势来扩大产业规模,贴牌加工为很多宁波服装企业快速积累了资金,同时也为产业升级提供了发展空间。在国内市场上,宁波服装产业的名牌效应显著,拥有一批知名品牌与驰名商标。为了提升品牌,企业意识到仅仅依靠产能和老品牌是不够的,要在巨大加工能力的基础上,赋予老品牌新活力,根据市场变化,创建新品牌。在推出自主品牌的同时,宁波服装企业以理性的发展思路,耐心地对品牌进行培育和维护,在进行企业转型升级的同时,寻求出各具特色的品牌建设之路。

1. 以杉杉为代表的多品牌战略

受 2008 年的金融危机影响,不少宁波服装企业严重受损,如何加

---

① 董有华:《我国近代服装之源——宁波红帮裁缝》,《今日浙江》2001 年第 6 期,第 47 页。

② 邢伟:《宁波红帮营销理念存在的问题及对策》,《浙江工商职业技术学院学报》,2003 年第 2 卷第 4 期,第 42—43 页。

快服装产业转型升级,帮助企业走出危机成为亟待解决的难题。企业也意识到要想做大做强,必须要有自主品牌。很多外贸企业开始转战国内市场,最有效的手段就是在大型服装企业品牌下,创建新的品牌,实行多元化发展。原本着眼于国内市场的服装品牌,则更加明确锁定了品牌的消费群体,根据不同顾客推出不同品牌。例如,原本发展传统正装的杉杉、雅戈尔集团,以时尚化、休闲化、市场化、国际化的全新形象亮相,杉杉推出了"法涵诗"、"凡尚"、"小杉哥"、"s2citylife"等系列品牌;雅戈尔推出了"金色雅戈尔"、"G & Y"等。

除了多元化品牌战略之外,杉杉集团还采取品牌联合的方式来增强企业实力。在杉杉集团未来的收益模式里,服装最多只能占到整个集团利润的30%①。

为了提升产品竞争力,宁波服装企业采取多元化品牌策略,错位竞争,自觉选择成长性更好、更优秀的产品,宁波服装区域品牌也得到进一步提升。

2. 以雅戈尔为代表的多元投资与专业化战略

总部位于宁波的雅戈尔创建于1979年,在企业多元化发展时提出要"做服装、做房地产、做进出口、做金融,同时投入公共事业",目前已经确立了以纺织服装、房地产、对外贸易三大板块为核心的经营格局。雅戈尔多元化发展所追求的目标是"把一切都做到位"。雅戈尔的多元化构架中服装纺织在产业内是自成一体,涉足外贸是为了推动主业的国际化发展,进入证券、房地产是为了调剂主业资金余缺并把握巨额利润的机会,参与基础设施是为了保证资本运作的稳健经营。按照雅戈尔未来发展目标和服装主业在集团产业中所占比重来看,雅戈尔多元化的逻辑是一种关联性多元化,而且雅戈尔在推进多元化经营时倾向于把资金投入到相对稳健的产业中,如国际贸易、房地产、基础设施,即

---

① 王美绒:《宁波服装:弄潮十载能否续写辉煌》,《中国制衣》2006年第12期,第86页。

注重行业的长期发展。目前雅戈尔已拥有宁波最大的房地产公司和国际贸易公司,房地产开发和国际贸易两个产业的利润已经占据集团总收入的60%。特别是房地产行业,现已成为雅戈尔的业绩增长主要来源①。

与多元化发展并存的是雅戈尔的服装专业化战略,2002年,雅戈尔投资1亿美元建设雅戈尔纺织城,2003年,投资3000万美元的雅戈尔日中纺织印染有限公司在纺织城落户,从棉花开始,雅戈尔构建了纺织服装整个产业链。2008年,雅戈尔完成了香港新马集团的收购,至此雅戈尔在国内外拥有4.3万员工,年生产加工能力达8000万件,成为世界最大的服装生产企业。通过并购,雅戈尔得到了20多个知名品牌的原始设计制造商加工业务,拥有Nautica、Perry Ellis等5个授权许可品牌;一个具有数十年经验的国际品牌管理和设计经验的顶尖团队;一个通达美国数百家百货公司的销售渠道;一个保证这些产品顺畅流入百货公司的强大的物流系统。这无疑大大完善了雅戈尔的产业链和在全球市场的布局②。

2009年雅戈尔旗下的宜科科技在宁波服博会上展出了全系列汉麻服饰、家纺产品,雅戈尔着力研发生产的高端品牌面料,其价格目前仅仅是意大利面料的1/10左右,主要的国际买家已陆续转向雅戈尔。在传统产业领域,竞争日趋激烈,企业竞争已不是单一产品的竞争,而是整个行业整个产业链的竞争,雅戈尔完整的产业链及卓越的加工能力都增强了其品牌竞争力。

3. 以博洋、太平鸟为代表的创新营销模式

随着市场发展与竞争,宁波服装业同时要提高营销创新能力以增强自身实力。网络作为新兴优质渠道得到了企业的重视,网络营销成

---

① 魏明:《宁波服装企业多元化经营战略分析》,《三江论坛》2008年第7期,第14—17页。

② 郑黎、张松:《雅戈尔并购新马集团,传统产业"走出去"正当其时》,《经济参考报》2008年2月14日。

为企业创新行销模式的不二选择。近年来,宁波服装行业电子商务已有长足发展,博洋集团、太平鸟集团、洛兹集团等服装企业在网络营销中都有着不俗的表现。博洋集团除了打折售卖库存产品外,企业计划开辟另一条蹊径,即依靠原有品牌的影响力,优先推广网络专有款式(网店独有产品),然后再创立子品牌。目前,该公司在淘宝网开设的网络专营店累计销售额已近 1000 万元。而网络子品牌发展壮大后,则可以反哺母品牌,为母品牌发展提供资金等帮助①。

三、宁波服装区域品牌建设的特色因素

(一)通过定位明确的服装节和展会推动区域品牌建设

宁波服装节,作为一个有着十几年成长历程的展会,以及服装节的重头戏——服博会,见证了很多企业成长、发展和壮大。而企业的壮大不仅充实了展会的实力,并且也提升了宁波服装行业的整体实力,推动了宁波区域品牌的建设,持续带动宁波向服装名城靠拢。

1997 年第一届国际服装节,就将宁波服装业推到了国际交流的前沿,为宁波服装企业提供了展示实力的舞台,"服装节"开始成为宁波的一张响当当的城市名片。作为核心商贸活动的服装博览会,首届亮相就以 450 个展位的规模跻身中国 5 强专业服装展,开始凸显宁波服装业整体形象。自此以后,宁波每年定期举行,至 2009 年,已举办了十三届。自 2003 年以来,宁波国际服装博览会先后被商务部和中国贸促会等单位授予全国 37 个"A 级展会"之一;入围"中国十大知名品牌展会";"IFEA 中国最具国际影响力十大节庆活动";"最具行业影响力专业展会"等殊荣②。

1. 展示发展成果,扩大服装产业的整体影响力

宁波国际服装节作为宁波最重要的会展传播平台之一,已经成为

---

① 中国电子商务研究中心:《宁波服装产业转型:电子商务非洪水猛兽》,http://b2b.toocle.com/detail—4839117.html。

② 《宁波叫响"服装名城"》,《宁波经济》2009 年第 12 期,第 32 页。

宁波服装产业发展的重要助推器。展会非常注重国际化、专业化、市场化和信息化，不断向外界展示着宁波服装发展的最新成果。有关数据显示，连续举办了十三届的宁波国际服装节，累计吸引了来自70多个国家和地区的上万宾客参会，国内买家和业内人士近20万人次。

2. 以节为媒，促进企业品牌推广和发展

宁波服装展会不仅是自主品牌展示的舞台，还通过各种方式为企业牵线搭桥，帮助企业谋取更长远的发展。随着服装节的开展，宁波的一线服装品牌地位更加巩固，二线品牌已然崛起，三线品牌蓄势待发。展会通过举办服装服饰博览会、国际服装产业合作宁波圆桌会议、服装专业经贸活动等，致力于帮助企业开拓国际国内市场，进一步推动服装产业的交流与合作，不断提升宁波乃至中国服装产业的国际竞争力。

3. 功能与专业化定位

早期的服装节与服博会为企业提供了产品展示的机会，从而促进了服装产业的发展，扩大了宁波服装的影响力，之后的宁波服博会与服装节一直强调功能和专业化的定位，沿着品牌化、国际化、专业化、市场化和信息化的道路前进。除了展示产品外，服装节及服博会更加注重产业合作、标杆评选、标准制定、趋势发布、信息交流的功能。对于宁波展会而言，专业定位更为明确，从服装产品延伸到服装产业链之间的交易，如服装销售商和制造商之间，服装制造商和原料供应商之间，甚至是设计师和服装品牌。博览会的专业性离不开区域特点，根植于宁波本地的产业发展和环境，根据自身服装产业优势与其他产业区域加强产业的合作与交流，形成相互补充的集合优势①。

宁波服装节为区域品牌提供了发展的良好氛围，它在成功开展打造服装名城，推动服装文化的普及和提升，推动服装产业的发展，进一步提高宁波服装区域品牌在国内外的知名度和地位等方面，都起到了

---

① 《专业展会的定位回归——由宁波国际服装展引发的逆向思考》，《中国纺织》2007年第11期，第107—108页。

巨大作用。

（二）政府机构强力推动成为服装区域品牌建设的保障

在宁波服装产业的发展过程中，在区域品牌的创立及提升中，宁波政府做出了很大贡献。自改革开放来，凭借地域及开放优势，宁波一直将服装业作为优势产业和支柱产业，政府先后出台了全市服装产业发展的中长期规划《宁波服装业十五战略规划》、《宁波纺织服装业十一五规划》；为更好的落实规划，颁布了《关于加快服装产业发展的若干意见》[①]；根据国际形势和经济环境变化，及时研究出台了《加快宁波服装产业发展对策研究》；对于服装工业园区建设也有相应的产业布局政策《宁波市产业布局导向规划》。尤其在《宁波纺织服装业十一五规划》中，宁波政府更是将发展服装产业，提高服装区域品牌影响力的目标落实到具体措施和相关政策建议中，2008 年公布的《浙江省宁波市人民政府关于实施工业创业创新倍增计划的若干意见》提出的 5＋5 产业优先发展战略中，高档纺织服装是五大重点优势产业之一。

政府通过合理有效的政策，积极引导着产业发展，使服装产业定位更加清晰，发展目标更加明确，产业结构更加合理，巩固了产业地位，对于宁波服装区域品牌的提升给予了充分支持和保障，从而有效促进了服装产业的整体优化。

（三）通过大区域合作提升区域品牌

当宁波以产业集群为基础构建服装区域品牌后，如何更为有效地整合资源，提高行业和企业的运行效率就更为重要。以男装走出国门的宁波服装产业，虽然是一个庞大的产业集群，但大部分品牌缺少文化内涵，距国际品牌还有一定的差距。企业要想适应市场发展及时代要求，必须走出本行业，进行跨行业的资源整合。而宁波服装区域品牌最大的问题就是宁波本地的设计力量不足，进行区域间合作共赢成为品

---

① 陈国强：《中国服装产业蓝本寓言（宁波服装观察）》，中国纺织出版社 2008年版。

牌提升的重要措施。

通过大区域合作和行业协同来为宁波服装区域品牌的提升注入新鲜血液，帮助宁波服装产业走向高端。在宁波举行的 2006 中国服装论坛上，浙江、广东、福建、山东、安徽、陕西 6 省以及深圳、杭州、温州、宁波 4 市的服装协会（商会）负责人齐聚宁波，共同签署了一份名叫《宁波共识》的协议。根据《宁波共识》的商定，在签署共识的 6 省 4 市代表的地区之间，将建立一套围绕服装产业促进和为企业服务的机构联盟及合作联动机制。《宁波共识》还确定了比较长远的一些合作设想：组织企业进行区域合作、区域投资、品牌合作、技术合作和人才合作，形成国内地区间服装产业乃至经济发展的联动格局，协同优势服装企业开展跨区域、跨行业的拓展兼并，实施资源互补。而考虑到宁波在服装产业上的地位和优势，《宁波共识》确定由宁波市服装协会负责建立资讯情报交流机制，设立论坛信息资情智库，实现全国各地服装产业信息共享。

（四）产业结构调整扩大区域品牌影响力

2008 年宁波企业越来越感受到来自国内外市场的压力。在国内市场，温州服装、杭派女装、泉州的九牧王、利郎、劲霸等代表性服装品牌，在声势上超过了宁波服装。而随着生活方式日益转变，男式正装的消费潮流也日渐落寞，宁波传统品牌正装销量开始下滑，在国际市场，受到人民币升值、劳动力成本上涨等因素的困扰，服装出口虽然保持平稳增长，但产品利润率没有相应提高。统计显示，宁波市目前服装出口中，属于定牌加工的要占到 30％以上，自主品牌出口仅占 10％，而行业利润率仅为 3％～5％。随着劳动成本的再度上涨，传统的出口模式已经无法支持企业的进一步发展[1]。

在严峻的竞争态势下，宁波服装领头企业开始考虑区域内企业合作，即通过产业联盟继续进一步扩大区域品牌的影响力，并提高产品的

---

[1] 《竞争压力日渐增大，宁波服装产业联盟呼之欲出》，http://content.chinasspp. com/News/Detail/2007－12－18/56912.htm。

市场占有率。宁波服装企业联合起来构筑产业联盟,谋求产业和谐发展的"微笑曲线"。企业间的合作主要有两方面,一是同类企业间的水平合作,大小服装企业要目标清晰,定位明确;二是产业链企业间的垂直合作,构建完整的供应链与共赢的价值链。

1. 服装企业间分工合作

宁波服装产业很多都实力雄厚,在规模、技术、设备、资金、人才、品牌管理、营销等方面具有显著优势,而小企业灵活多变,能够积极变通适应市场。企业通过加强信息交流和沟通合作,特别是在产品设计、人才培训、渠道开拓等新的领域进行合作,共同探索新的赢利模式。大企业的目标是高端市场,小企业的目标是专业市场,如专业做设计、品牌运作、物流、培训等。大小企业根据各自目标,进行多样合作,如资本合作、技术合作、渠道合作、生产合作、物流合作等,使宁波服装产业更快发展,提升宁波服装产业的整体竞争能力。

在市场竞争中,宁波的大小企业已经形成有序的分层竞争。大型服装企业集团以国际市场为导向,以创国际一流服装品牌为目标,加大科技研发与产品、设计创新,有效实行品牌运作,向具有高附加值的高端、专业市场转移,全面参与国际高档服装精品市场的竞争。宁波的中型服装企业大多生产的服装种类较广,品牌具有一定知名度,且拥有部分外销市场,企业以巩固市场地位为主,国内与国际市场并重,为品牌国际化积蓄力量。而宁波的小型服装企业能够随时填补市场空缺,以生产大众化、价格较低的服装为主。

大中型企业逐步拉大与小企业的距离,在进行有序竞争的同时,积极互动,以大企业带动小企业,同时使宁波服装区域品牌竞争力有效提升。

2. 产业链整合

充分利用了产业集群的"聚集"及规模经济优势,实施纺织时装业上下游的有效衔接,在大中型服装企业周围,有大量中小企业为其提供配套生产及服务,真正实现以服装为龙头,包括纺织、印染、辅料、服饰配饰、服装机械工业在内的企业有效联合。围绕高质量、高档次品牌企业进行配套衔接,扩大纺、织、染一体化,从而形成了比较完整的产业链,这也为宁波服装区域品牌的发展贡献了力量。

(五)加大对服装设计产业的扶持力度,推动宁波服装的发展

宁波服装在服装加工上具有坚实的基础,然而在服装设计方面的力量存在一定的短缺,因此宁波服装区域品牌的发展很重要的措施就是要提升其对服装设计产业的扶持力度。对于宁波服装区域品牌建设而言,创意设计师是不可或缺的助推器,他们既可以提高品牌的附加值,同时也可使服装产业整体形象更加时尚化。

设计是时尚的灵魂。宁波很多企业都逐步加大对设计方面的投资力度,在大城市甚至海外设立了自己的研发与营销中心,杉杉将其总部迁入上海即是看中了上海强大的市场与设计人才的优势。宁波谊胜制衣有限公司直接在日本设立了产品研发设计部,用上了日本设计人才。更多的宁波服装企业一边邀请国际著名设计师加盟,一边着力打造自己的设计师团队[①]。

快时尚对于宁波服装也产生了很大的冲击,宁波服装企业逐步加快设计开发,迎合消费者快速变化的品位。宁波太平鸟集团在 1997 年金融危机时,已经从加工制造转向虚拟经营,剥离原有的生产环节,将重心放在设计和研发上,完成了危机中的首次涅槃。2008 年的危机中,太平鸟再次变"危"为"机",在虚拟经营的基础上,重塑自身的思想和文化。太平鸟 130 多人的设计团队每周有 100 多种新款面市,一年设计超过5000 款,设计速度独步国内时装界。为提升"快时尚"的竞争力,太平鸟入驻和丰创意广场,设立服装创意设计公司,让设计团队独立运作,从而使设计团队能够更广泛地交流和学习,激发设计师的创意灵感和创意元素的采集,产生人才集聚效应,提升品牌创意设计的价值。[②]

---

① 《宁波服装拓展产业链上游　促进转型升级》,《宁波日报》2009 年 10 月 30 日。

② 秦羽、朱宇、王爱洪、许玉芬:《宁波太平鸟集团"快时尚"提升核心竞争力》,《宁波日报》2010 年 8 月 13 日。

为打造"宁波设计"产业品牌和城市品牌,推动宁波由"制造大市"向"创造强市"跨越,宁波市经委组织编制了《宁波市工业设计产业发展规划(2010—2012)》,提出工业设计作为高知识、高技术、高文化性的"智慧产业",是制造业价值链中最具增值潜力的重要环节,也是构成现代制造业核心竞争力的重要源泉。在时尚设计方面,宁波还存在着一定的不足,主要体现在:专业化的工业产品设计、时尚产品设计只有不到 200 家,年总产值不到 4 亿元,从业人员仅有 1500 余人,设计师仅近1000 人,而专业设计人才严重缺乏,设计师主要集中在广告设计企业,而工业产品设计、服装设计、工艺品设计、多媒体设计等企业的设计师数量普遍较少,平均不到 10 人,资深设计师招聘难度较大。因此,在发展规划中提出了培育三大支柱,其中之一就是流行时尚设计,充分利用宁波市的服装、服饰等产业资源,重点发展时装、饰品、奢侈品等流行时尚产品的设计。在龙头示范企业的带动下,着重培育一批流行时尚设计工作室,积极开展尖端个性化消费品的"定制"服务,形成宁波流行时尚设计集聚点,成为宁波打造"宁波设计"品牌的一道亮丽风景线。相关规划必然将为宁波服装设计的发展起到重要的推动作用。

第四节 深圳服装区域品牌实践探索

截至 2009 年,深圳服装业实现年产值 1200 亿元人民币,出口 89亿美元,有服装企业 2500 多家,从业人员 35 万人,自有品牌 1000 多个,产品畅销国内 100 多个大中城市,在国内大城市一类商场的市场占有率高达 60％以上。深圳服装产业整体日益向高附加值、高文化含量和时尚创意文化产业转变。设计、原创和自主创新为深圳的品牌和产业带来了源源不断的动力,催生了深圳女装品牌在国内的引领地位,形成"中国女装看深圳"的行业格局①。

---

① 《深圳特色:女装之都的未来》,《中国服饰》2010 年第 6 期,第 28—29 页。

2008 年,深圳提出建设女装之都,这一区域品牌的发展是顺应着深圳女装产业的发展而逐步形成的。

一、深圳服装区域品牌发展的历史

服装产业是深圳市的传统优势产业,更是政府重点支持发展的时尚创意产业。"以女装产业集群为基础,建设深圳女装区域品牌,打造'深圳时尚女装之都'","发展时尚创意型产业、走可持续性发展的道路"是深圳市发展女装产业的主旋律。深圳服装区域品牌的发展,可分为三个阶段。

第一阶段:依靠加工出口逐步形成女装产业集群(1980 年至 2000 年)

1980 年特区成立后,深圳依靠毗邻香港的地域优势和政策优势,吸引了一批内地服装企业和港商投资办厂,服装企业多采取"来料加工、来样加工、来件装配,和补偿贸易"三来一补"的经营形式,以"三资"企业为主体的行业经济结构,以外销为主、内销为辅的产品经销模式。20 世纪 80 年代末期,香港制衣业加快向内地迁移,深圳市政府进一步引导外资在深圳直接投资兴办服装企业①。1989 年,特区内 403 家纺织服装企业中,"三资"企业占 62%。外资不仅为深圳的服装产业积累了资本,同时带来了先进的技术和经营管理经验、国际市场信息、外销渠道,也提高了企业的加工能力。因此,深圳在设备、工艺、面料、人才、对于时尚流行趋势的把握等方面,国际化程度都相当高。

从 20 世纪 80 年代末到 90 年代初,深圳服装依靠加工出口,逐步形成了服装产业群。但服装品牌的形成较慢,并且缺少自我风格,过分追赶欧美和香港潮流。

1994 年下半年开始,由于国际服装市场疲软,以外销为主的深圳

---

① 亦闻:《深圳服装业高速发展探秘》,《纺织服装周刊》2007 年第 24 期,第 36—37 页。

服装行业呈现下滑趋势。深圳市立即调整行业发展规划,提出"内外销并行",制定"以设计为灵魂,以品牌为生命,以市场为导向"的策略,在继续开拓海外市场的同时,着重加强国内市场开发,积极鼓励推动企业自创品牌。从 20 世纪 90 年代中期开始,深圳服装产业开始涌现出一批名牌,其中以设计师品牌居多,进一步强化了深圳女装产业集群,为区域品牌的形成奠定了产业基础。

90 年代末,深圳共有 1500 多家服装企业,1998 年总产值达 180 亿元,出口创汇 16.38 亿美元,服装产业在深圳市工业总产值和外贸出口总额中举足轻重。但深圳大部分服装企业仍以加工为主,品牌力量薄弱。为了避免单一外向型服装企业抵御市场波动能力不足,深圳服装行业以国内市场为基础,有效利用国内最优良的加工设备、技术及大批量的熟练成衣工人、对流行的把握上几乎与香港同步等优势,积极开展名师、名牌、名店、名企、名模的"五名"战略[1],行业协会制定了《深圳服装行业发展战略》,并向上提交了《深圳市用高新技术、先进适用技术改造服装传统优势产业实施意见》[2],以引导企业利用先进适用技术对服装设计、加工等进行优化,促进企业由受托型来料加工向自营性方向转变,鼓励没有品牌的企业创品牌,有品牌的企业创名牌,提升品牌价值,提高服装产品附加值,依托以品牌为主导的发展路线,进行深圳服装产业转型与升级。

第二阶段:以品牌带动产业提升(2000 年至 2007 年)

2000 年起,深圳女装成为中国女装第一大产地和国内趋势引导者[3],并逐步迈入有意识的区域品牌建设阶段,提出了"中国女装之都"

---

① 吴茗:《深圳服装行业推行"五名"战略》,《中国对外贸易》1999 年第 5 期,第50 页。

② 亦闻:《深圳服装业高速发展探秘》,《纺织服装周刊》2007 年第 24 期,第36—37 页。

③ 尹生:《深圳 VS 杭州:谁是"中国女装之都"》,《CO. 公司》2004 年第 3 期,第51—53 页。

的建设目标,组织服装企业以整体形象参加每年的中国国际服装服饰博览会,并于 2001 年开始举办中国(深圳)国际品牌服装服饰交易会(SZIC)。在产业集群基础上,深圳的女装区域品牌定位更加强化与国际接轨方面的优势,深圳女装逐步形成了"时尚、高品质"的形象,并稳步展开市场延伸,成功进入北方市场、全国市场。

为了充分发挥区位和信息优势,增强品牌企业的原创设计能力,提高自有品牌、国内知名品牌的数量,深圳市政府 2002 年出台了《深圳市纺织服装产业结构调整方案》明确提出要加快对深圳服装产业的改造提升步伐,使品牌服装企业占服装企业总数明显提高,争取使深圳成为区域性的在国内外有相当知名度的服装设计、生产、加工、销售中心,促使服装产业持续、健康、快速增长。

2006 年,深圳服装业呈现出外销增长迅速,内销增长平稳的良好发展态势,全年实现产值 1200 亿元,同比增长 93%,其中出口达到创纪录的 106 亿美元,同比增长 150%[1]。服装企业达 3000 多家,从业人员 40 万,自有品牌 800 多个,其中国内知名品牌 200 余个,产品畅销国内 100 多个大中城市,在部分大城市一类商场的市场占有率高达 50%以上。深圳服装行业企业绝大部分发展势头良好,从抽样调查的结果分析,全行业有 62.6%的企业处于成长阶段,12%的企业处于快速发展阶段,17%的企业进入成熟阶段。2006 年,深圳服装行业中有 57.41%企业投资规模在 100 万—500 万元,21%以上的企业投资规模在 500 万元以上[2]。

在高新技术、先进设备、市场化运作机制、区位、快速的流行资讯渠道、高级人才汇集、会展等优势作用下,深圳服装业成功转型为高技术含量、高附加值的自有品牌型发展模式,自有品牌产品产值由 20 世纪

---

[1]　深圳市服装行业协会 2006 年度工作总结。

[2]　亦闻:《深圳服装业高速发展探秘》,《纺织服装周刊》2007 年第 24 期,第 36—37 页。

90 年代初的不足 10％上升至 2006 年的 48％,成为技术密集、人才密集、知识密集的以品牌发展为主的产业。深圳服装产业已逐步形成配套完善的产业体系和聚集优势,拥有"安莉芳"、"马天奴"、"桑迪丝"、"迪丝平"、"绅浪"、"菲妮迪"、"衡韵"、"玛丝菲尔"、"爱·特爱"、"季德纳"、"卡尔丹顿"、"凡思诺"、"歌力思"、"影儿"、"邓皓"、"天意"、"城市丽人"、"阁兰秀"、"淑女屋"等一批全国知名品牌,在国内占据了领先地位。

第三阶段:借机"设计之都",发展时尚创意型产业,打造深圳时尚女装之都(2007 年至今)

良好的产业集群以及区域品牌建设意识促使深圳市政府继续将服装这一传统优势产业做大做强,使之成为具有高附加值、高文化含量和时尚的创意文化产业,以提升深圳市女装产业的整体竞争力。

经过多年发展与积累,深圳服装产业具有明显优势,知名女装品牌多,区域品牌具有一定影响力。多元文化影响下,女装紧跟流行时尚。对外开放和毗邻香港的独特优势,使深圳女装行业对世界潮流的把握处于全国领先水平,并主要体现在品牌服装的设计上。深圳服装品牌非常注重设计师的才能,国际化设计或是差异化设计顺应了时尚多元化和个性化服务的需求,女装以其时尚款式、独特面料自成一派。服饰产品档次高,深受消费者认可,在国内中高档服装零售业中占据较大份额。品牌的提升与发展,不但提高了深圳女装企业在国内的竞争力,也极大地加强了深圳女装产业区域品牌的影响力。深圳女装已由原来的传统产业跨越为时尚创意产业、朝阳产业和高附加值的新兴产业,可以比喻为服装产业中的"高新技术产业",具备了良好的增值性和成长性。

为了持续发挥深圳服装产业优势,提高深圳女装影响力,进一步有序建设区域品牌,深化服装产业升级和转变产业发展模式,深圳将服装"时尚设计产业"的定位在概念和认知上转变为"时尚创意产业",并将这一定位落实在区域品牌的建设中,为行业内企业发展注入新的动力,使产品附加值大幅提升,并带动相关产业发展。2008 年 7 月,深圳市政府出台了《深圳市女装产业区域品牌 2008 年至 2012 年发展总体规划》，对深圳着力打造时尚女装品牌之都未来五年进行了详细的规划，对实现深圳女装企业的产业结构调整，促使深圳女装企业进行产业升级，逐步实现由中国制造向中国创造的发展，为深圳女装产业带来了全新的发展契机。

规划提出，塑造深圳市时尚女装区域品牌，推动女装产业从传统型产业逐步升级为时尚创意女装产业，进一步提升深圳时尚女装产业的区域竞争力和国际竞争力。未来五年将是深圳市女装产业实现区域品牌升级的关键时期，深圳市女装产业要紧抓机遇，把发展区域品牌放在重要的战略地位，运用好已有的女装区域品牌资产，实现深圳市女装产业的升级和结构性调整，走出一条具有深圳特色的时尚女装产业发展之路，最终将深圳打造成为"中国时尚女装之都"。未来五年，深圳将在国内做强"中国时尚女装之都"的区域品牌，力争成功塑造深圳女装区域品牌，实现由制造业基地向时装设计展示交易中心的升级转变；实现从生产制造第二产业向时尚创意第三产业转变；把深圳打造成为中国时尚女装设计之都、全国最大的女装设计、生产和营销基地，成为中国的时尚女装购物天堂，实现"中国女装设计看深圳"、"中国女装展示看深圳"。用 10 至 20 年时间，逐步推进深圳女装区域品牌的国际化发展进程，进一步做大中国（深圳）国际品牌服装服饰交易会和深圳国际时装周的影响力，逐步将深圳服交会和深圳时装周的影响力推向海外，并使之成为深圳时尚女装区域品牌国际化展示的窗口和平台。积极鼓励和引导深圳女装企业品牌走向世界，推进女装区域品牌的国际化进程。用 20 至 30 年时间，将深圳服装展和深圳时装周的影响力扩大，成为亚太地区规格一流、规模最大的服装展销会之一，充分发挥其对深圳时尚女装区域品牌的展示和宣传功能，从而对区域品牌形成强大推动，培育和吸引海内外的消费者到深圳购买消费时尚女装。此外，深圳要更好地把握住东西方服饰文化的内涵，缔造新的东方时尚，引领亚洲时尚潮流，成功跻身世界时尚之都的行列，成为"亚太时尚女装之都"。

2008年11月,深圳被联合国教科文组织全球创意城市网络认定为"设计之都",成为中国首个、世界第6个获此殊荣的城市。深圳将从改革开放以来凭借"经济新政"实现经济全国领先的局面,扩大为依靠相关"艺术新政"实现"二次开放"。深圳将凭自身优势,乘设计、创意之风,借区域品牌之威,打造现代深圳服装产业新时代。

二、深圳服装区域品牌的形成机制

(一)时尚女装产业集群带来基础优势

2009年,深圳市服装行业实现产值一千多亿元,出口近百亿美元。一批具有国际竞争力的国内一线品牌不断发展壮大,能够代表服装产业现状的大型品牌集群已经形成,行业发展已体现出国际化、专业化的趋势。深圳女装是深圳服装产业中最重要的组成部分,企业数和产值比重占深圳整个服装业的70%左右。深圳服装产业依托珠江三角洲服装产业配套完善的优势,建立起了集服装高新技术、产品研发、服装生产加工、仓储物流、展示销售、专业人才培训为一体的名牌女装产业集聚基地,使产业集聚优势得到充分发挥。

为了进一步强化产业集群优势,深圳市政府相继规划设立大浪服装产业集聚基地和公明内衣产业集聚基地,同时还规划建设开国内服装领域先河的"深圳服装产业集聚基地"。深圳服装产业集聚基地于2008年开始建设。该基地是深圳目前确定的十三个产业集聚基地之一,是深圳服装产业立足深圳实际,破解空间、资源紧约束,走高端发展新路的重要突破口。一期用地108万平方米,2009年3月玛丝菲尔服装工业园在深圳服装产业集聚基地奠基,之后,海君时尚创意园、美宝和时尚产业园联合奠基,已引进在国内有较大影响力的衡韵、沐兰等近二十家服装企业。建成后的服装产业基地,将成为集产、学、研、商、行业协会管理为一体的现代制造业基地和绿色制造示范基地,成为深圳乃至全国服装行业、知名企业、配套产业的资源汇集基地及"时尚硅谷"。深圳服装产业集聚基地在推进深圳市服装业的升级、扩大服装区域品牌的影响力等方面将起到不可估量的作用。

（二）以设计带动企业、以创新引领行业

深圳因其独特的地缘优势和开放环境，一直是引进、开创、传播流行时尚的前沿阵地，消费者的时尚意识总是处于超前地位。深圳又是一座移民城市，包容性强，不会排斥消融新思想、新创意，独有的多元文化基础，有利于培育开放宽容、兼收并蓄的创新思维与理念，这就使得企业的接受能力强、创新意识高，从面料、款式设计、板型等多方面主动提升品牌的自主创新能力。提高品牌设计运作能力有利于增强企业的核心竞争力，加快深圳时尚创意产业的建设。

2005 年深圳市服装行业协会对服装企事业进行抽样调查结果表明，75％以上的服装企业投入销售额 5％—15％的费用作为研发经费，而研发经费中 69.2％则用于新产品的开发①。品牌服装企业注重借用国际设计师才能，与国际时装发展潮流接轨，如歌力思、艺之卉、马天奴、娜尔思、欧尼迄等企业设计团队都聘请了国外一流的设计大师和设计机构来指导，广泛吸收国际流行趋势、时尚创意理念、先进设计思路，这有利于企业服饰产品与国际潮流趋势对接，并奠定了深圳女装在全国设计方面的优势地位。

除此之外，深圳还培养了一批杰出的服装设计师，如著名设计师罗峥和梁子已获得中国服装界最高荣誉——金顶奖，并涌现出如欧柏兰奴、卡汶、天意等个性鲜明、讲求差异化风格的设计师品牌。

在面辅料方面，设计师也注重向国际市场看齐，参加国际面料展，及时调整更新企业的面辅料库。而不少企业还自主研发各式的新型面料，如"邓皓"的"针织与梭织"、"天意"品牌对棉、麻、丝以及蓖绸的巧妙运用等。很多企业更是重新加工国际流行面料，使之成为适合品牌设计及风格的新面料。流行、丰富、多样的面辅料也决定了深圳时尚女装在设计上的个性化与差异化。

---

① 王翔生：《深圳女装靠什么飘红全国》，《中国制衣》2005 年 5 月，第 40 页。

不仅仅是服装企业注重时尚与创新,深圳举办的各式展会、论坛、流行发布会、企业订货会、设计师沙龙、街头时装秀等活动,都使得城市的时尚文化氛围日渐浓厚,为时尚创意的产生及传播提供了温润的土壤。

(三)高端定位获得南北市场认可

深圳女装品牌坚持高端路线,根据不同市场消费者的生活方式、消费习惯,品牌服装的色彩、尺码、货品配送各个环节都相应进行改变,从设计、面辅料到终端店铺、服务,高端定位与高水平营销逐步获得市场认可。品牌的创新与推广能力,在很大程度上帮助企业克服南方品牌在北方市场的水土不服,使品牌逐步占领南北中高端女装市场。

从 2000 年起,深圳女装品牌以北京、大连市场为切入点,通过层层辐射的推进方式,逐步迈入北方市场。随后几年,深圳服装品牌的销售额逐年稳步上升,走俏于北方城市的各大高档商场。"安莉芳"、"菲尼迪"、"马天奴"、"玛丝菲尔"、"歌力思"、"娜尔思"、"杰西"、"邓皓"、"天意"、"淑女屋"、"沐兰"、"艺之卉"、"欧柏兰奴"等品牌深受消费者青睐。

在北京市场,以"沐兰"品牌为例,2006 年时只有 6 间店面,到 2008 年的 14 家店面,品牌的销售业绩逐月增长,目前已有两家品牌旗舰店。品牌以 35 岁以上的成功人士作为目标消费群体,以舒适的面料、时尚的设计、专业的服务适应北方高端消费者,品牌服装均以德国、意大利、法国进口面料为主,小批量生产,每款服装每个型号只有一件,终端店铺每周进行两次陈列变化,以提升新鲜感[①]。

三、深圳服装区域品牌建设的特色因素

(一)政府创造宽松环境,行业协会积极引导

深圳市政府为深圳市服装行业的发展创造了良好而宽松的发展环

---

① 李璐、王跃龙:《深圳女装为何在北京市场傲立潮头》,《时尚北京》2008 年第 8 期,第 104—105 页。

境。通过设立产业集聚基地、出台相关鼓励发展的政策措施、举办各种类型的展览会,支持企业参加内地包括国外的一些展览会不断扩大对外影响,为深圳女装行业树立了良好的区域形象,创造了良好的发展环境,积极引导女装品牌企业做大做强,促进了女装产业的快速、健康发展。

为扶持深圳女装产业持续健康发展,政府出资筹建了服装业公共技术服务平台——深圳市服装研究开发中心。该中心是目前国内设备最先进、规模最大的行业公共技术服务平台,对于用高新技术和先进适用技术改造提升服装业,已经并正在起到良好的推动作用。研究开发中心引进、研究、开发服装业高新应用技术,吸收国际先进的品牌理念、管理理念和营销理念,建立了一个融技术、设备、培训、示范、推广为一体的行业公共技术平台,推动服装业加快技术改造和技术创新的步伐,为企业实施品牌发展战略、提升核心竞争力奠定了坚实基础,同时形成了新活力和规模效应,使行业经济增长的质量和效益得以提高。研究开发中心积极协助企业采用先进的 CAD/CAM、ERP 等系统,迅速提高生产技术水平和市场管理水平,增强品牌核心力,进一步扩大市场份额;鼓励支持率先引入新管理观念和经营理念的企业,以点带面,使深圳服装产业进入与信息时代相适应的新境界[1]。目前中心已经为几十家服装企业提供打板、设计、放码、排料等多方面的核心服务。

深圳服装行业协会坚持"以人为本、为产业解困、为产业服务"宗旨,认真履行工作职能,除做好日常会员服务、当好政府参谋、加强自身建设之外,特别在推动产业升级、推动行业战略发展,开拓国内外市场等方面开展工作,促进了深圳市服装产业的健康发展[2]。

在政府支持下,深圳服装行业协会力促中国南派与北派服装市场

---

[1] 亦闻:《深圳服装业高速发展探秘》,《纺织服装周刊》2007 年第 24 期,第 36—37 页。

[2] 《深圳特色:女装之都的未来》,《中国服饰》2010 年第 6 期,第 28—29 页。

的衔接交融。2005 年,深圳与哈尔滨共同举办的服装服饰交易会上,随着俄罗斯代表团的入境,成交量直线上升。据不完全统计,交易会后,有近百家深圳服装品牌进驻哈尔滨,成功占领了进军东欧市场的桥头堡①。设计人才与管理人才短缺一直是制约深圳服装业发展的瓶颈问题,为解决这一问题,深圳服装行业协会积极探索与国外服装学院联合办学的新模式。

2009 年 1 月,深圳服装协会组织几十家企业参观考察香港时装节,向海外展商大力推广深圳服交会和深圳服装品牌。3 月 24—26 日的"2009 中国国际服装博览会",深圳组团以"时尚深圳"为主题,开展了一系列推广活动,受到了业界广泛的关注,尤令业界瞩目的是,深圳服装行业协会荣获了"2009 中国服装品牌推动大奖",成为国内唯一获得该项大奖的团体组织。

深圳女装产业在政府、服装行业协会各项政策的指导下,企业坚持发展品牌,坚持设计与产品创新,产业结构日趋合理,产品结构层次分明,产业链条构建完整。随着"设计之都"称号的确立,设计与创意已成为产业发展的强大动力。为使深圳服装品牌开拓国际化发展之路,提升区域品牌形象,深圳市政府与行业协会将在积极帮助企业开拓国内外市场、打造行业平台,加强内外交流的基础上,帮助品牌企业实施创意产业高端化发展战略,抢占行业制高点,以高端技术带动创意产业快速发展,同时将强化创意产业的集群发展与规模效应,努力建设一批特色鲜明、优势突出的创意产业基地和园区,并与全国大中城市和地区展开合作,开设以品牌服装服饰为主的时尚产业互动发展基地,通过企业、商家等多方合作,构建服装产业的"时尚品牌联盟"②。

---

① 老谢:《服务无极限 记深圳市服装行业协会秘书长沈永芳》,《纺织服装周刊》2007 年第 24 期,第 33 页。

② 老谢:《服务无极限 记深圳市服装行业协会秘书长沈永芳》,《纺织服装周刊》2007 年第 24 期,第 33 页。

(二)借势"设计之都"，与香港共建，发展时尚创意型产业

2008 年深圳获得"设计之都"的称号，如今，"设计之都"已经成为深圳城市品牌，这为深圳提升服装产业、发展区域品牌提供了契机，同时为建立"女装之都"、"时尚之都"、发展时尚创意产业提供了平台。

深圳各区都积极促进服装产业进行转型，以"创意＋文化"提升品牌服装企业核心竞争力。淑女屋成为南山区文化创意产业领军企业。盐田区实施重点项目强势带动战略，促进高端文化产业项目落地，其中包括梁子时装公司。宝安区投资兴建了深圳 F518 时尚创意园，以创意文化为核心，集时尚设计、流行服饰研发、设计版权销售、时尚资讯发布、时尚品牌展销、前沿面辅料展销、特色休闲商业等为一体，目标是建成中国南方最有特色的服装创意设计的聚集地，打造"时尚创意之都"，创意园荣获了"2009 年第四届中国创意产业年度大奖之 2009 中国最佳创意产业园区奖"，入驻客户已有 130 多家，整体入驻率超 70％。园区以创意及技术人才集聚、制造企业集聚和采购渠道集聚为核心的公共服务平台正不断完善。龙岗区则将文化产业作为结构调整、产业转型的重要手段，并且对条件允许的项目通过"三旧"改造予以引进或转型。通过对原南岭村社区股份公司空置旧厂房进行改造升级，建设成了南岭丝绸文化产业创意园，现在创意园已成为具有浓郁江南风情和丝绸文化特色、年产值将达 1.2 亿元的高档文化街区①。

由于深圳毗邻香港，因此深港共建文化创意中心也成为深圳女装产业发展的重要推动力。深圳的文化产业正在快速成长为第四大支柱产业，并为深圳经济发展注入新的动力。而香港作为区域性文化创意中心，其设计和广告等在东亚和东南亚地区都具有一定的影响。深港两地进行分工协作、优势互补、合作共赢，共建全球性文化创意中心，已

---

① 乐正：《深圳市六区文化创意产业 2009 年发展情况与 2010 年发展思路，深圳蓝皮书——深圳与香港文化创意产业发展报告［2010］》，社会科学文献出版社 2010 年 5 月版，第 80 页。

经成为应对新一轮国际文化产业竞争,不断增强城市核心竞争力的必然选择。早在 2003 年,香港与内地就签署了"更紧密经贸关系协议"(CEPA),之后更是不断增加补充协议,因此借助香港的文化创意产业的优势来发展深圳女装的设计与创意氛围是深圳得天独厚的条件。同时,深圳的服装产业具有无可比拟的地域优势,地处亚太地区中心位置,具备依托泛珠三角、辐射东南亚及亚太地区的先天地缘条件。而香港本就是亚洲服装集散地和东方购物天堂。香港服装业经过几十年积累,形成了相当完善的产业体系,其设计、营销、管理、咨询、品牌策划、广告等配套环节更是发展迅速,深港两地加强合作便于香港服装企业及品牌营销机构直接与深圳服装业对接,从而整体提升深圳服装业的发展水平,深港两地的互补与合作为深圳打造时装之都提供了千载难逢的机遇。

(三)发挥"深交会"与"深圳国际时装周"优势

1999 年,深圳服装行业协会组织 20 多家深圳服装企业首次以"展团"的形式参加"中国国际服装服饰博览会",深圳服装第一次以"联合舰队"的形象出现在人们面前,造成了震撼效果。之后均以整体形式参加外地展会,逐步树立起深圳服装的整体形象[①]。2009 年 9 月,在深圳市科技工贸和信息化委员会、深圳市服装行业协会的共同组织下,深圳天意、艺之卉、阁兰秀、沐兰、伯柔、丽琪等深圳知名时装品牌组成深圳代表团开赴第 25 届英国伦敦时装周展示深圳在中国时装设计领域的顶尖成就,并在伦敦和意大利罗马等地举办系列经贸活动,为深圳服装产业挺进国际市场有力拓路。2009 年 11 月,行进七年的深圳时装周首次移师,在北京举办"深圳时装精品展示会暨第七届深圳国际时装周",集合了所有重要的女装品牌,时装周上,精品服装或借助 T 型台,或参加展示,借时装周打响深圳女装区域品牌知名度。抱团出击,展示

---

① 子睿:《助推产业发展——深圳市服装行业协会经验介绍》,《中国服饰》2007 年第 2 期。

整体实力已成为深圳服装品牌参加各式服装展会的重要选择。

　　而在深圳本地举办的"中国(深圳)国际品牌服装服饰交易会"作为展示深圳服装品牌发展、提升时尚氛围、融合不同文化、促进企业交流的重要窗口,其专业性、权威性、国际性的特点也越来越突出,是国内规模最大、影响力最广的服装品牌展会之一。展会不断突破创新,在保持传统招商功能的基础上,以高端定位,着重突出形象展示和体现国际化合作、交流的展会特质,更注重吸纳国内外优质品牌及一线企业产品参展,更多的融入国际品牌、准国际品牌,以及国内知名品牌,以商贸为核心,全面吸引面辅料商、品牌商、买家、商场,并加强与国外上下游产业链合作,使深交会朝专业化、国际化方向发展,促使会展理念与国际接轨。第十届中国(深圳)国际品牌服装服饰交易会首次打造了集面料、服装、服饰、皮鞋、眼镜等在内的覆盖式、全纬度展览,以促进产业链的联动发展,同时展会另辟蹊径,专设了创意设计展示区和时尚生活区,以加快原创服装品牌的发展,并促进设计与品牌有效结合,进一步提升深圳服装产业结构。今后的中国(深圳)国际品牌服装服饰交易会将重点依托深圳建设"设计之都",以及深圳政府全力打造"深圳女装产业区域品牌"等有利条件,将融合、提升、国际化等作为重要发展点,使得中国(深圳)国际品牌服装服饰交易会更趋专业、成熟、务实与国际化①。借助和利用展会的影响力,能够提升深圳服装作为"城市名片"的知名度,扩大深圳服装区域品牌影响力,促进时尚创意产业发展及品牌国际化进程。

　　在展示深圳服装整体形象的同时,品牌企业也将自己的特色告之市场。如"艺之卉"借助独特的企业文化,运用服装语言讲述中性时尚和后现代艺术;"歌力思"的高端成衣系列以优选的天然材质和人性化的剪裁突出时尚与环保的共生性;"诺菲妮"与中国非物质文化遗产"香云纱"的结缘,为其增添了丰富色彩与肌理等时尚元素,同时不同剪裁

---

　　①　《深圳特色:女装之都的未来》,《中国服饰》2010 年第 6 期,第 28—29 页。

的运用,与其他面料的混搭,融合刺绣等手段,使香云纱变化出不同的效果;"好安琪"的多风格运作、差异化的市场布控以及后起之秀的深圳童装品牌都在通过展会彰显各自特色。

创意设计与产品创新能够增加品牌附加值、有效促进深圳女装产业发展。深圳女装产业以及女装区域品牌的建设对于扩大深圳市作为"时尚之都"的知名度,打造时尚创意产业都起到了极大的促进作用。而塑造、提升深圳女装区域品牌,将进一步提高区域竞争力和国际竞争力,推动时尚女装产业升级为时尚创意产业,加快品牌国际化和建设总部经济的步伐。

第五节　虎门服装区域品牌实践探索

虎门,昔日林则徐"虎门销烟"英雄的土地,坐落在珠江口东岸,位于东莞市南部,地处穗、深、珠和省、港、澳经济走廊的交会点,海、陆、空交通非常发达。改革开放以来,虎门镇政府审时度势,积极发挥优越的区域地理,利用香港成衣制造业转移内地的机遇,制定"服装兴镇"发展战略。虎门已经成为国内外知名的"中国服装名城"、"中国女装名镇"。目前全镇拥有制衣企业 2000 多家,注册商标 4000 多个,从事服装行业的人员有 30 多万人,有一定知名度的服装品牌达 40 多个。虎门一举夺得"南派服装生产基地"的桂冠。虎门服装正以其鲜明的特点,以及中国服装制造的重要基地而成为广东乃至全国"富民经济"的一个典范和知名的区域品牌。

一、虎门服装区域品牌发展的历史阶段

"虎门服装"或者说"南派服装"作为一个品牌,和其他任何品牌一样,支撑它的是一个产业的发展。虎门服装产业发展从政府行为的角度看,经历了"自发、引导、扶持、推进"的过程;从经营者的角度看,经历了"练地摊、摆街巷、进商场、建工厂"的过程;从市场发展角度看,经历

了"洋货一条街、服装小集市、服装专业镇、全国著名服装生产基地"的过程;从虎门服装自身发展过程看,经历了"无牌、贴牌、创牌、名牌"的过程。虎门服装发展经过了四个关键性的阶段:

第一阶段:萌芽阶段

20 世纪 70 年代后期至 80 年代初期,虎门也和其他地方一样经济困难。为了解决生活问题,一些虎门人利用探亲的机会,一些渔民利用到香港销售海产的机会带回一些布料、服装、鞋袜和其他日用品摆地摊。还有少量居民为了解决经济困难,甚至将香港亲友送的服装也拿到地摊上出售,慢慢地在虎门形成了洋货一条街。那时国内洋货稀奇,人们穿着服装更是一片"灰"、"黄"、"蓝",那些从香港带来的多姿多彩的服装、鞋、帽、袜,令国人大开眼界,前来虎门购物的人趋之若鹜,于是虎门的洋货街远近闻名,人气渐旺。这期间有很多虎门人冒险经商的故事至今令人叹服。

在十一届三中全会召开之前,虎门人已敏感地察觉到发展经济势在必行,于是在 1978 年 4 月,引进了虎门第一家港商投资的手袋厂,取名为"太平手袋厂",工商登记为"粤字 001 号"。这也就是全国第一家"三来一补"企业。①

此后,随着形势的发展,便有越来越多的外资企业进入了虎门。一些老板开始了前店后厂的经营模式。由于大陆封闭多年,看到洋货非常稀奇,吸引了很多人前来购买。于是虎门的洋货街远近闻名,人气渐旺。到 20 世纪 80 年代初期已有几百家铁棚摊档,规模较大,但也同时带来一个副作用:街道比较乱,秩序难以维护。

第二阶段:雏形阶段

20 世纪 80 年代中后期,虎门镇政府因势利导,将那些散乱的地摊集中到现百家商场一带和虎门医院附近,临街依巷,货品全部上货架经

---

　　① 于永慧:《时尚之都——虎门服装产业集群变迁》,广东人民出版社 2008 年 12 月版,第 38 页。

营,在那些狭窄的街巷中,各类服装、小商品琳琅满目,来自全国各地的购物者摩肩接踵,人流如潮,交易活跃。这个时期白手起家在虎门不能算奇迹,几乎在那里做生意的人都在创造奇迹,服装事业就是从一把剪刀、两台缝纫机、一个地摊开始。如松鹰实业有限公司董事长王国宾、索莎服饰有限公司董事长兼设计总监李玉英等均是虎门第一代的创业者,他们吃苦耐劳、改变自我、不断创新、与时俱进,成为当时的佼佼者。

到 80 年代末,在虎门从事服装经营的商户已从当初的 30 多家增加到 60 多家,已有一定的规模。如今虎门一些服装界的老板就是从那时练摊起家的。

第三阶段:发展阶段

虎门服装走上有序发展的轨道是从 20 世纪 90 年代初开始的,这是虎门服装发展历史的第二个转折点。看到虎门服装市场兴旺的大好形势,虎门镇政府决定建造一座大型专业服装商场。1993 年 11 月"富民商业大厦"开业。富民商业大厦占地面积 1.3 万平方米,有商铺1080 个,共 6 层,采用螺旋式斜面通道,方便运货的手推车任意上下。富民商业大厦经过一年的发展,年成交额达到 10 亿元以上,成了远近闻名的服装批发市场。该大厦被国务院发展研究中心誉为"全国第一号时装批发商"。富民商业大厦的建成开业并成功运营,是虎门服装产业发展的助推器。①

到了 20 世纪 90 年代中期,虎门镇政府在探索虎门产业结构调整,选择产业发展方向的时候,坚定不移地将服装产业作为虎门的支柱产业、龙头产业进行扶持。1995 年,镇政府明确提出"服装兴镇"的发展战略,形成"鼓励—引导—扶持—推进—壮大—提高"的思路,并按这个思路制定相应的对策措施进行具体的运作。从这时开始,到 90 年代末期,虎门服装开始了规模的扩张。富民商业大厦和配套生产企业的快

---

① 刘萍:《虎门服装业成功模式探秘》,http://www.fumin.com/info/html/200710/111143.html。

速发展,促使虎门镇党委和政府于 1995 年及时做出了服装兴镇的战略决策。从此,虎门服装在镇委和镇政府的精心培育下快速成长。

1996 年,当时的钟淦泉镇长极具战略眼光地提出了"南派服装"的品牌名称。这使虎门服装冲破传统的粤派、汉派、沪派、京派等四大派服装的束缚,取得了新的发展空间。

第四阶段:壮大阶段

进入 21 世纪,虎门服装已由"量"的积累开始上升到"质"的突破。虎门已成为享誉国内外的服装名镇。2001 年广东新虎威实业有限公司的"Tiger 虎威"牌皮鞋获得"国家免检产品"称号,这是虎门服装业获得的第一个名牌。富民商业大厦管理部门积极为商户服务,不断改善管理,于 2000 年通过了 ISO 9002 管理体系认证。同时还乐意作为品牌孵化器,积极帮助商户申请注册商标,使品牌注册数量迅速上升。有了品牌,富民商业大厦又于 2000 年成立了设计推广部,帮助商家推广品牌,使一批批品牌逐渐扩大影响,商户生意越做越好。富民商业大厦也发展成了一个以经营服装、布料、配料和鞋业为主的企业集团。2002 年 8 月虎门被中国纺织工业协会命名为"中国女装名镇"。2003 年 11 月,被广东省科技厅命名为"广东省技术创新服装专业镇"。

回顾 30 多年来虎门服装产业的发展历程,我们可以清楚地看到,虎门服装完全是走过了一个从无到有,从小到大,从少到多,从低到高,从弱到强,从无牌到名牌,从无序到规范,从自发到自为的艰苦地创业历程。

虎门服装经过了四个阶段,发展到目前这个水平是非常不容易的,速度也是惊人的。那么是什么原因使虎门服装取得如此快速的发展呢?

1. 国际服装产业梯度转移的大趋势和中国的改革开放相遇创造了天时

服装产业是工业革命的摇篮。20 世纪 70 年代末 80 年代初正是发达国家和地区产业升级的时期,纺织服装企业寻找转移的新场所。正在这时,中国开始了改革开放,急需引进外资,为外资流入制定了一系列优惠政策。同时,中国的劳动力相对于发达国家和地区要便宜得多。于是大量服装企业流向中国,而且首先在东南沿海落脚。虎门是这一机遇的受惠者之一。

2. 虎门的区位优势创造了地利

虎门的区位优势表现在两个方面:一是虎门靠近香港,处于珠江口城市群的几何中心,海陆空交通十分便利,虎门成了连接香港、珠三角以及内陆的交通枢纽,具备了现代物流配送中心的条件。二是虎门是夹在广州和深圳两大城市之间的小城镇,引进高科技外资的竞争力不如广州、深圳,劳动力成本却低于广州、深圳,因而最容易被劳动力密集型的服装产业看中。正由于有了这个条件,巴黎的流行时装香港市场反应时间是 15 天,而香港的流行时装,虎门市场反应只有 5 天。

3. 虎门人敢为天下先的创先文化积累与经商智慧创造了人和

虎门北栅的陈益是中国历史上第一个引种番薯的人。虎门人明代的白沙巡检何儒,在中国历史上第一个仿制了当时世界上最先进的武器佛郎机炮,虎门人打响了反抗英国侵略的第一枪。历史上虎门人经商早就卓有成效。宋代虎门的大宁村就是盐运中心,明代已有钱庄和多种店铺沿街而立,清初已有海关建置,虎门已成为物质集散中心,道光后期,虎门已是店铺井然,生意繁荣,常住人口过千,光绪时期,虎门店铺拥挤,已向滩头伸延,省港货物直泊此地流通,成为东莞新兴集贸地,与东莞、石龙并称为三大墟镇,先后建立商会,治理墟政。可见,虎门人在历史上就具有很强的经商智慧与能力。

由以上历史事实可知,今日的虎门人引进中国第一家"三来一补"外资企业,举办中国第一个镇级国际服装交易会,成立全国第一个镇服装协会,以及中国女装名镇称号的获得,都应该是先人敢为天下先的创先精神和充分的经商智慧在后代人身上自然延续的表现。

4. 虎门镇政府及时进行制度创新,利用天时、地利、人和,打造了低交易成本高价位的品牌内涵

虎门最早的富民商业大厦,以及后来的虎门国际服装交易会都是

流通品牌而不是个别商品品牌。它的市场价值的大小,表现为满足商家降低交易成本的需求程度的大小。富民商业大厦和虎门国际服装交易会都较好地为商家降低了交易成本,因而具有较大的市场价值①。

二、虎门服装区域品牌的形成机制

虎门经过多年的发展,虎门服装产业已形成一个庞大的产业集群。目前,虎门服装生产企业在国内外注册的商标有 4000 多个,已有 30 多个服装品牌荣获省以上名牌产品称号。其中中国驰名商标 1 个,中国名牌产品 3 个,国家免检产品 11 个,广东省著名商标 13 个,广东省名牌产品 12 个。虎门服装已在国际国内产生了较大的影响。

虎门镇早在 2005 年便注册了"虎门"商标,近几年为了推动"虎门服装"区域品牌的建设,虎门镇成立了"虎门服装"区域品牌发展领导小组。这一区域品牌形成之后,最大的受益人是虎门服装行业的中小型企业,这些企业挂上"虎门服装"这个区域品牌,一定程度上弥补其原本品牌的劣势。事实上,发展区域品牌已经成为中国服装产业集群的共识,虎门这一举措使其在区域品牌建设上迈出了先行的一步,推进了服装产业"区域品牌时代"的进程。

(一)做强服装产业为区域品牌打好基础

中国是服装大国,但不是服装强国。如何从服装大国走向服装强国?这是整个服装行业都必须面对和思考的问题。要实现服装强国的奋斗目标,就必须提高两个贡献率:一是科学技术对行业持续增长的贡献率;二是自主原创品牌对行业持续增长的贡献率。这就要求我国服装行业要走自主创新之路,紧紧依靠科技进步,坚持科学发展观,从全球增值链的低端跃升到高端,实现从服装大国到服装强国的战略转变。一向敢为人先的虎门人,已经在产业的战略转型中率先起步,高擎自主

① 邓宇鹏:《虎门服装品牌的发展路径、原因与未来趋势》,《东莞理工学院学报》2007 年第 12 期,第 36—38 页。

创新的旗帜在这场从大到强的"战役"中取得了辉煌的战绩!

1. 打造虎门服装名镇

虎门服装,在经历"练地摊—摆街巷—进商场—建工厂"的起步过程,并在政府"引导—扶持—推进"的虎门服装做强之路助力下,在 30 年里得到了迅猛的发展,走过了一个从无到有、从小到大、积少成多、由低到高、从无牌到有牌、从无序到规范,从自发到自为的艰难创业历程,基本完成了量的积累,达到了做"大"的既定目标。全镇有服装加工企业 2000 多家,生产量达到 2.5 亿件(套),虎门服装年销售量约占全省的 30%,全国的 20%。销售额 150 亿元,据不完全统计,出口额为 30 多亿港元。从单个企业规模看,共有上规模企业 1200 多家,年销售额过亿元的企业 80 多家,诞生了以纯、松鹰、灰鼠等一批超大规模服装生产企业。这充分表明,虎门服装经过多年的规模扩张,服装企业从数量上、产值上已经具备了产业升级的优势。

进入 21 世纪,虎门已经成为享誉国内外的服装名镇。"广东省专业镇技术创新试点镇"、"中国女装名镇"、"广东省服装专业镇"、"全国综合实力千强镇"。

2. 提升行业的核心竞争力

在服装产业成为虎门经济强劲增长的动力时,虎门人却清醒地意识到:虎门服装企业如果不增强危机意识和抗风险能力,在今后的竞争中原来仅有的那些优势就会丧失殆尽。如果企业品牌少了创新、少了文化、少了科学有效的推广,整个产业的发展空间就会越来越小,因此,必须依靠科技进步将虎门服装由低层次的规模扩张,发展到产业结构的调整提高。[①]

由镇政府牵头,广东省服装协会、虎门服装服饰行业协会、虎门设计师协会、虎门威远高级职业中学(首批国家级重点职业高级中学)联

---

① 罗俊钦:《最好的面料就在 première vision 展》,《中国纺织》2006 年第 12 期,第 28 页。

合举办的虎门服装产业促进中心迅速创建投入运作。该中心被广东省教育厅确定为"广东省中等专业技术学校服装专业研究中心",为虎门服装界输送了大量的专业性人才。

而虎门服装技术创新中心这个由广东省科技厅、东莞市科技局和虎门镇政府共同筹建的重点工程,则是顺应虎门的服装产业品牌创新、科技创新,加快产业升级步伐,切实解决单个企业想解决而又不能解决的诸多难题而投资兴办的。该中心主要由五大平台组成,分别是信息互动平台、设计生产平台、人才交流平台、管理咨询平台、营销拓展平台,旨在通过促进先进管理方式和先进科技成果的广泛应用,有效地整合虎门服装资源,以高科技手段服务于服装行业,促使传统落后的劳动力密集型行业逐步向高效率、现代化转变,通过传递流行资讯、人才引进和培训、提供设计和技术支持,在市场与管理上实现对服装品牌的孵化,为中小企业技术创新提供技术支撑和检测服务。

这一系列的改革和创新措施,为虎门服装业由大到强奠定了基础,也为虎门服装业强势发展迈开了第一步。

3. 铸就"虎门"综合大品牌

随着服装行业竞争日趋激烈,国内外服装市场的抢拼悄然升级,虎门服装业自有品牌的缺失已经成为其持续发展的重要制约,这不但与虎门作为服装名镇的地位极不相称,也极大地影响了虎门服装的国内市场空间拓展能力与对外竞争力。

虎门镇委、镇政府和业界普遍认识到,虎门服装业要真正强大起来,只有创造出一群广东省名牌、中国名牌、中国的世界名牌,才可以使"虎门服装"形成具有无限活力的无形资产,使这些品牌集群成为虎门服装能够在国内外市场的竞争中持续增长的中流砥柱。

实施名牌战略,是虎门服装从大到强的一项长远而浩大的系统工程。目光远大的虎门人对此有一套完整的目标、计划、步骤和措施,那就是要着力打造"四个名牌":一是打造虎门服装企业的名牌产品、著名商标、驰名商标;二是通过每年一届的中国(虎门)国际服装交易会,打造"服交会"名牌;三是通过服装企业的品牌和交易会的品牌构筑"虎门服装"这一品牌,并使之成为国内外驰名的品牌;四是通过打造虎门服装产业的品牌,推动虎门服装产业的发展并带动其他产业的协同发展,最终铸就"虎门"这个综合大品牌。

4. 加强服装产业集群的发展

产业体系完善,配套设施齐全。目前,虎门镇上规模的服装制造企业 1200 多家,拥有以富民商业大厦为核心的大型专业服装批发市场 21 个,大中型布料市场 6 个,专营服装的店铺千余间。全镇 65 万常住人口中服装从业人员就达 35 万,每天 10 余万客商形成了巨大的人流和商机,近 1/3 的虎门服装远销欧美、亚太各国和港澳台地区。30 余家托运公司能以最快的速度将货物发送到全国及世界各地。

全镇形成以各主体服装生产企业为核心,织布、定型、拉链、漂染、刺绣为配套加工环节,上百家广告企划、文化传播、网络公司提供配套服务的完整的产业系统。[①]

(二)服装交易会孵化区域品牌

虎门服交会连续多年成功举办有力地带动了虎门经济社会的发展。今日中国(虎门)国际服装交易会风光无限颇有一呼天下应的气势。对于服装仍是支柱产业的虎门镇来说,有一组数字最能说明服装交易会的功效,举办交易会的 1996 年虎门镇的财政收入是 1.68 亿元而 2009 最保守的估计也达到了 22 亿元。

如果说服装业对虎门的发展居功至伟,那么,每年一度的中国(虎门)国际服装交易会在提升虎门国际地位,提高虎门服装市场知名度和市场竞争力,推动虎门服装业整体转型升级,实现营造大市场,推动大流通,促进大发展的目标起到了不可限量的作用。虎门服装交易会规

---

① 周凌:《虎门服装产业集群的发展战略思考》,《山东纺织经济》2007 年第 4 期,第 88 页。

模不断扩大,交易金额不断攀高,品牌魅力不断增强已成为海内外服装产业的交流盛会,成为虎门走向世界的亮丽名片。[1]

(三)服装名牌提升区域品牌

2002 年,省委、省政府决策实施名牌带动战略以来,虎门服装在企业品牌和产品品牌建设方面取得了巨大成就,在全省居于明显领先地位,但与国际知名品牌还存在十分巨大的差距,品牌经营意识还十分落后,目前服装生产设备和生产技术已基本过关,整体生产能力也十分巨大,在未来发展过程中,主要是解决缺乏知名品牌和知名企业问题,因为品牌战略对于服装产业发展至关重要。

在实现服装企业数量扩张的基础上,虎门镇政府根据市场日趋激烈的形势,在 1996 年,虎门镇政府确立以品牌发展推动服装产业升级,引导服装企业由"民牌"向"名牌"转变的战略。镇政府先后成立了虎门服装服饰行业协会、设计师协会,在充分调研的基础上出台了《虎门镇实施名牌带动战略工作方案》,镇政府委派专人组织企业申报国家、省著名商标和名牌产品,并协助服装企业办理商标注册登记,指导具备资金实力的企业转变经营方式,打造自主品牌。[2]

虎门服装已走出一条"无牌—贴牌—创牌—名牌"的发展道路。虎门服装生产企业在国内外注册商标 4000 多个。一个"金字塔"形的品牌创建结构逐步形成,"区域品牌—广东名牌—国家名牌"三级梯队的品牌团队已将虎门定位为区域品牌集聚中心。

(四)中介组织助推区域品牌

1995 年,虎门镇成立了全国第一个镇级服装服饰行业协会和虎门服装设计师协会。协会以"引导、协调、管理、服务"为宗旨,协助镇政府发展服装产业,协调服装生产企业解决生产管理问题,充分发挥沟通政

---

① 孟杨:《树大好招风　虎门服装交易会孵化区域品牌》,《中国纺织》2003 年第 12 期,第 106—108 页。

② 谭志强:《虎门服装打造名牌战略》,《中国制造信息化》2006 年第 9 期,第 33 页。

府与企业之间联系的桥梁作用。协会积极开展行业调查,帮助企业进行品牌注册、登记、融资等,解决了企业一些实际问题。

几年来,虎门镇服装服饰行业协会、虎门设计师协会积极组织会员到北京、大连、福建、浙江、广州、深圳等地区举办的服装节、展览会、交易会参展,推广虎门服装品牌,扩大虎门服装的覆盖面。

虎门镇政府已经与服装业界的专业媒体建立了深厚的情谊,充分利用国内外电视台、报社等媒体大力宣传虎门服装。每年,中央电视台、广东卫视、南方电视台、东方卫视、法国服装频道等20多个中央、省级和国外时尚频道,以及《人民日报》、《南方日报》、《中国纺织报》等国内外近200多家报纸和专业杂志都广泛报道虎门服装产业现状和品牌企业,充分展示了虎门服装形象,在全国范围内推介虎门服装。

建立了"虎门服装网"、"富民时装网"两个专业服装网站,出版了《南派服装》专业时尚杂志,同南方电视台合作开辟了《南派时尚》电视栏目,为虎门服装企业建立了良好的信息咨询和发布渠道,努力使虎门服装始终融入时尚潮流。[1]

三、虎门服装区域品牌建设的特色因素

区域品牌应该建立在特色产业的基础上,不过,发展特色产业的同时,一定要充分考虑特色产业抗拒风险的能力,单纯靠某类产品集聚形成的产业特色不是产业集群的发展方向。应该重点考虑,建立在区域品牌和公共品牌特色下的产业集群,将特色经济植根于品牌经济中,融入到全球纺织供应链中,才能够保持特色产业长久不衰。

(一)服装产业健全是区域品牌发展基础

1. 生产规模庞大

虎门镇工商注册服装加工企业4000多家。全镇服装生产量达到

---

① 于永慧:《时尚之都——虎门服装产业集群变迁》,广东人民出版社2008年12月版,第25页。

2.5 亿件（套），销售额 135 亿元，创造税收 6 亿元，占虎门政府总税收的比例超过 30%。据估计，全镇 65 万常住人口中从事服装生产业的约有 25 万人，占 40%。

2. 市场体系健全

虎门现有大型专业服装批发商场 23 个，商铺 10000 多家，经营面积达到 300000 多平方米；各类面料辅料批发市场 6 个，国际面料交易中心 1 座，共有商铺 4000 多家，经营面积近 100000 多平方米；这些大型商场主要集中在富民时装城周围一平方公里的商业集聚"中心区"范围内。同时，虎门服装企业在国内外设有专卖店、连锁店 15000 余间，销售网络已经覆盖全国，延伸海外 40 多个国家和地区。

3. 产业链条完善

虎门服装企业获得长足发展之后，产业链的前端是经久不衰的服装市场，服装销售的规模持续扩大，档次稳步提升，类型趋于差异化，在产业集群的发展中推波助澜，并带动了服装设计、模特培训等行业的发展。生产规模的扩大与持续的市场繁荣带动了产业链的向后延伸，刺激了各类面料辅料批发市场的形成与发展。各类面料辅料批发市场 6 个，形成一平方公里的辅料销售集聚区。

此外，虎门拥有织布、定型、漂染、拉链、绣花、纽扣、配件等服装产业配套行业 147 家；各类服装咨询、培训、推广机构 40 多家；有 50 多家专业物流、仓储、配送、货运公司，每天有 7000 多班次中巴以上客车进出虎门。虎门服装市场形成了完善的从设计、生产、销售一体化服装产业结构网络。

4. 个性特色鲜明

从服装风格上看，虎门服装作为"南派服装"的代表，服装设计以天空、大地、海洋为灵感，用料偏重轻盈、薄透，色彩着力表现南国的蓝天、碧水、绿树的明快色调，造型、款式紧跟中国香港、韩国、日本以及欧洲的流行时尚，同时非常注重突出岭南风格和南粤水乡韵味，自成一派风格，突显时尚休闲魅力。从产品结构上看，主要是时尚女装和休闲服装。全镇服装企业 60％生产休闲服,女装占虎门服装市场 60％;产品主要是时尚女装、T 恤、线衫、外套。

(二)创新是区域品牌发展的源泉

虎门服装技术创新中心总投资 400 多万元,面积 2000 平方米,由省科技厅、东莞市科技局和虎门镇政府共同筹建,包括信息、人才、培训、技术和咨询等五大中心。主要负责与服装有关的高新技术推广和提供配套技术服务,并且根据企业需求,引进制衣设备、面料、辅料,为服装企业提供服装产品质量检测等。[①] 同时镇委、镇政府积极争取省市有关部门技术支持,加大产品检测机构建设,全面提高虎门服装产品的质量竞争力。2002 年成立虎门镇质量技术监督工作站,主要职能是办理法人组织机构代码证、服装产品质量抽检、服装专业打假。2003年,由东莞市质量技术监督局、广东省服装检测中心联合组建的服装专业检测中心落户虎门,负责进行国家产品抽检和帮助服装企业进行平时质量检测。

(三)名牌战略是区域品牌成功的武器

区域品牌建设与企业品牌、产品品牌建设是相互促进、相互依赖的关系。企业品牌、产品品牌建设对于区域品牌建设是重要的基础支撑,可以极大地促进区域品牌建设,区域品牌建设也可以极大地促进企业品牌、产品品牌建设。

如今的虎门更加积极努力地培育名牌群体,因为他们深知品牌是一种特殊的生产力。对服装产业而言服装品牌是服装产业的核心,它决定了服装产业的成败兴衰。虎门服装这一区域品牌的设立对中小型品牌培育无疑有较大的促进作用。"虎门服装"四个字对于合作伙伴而言,既是形象展示也是信心保证。由虎门服装产业抱团形成的推广力量,是单个企业所不能比拟的。

---

① 谭志强:《虎门服装打造名牌战略》,《中国制造信息化》2006 年第 9 期,第34 页。

（四）政府支持是区域品牌形成的关键

在虎门服装产业发展的各个阶段，当地政府果断科学的决策对服装产业的发展起到了关键作用。从因势利导将散乱的地摊统一集中形成市场，到推动建成以"富民商业大厦"为轴心的服装销售市场群。从将服装产业作为虎门的支柱产业进行扶持，到强力打造的中国（虎门）国际服装交易会，提升虎门服装的知名度。这一系列具有转折性意义的举措都是在当地政府强力推动下采取的，政府的决策成为虎门服装产业发展的方向杆。[①]

由于区域品牌具有的独特的优势，因此能否塑造出一个成功的知名品牌，在某种程度上已成为区域经济发展的一个重要的标准，所以在区域经济发展过程中，特别是区域发展的初期和关键时期，政府要将区域品牌建设列入区域经济发展的整体规划，实施区域品牌战略，将区域发展的目标和区域品牌的发展联系起来，以品牌带区域，以城市促品牌。虎门政府将继续一切从经济发展客观规律出发，牢牢把握服装发展的趋势，积极引导扶持企业发展，继续坚持"服装兴镇"的发展战略，着力打造时尚名城，继续实施名牌带动战略，支持更多企业争创名牌，打造好"虎门服装"这一区域品牌。

---

① 周凌：《虎门服装产业集群的发展战略思考》，《山东纺织经济》2007年第4期，第89页。

第五章 服装区域品牌之培植模式

第一节 服装区域品牌的发展要素

唐玉生(2009)提出,区域品牌并不是一个自发形成的过程,而是一个自主塑造的过程,它是区域品牌的建设者根据区域品牌的构成要素和特征,由内到外按照市场规律建立良好的品牌形象,提升品牌价值,建立顾客认知、满意和忠诚的一系列行动过程,它涉及如何强化区域品牌的构建主体和整体功能,积极推进龙头企业与中小企业的共生与联动,制定长远的区域品牌战略规划,建立多功能的营销网络体系等多方面的内容塑造。[①]

从目前世界各地对服装区域品牌的建设和发展状况来看,服装区域品牌形成了以服装产业集群为基础,以服装品牌群为依托,服装区域营销为动力,服装区域文化为核心的政府、企业、行业协会以及其他中介机构等多个利害关系人共同参与的构架。

一、服装区域品牌之培育主体
(一)各学者对区域品牌培育主体及其作用的分析

艾伦(Allen,2007)认为,将传统的品牌理论应用到区域情境中时,

---

① 唐玉生、李叶义、廖少光:《广西区域品牌建设研究:以工业为例》,《广西民族大学学报(哲学社会科学版)》2009年第2期,第100页。

必须考虑两个尤为关键的问题,即利益相关群体的管理和政府主导作用的发挥。[①]产品和服务品牌往往只属于单一的拥有者或营销主体,即某个企业或公司。虽然在产品和服务领域,企业作为单独的营销主体,采用公司品牌也可覆盖公司所有的不同产品,但区域品牌与之不一样的是,区域品牌拥有多个营销主体,即不同的公共部门(区域政府及其众多职能部门)和私人部门(区域内各个企业),它们在单个组织或企业(公司)层面上利用区域品牌各自独立开展营销。此外还存在更多更复杂的利益相关者(与公共部门、私人部门有利益关联的各种公私部门、社区、团体、居民等)。目前,对区域品牌的拥有权界定虽然尚未涉及,区域品牌在产品、服务的生产、控制、营销过程中事实上涉及不同的营销主体和利益相关者。这些营销主体、利益相关者之间的目标是否一致,对于区域品牌的建立和发展至关重要。[②]

　　从目前学者的研究来看,服装区域品牌的建设主体主要包括政府、行业协会、企业等。洪文生(2005)提出了区域品牌建设的五个主体模式:政府为主体、准政府机构为主体、行业协会为主体、企业家联盟为主体以及龙头企业为主体等。[③]也有学者依照区域品牌的不同发展阶段分析区域品牌建设主体的作用。沈鹏熠、郭克锋(2008)提出,根据行为主体在区域品牌建设中的不同作用,区域品牌的建设可分为三种基本模式:政府主导的区域品牌建设模式、企业主导的区域品牌建设模式以及行业协会主导的区域品牌建设模式,而根据产业实力和行为主体参与度的大小,可形成"政府主导→企业主导→行业协会主导"的演进路

---

① George Allen1：Place Branding：New Tools for Economic Development，*Design Management Review*，2007，18（2），pp.60-68，转引自孙丽辉、毕楠、李阳、孙领：《国外区域品牌化理论研究进展探析》，《外国经济与管理》2009 年第 31 卷第 2 期，第 46 页。

② Gilmore，F.：A Country Can It Be Repositioned? Spain the Success Story of Country Branding，Journal of Brand Management，2002（April），pp.281-293，转引自蒋廉雄、朱辉煌、卢泰宏：《区域竞争的新战略：基于协同的区域品牌资产构建》，《中国软科学》2005 年第 11 期，第 110 页。

③ 洪文生：《区域品牌建设的途径》，《发展研究》2005 年第 3 期，第 34—36 页。

径,即当区域产业基础较弱时,发挥地方政府的政策引导和鼓励作用,大力发展地方特色经济并形成主导优势产业,有利于区域产业集群的形成和打造区域品牌。当区域具有一定产业实力和品牌效应后,聚集于产业内的企业加速发展和膨胀,形成众多具有高知名度和美誉度的大企业及其配套的中小企业,企业对外的市场开拓和推广成为区域品牌建设及增值的重要环节和手段,此阶段应充分发挥企业在区域品牌建设中的重要作用。随着产业内企业集群的不断扩大,区域内部企业间的竞争日趋加剧,滥用区域公用品牌的现象时有发生,而区域性的行业协会组织有助于加强企业沟通、规范企业间竞争行为和形成统一的对外宣传效果,促进区域品牌的集约式发展。[①]

杨建梅等(2005)受西方学者布诺梭(Bruso)的集群两阶段模型和孔德(Kunde)的品牌演进模型启发,根据区域品牌与政府干预、企业品牌的相互作用,提出了区域品牌五阶段生成路径模型(见图 5-1)。

张杰(2007)也对此进行了阐述,他提出区域品牌成长路径的五阶段模型,可以较为清楚地判断区域品牌的发展阶段及各阶段特征。第一阶段是区域产品。这是区域品牌的初级阶段,企业集群依靠企业集聚形成的区位优势提供市场上富于竞争力的产品,但这些产品几乎没有什么品牌附加值。随着其他区域经济的快速发展,产业转移将不可避免,如果区域产品不能与品牌有机融合,集群又不能尽快实现产业结构的升级,区域产品的竞争力将逐渐丧失。第二阶段是政府参与下的区域认知。企业集群发展到一定程度,必然引起政府的重视和培育。为了振兴地方经济,政府将出台一系列的优惠政策和措施,随着政府或行业协会区域营销手段的运用,集群的概念品牌引起了众多相关产业和消费情感活动的参与,区域品牌与集群产品有了一定程度的融合,但这种融合还处于情感价值的表层,认知度需要进一步提升。如各地专业镇中被国

---

① 沈鹏熠、郭克锋:《基于产业集群的区域品牌建设——模式、路径与动力机制》,《特区经济》2008 年 6 月,第 145—146 页。

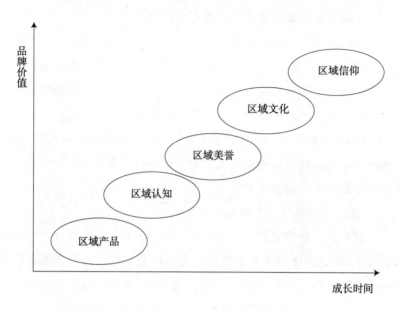

图 5 - 1　区域品牌的生成路径

家相关行业协会授予的某种产品名镇或者之都一类。第三阶段是技术创新、品质提升带来的区域美誉。区域美誉是集群产品与区域品牌的有机融合,这一阶段,产业集群已经突破单纯依靠低质低价的量的扩张,集群中更多企业依靠质量管理来保证产品的品质,依靠技术创新提高产品的生产效率和附加值,集群的产业结构得到进一步优化和升级,区域品牌在消费者心目中建立了较高的美誉度。第四阶段是沉淀的区域文化。随着区域美誉度在消费者心目中的积累,区域品牌的情感性价值逐渐增加,鲜明的个性、丰富的联想和独特的市场定位使区域品牌脱颖而出,并逐渐沉淀为一种文化和精神价值。在消费者眼中,品牌背后所承载的文化是如此强大,以至于代替了它们所描述的实际功能。第五阶段是教义化的区域信仰。犹如一个国家有自己的文化和信仰,区域品牌的最高境界是一个产业集群形成被消费者认可的信仰或信念。①

---

①　张杰:《区域品牌成长轨迹》,《中国中小企业》2007 年第 9 期,第 54—55 页。

(二)我国目前服装区域品牌培育主体的现状

我国很多服装产业发达地区都将建设服装区域品牌作为其发展区域经济,提升产业竞争力的重要措施,因此,虽然第一阶段的服装区域品牌往往是由于当地的特色产品的集聚而自发形成的,但区域品牌的推动仍是体现了政府主导的模式。无论是杭州女装、虎门服装、深圳女装、宁波服装,还是与城市形象整体相关的上海时尚之都的建设,都突出地展现出各地政府机构的强大力量。政府机构在服装区域品牌中建设中所采取的主要措施包括:

1. 在区域品牌创建初期的投资者

在服装产业集群发展到一定阶段,并已经在市场上形成一定声誉的情况下,服装区域品牌的建设往往成为产业集群升级以及提升区域竞争的重要手段。而在建设的初期阶段,由于服装区域品牌的公共属性,要求服装企业对其投资显然不切实际,地方政府便成为服装区域品牌的有力的投资者和经营者。张屈征等(2003)提出了政府在区域产业品牌培育中的优势地位,认为政府在该领域具备组织优势、公正优势和信息优势。[①] 政府机构通过举办大型的服装展会、以区域的形式联合各服装企业对外宣传等方式,为服装区域品牌的建立以及发展起到了强大的推动作用。杭州女装的发展就是一个典型的模本。

2. 区域品牌发展的策划者

在服装区域品牌已经具备一定的影响之后,为了使服装区域品牌能够良性、有序的发展,政府机构扮演了区域品牌策划者的角色。李新权(2005)提出,政府的一项重要职能就是促进区域经济的发展,因此为了提高区域的核心竞争力,发展区域经济,必定会大力推动区域品牌的建立,成为区域品牌的策划者。地方政府扮演规划者的角色,对产业集群的未来发展做出长远的规划,在进行战略定位时应当结合区域的特

---

① 张屈征、张月华、贾继荣:《区享品牌的产权特点与政府作用》,《经济师》2003 年第 8 期,第 52—53 页。

色,在给出区域品牌定义时强调地域特征的作用,区域品牌应与区域存在的独特资源、地理、经济、文化、生活习惯等密切相关,是区域独特的生产要素在产业发展中的综合体现。[1] 赵广华(2007)提出产业集群品牌在提升过程中,需要各方面的互动和合力,但政府的促进和引导,无疑是一个无法替代的主导性因素之一,其中主要的工作之一是制定集群品牌发展的规划,首先成立品牌管理机构,进行科学的策划,其次开展集群品牌的科学运作,开展深度的市场调查分析,对集群品牌进行定位,督导实施统一设计形象识别系统等。[2]

针对服装产业集群发展所存在的问题,通过服装区域品牌战略规划,政府机构大力调整本区域内的服装产业结构,推动服装产业集群升级与改造,从而将服装区域品牌的发展提到新的高度。深圳市为推动深圳女装区域品牌的发展所出台的《深圳市女装产业区域品牌 2008 年至 2012 年发展总体规划》即是一个国内服装区域品牌规划中比较成功的例子。

3. 区域品牌发展环境的营造者

蔡伟琨(2009)提出政府应充分营造集群区域品牌的软硬环境。硬环境包括交通、通讯等基建设施以及大型的专业市场,软环境则是指商业文化氛围、市场秩序等。只有在发展战略指导下狠抓软硬环境的建设,才能使集群具有投资吸引力,吸引企业在当地集聚。[3] 赵广华(2007)提出,优化产业集群的发展环境,注重营造文化环境,增强集群品牌的影响力,政府一要深化本地的文化底蕴,充分彰显集群的文化特色,给集群发展进行正确的定位;二是确立集群文化营销的理

---

① 李新权:《基于产业集群的区域品牌相关问题分析》,《中国产业集群》2005 年版,第 22—27 页。

② 赵广华:《我国产业集群品牌提升的政府促导机制》,《财贸经济》2007 年第 5 期,第 125—126 页。

③ 蔡伟琨:《关于自发型产业集群构建区域品牌策略的研究》,《企业活力》2009 年第 7 期,第 71—72 页。

念,注重完善市场环境,增强集群品牌的竞争力;三是建设服务保障平台,增强集群品牌的保障力;四是机制创新,提升集群品牌的创新力。[①]

相关地区政府机构通过突出本区域的服装文化特色,挖掘服装文化内涵,提升服装区域品牌发展的文化氛围,对区域内老建筑的改造形成了多个特色的时尚产业聚集地等方面营造了服装区域品牌的发展环境,而对于时尚资讯、本土设计师的培育等方面则从另一个角度推动了服装区域品牌的发展。上海就是一个典型的例子,上海服装经过产业结构调整之后,重点发展设计、营销等产业链高端,从而吸引了国内许多服装大牌企业将总部搬往上海,良好的软、硬环境使上海的时装之都建设蓬勃发展。

(三)对我国服装区域品牌培育主体地位的思考

随着我国服装区域品牌的不断发展,以政府机构为服装区域品牌的培育主体的模式正在逐渐变化,借鉴其他国家和地区的服装区域品牌培育过程中的经验,我国服装区域品牌培育主体角色的转换应注意以下几个问题:

1. 根据服装区域品牌的发展适时调整培育主体的角色

从世界其他国家和地区服装区域品牌的发展经验来看,服装区域品牌的塑造是一个不断发展的过程。在其建立、发展以及升级的不同阶段,培育主体的角色及其地位都在发生着变化。一般而言,服装区域品牌的最初形成往往是服装产业集群发展的结果,这种情况下,政府机构应充分发挥其优势,推动和扶持服装区域品牌的创立,而随着服装区域品牌的不断发展,政府应扮演战略规划者的角色,行业协会以及企业、中介机构的力量应得到显现,从而使企业的能动性以及行业协会的协调性充分发挥。这种角色的转换已经在我国服装

---

① 赵广华:《我国产业集群品牌提升的政府促导机制》,《财贸经济》2007 年第 5 期,第 125—126 页。

区域品牌的建设中得到了一定的体现,杭州服装区域品牌最初的政府主导模式已经在逐渐转变,杭州市政府所提出的在建设服装区域品牌过程中的"三力合一"概念,即发挥"政府的主导力、企业的主体力和市场的配置力"就是政府在服装区域品牌发展中调整自身角色的最好诠释。

顾庆良(2007)提出:区域品牌和政府角色之间的关系,政府应是:维护者,制定和实施区域品牌的相关法律、法规和政策,如知识产权保护;教育者,营造健康的区域商业文化、弘扬创新的产业文化、培养全民的时尚文化,建立服饰品牌文化;推广者,通过博览会、借势各类文化艺术民俗节日,以礼品、纪念品、旅游品等工具以及政府公关和行业外交,树立区域形象,传递区域品牌定位,推广区域内企业的品牌与企业;拓展者,区域品牌的价值的延展和深度挖掘,并应用到新的经济领域,新的市场、新的产品,拓展到其他相关产业,以期望产生领衔作用,示范作用和衍生作用;战略投资者,政府不应干扰企业的运营和市场行为,不应强制企业投资,更不应向企业索取,从长远来看,区域品牌的乘数效应,会持续的促进区域增强,其产业的经济与社会效益远大于一般项目,因此政府应从战略层面考虑,成为区域品牌的战略投资者。[①]

2. 充分发挥行业协会以及相关利害关系人的作用

李世杰和李凯(2004)则认为,要有效解决区域产业品牌所有者缺位、产品同构化问题,应构筑"以行商会为核心、生产企业为主导、地方政府为推动力、其他利益相关组织要素为辅助"的区域产业品牌建设网络,其基本观点见表5-1。[②]

---

① 顾庆良:《政府的有为与无为》,《中国制衣》2007年第11期,第31页。

② 李世杰、李凯:《区域品牌建设对策研究》,《中国经济评论》2004年第11期,第58—61页。

表 5 - 1 李世杰和李凯关于区域产业品牌培育
主体及其角色、作用的基本观点

主体	角色和作用
行业协会或商会 (行商会)	1. 区域产业品牌的所有者 2. 区域产业品牌培育的核心 3. 主导区域产业品牌的建设行为方向,侧重于区域产业品牌形象建设
生产企业	1. 区域产业品牌最直接的受益人 2. 区域产业品牌培育的主导 3. 对区域产业品牌建设的贡献体现在品牌的核心价值创新、技术创新、生产工艺创新、产品理念创新等
地方政府	区域产业品牌培育的推动力(引导者和扶持者)
其他利益相关者	区域产业品牌培育的参与者(地方新闻媒体等组织、民众)

张日波(2007)中提出:"制约发展区域品牌的问题主要是产权主体不明确,公共物品属性使得品牌形象难以维护等问题,因此,需要明确产权主体,充分发挥企业作用,充分发挥行业协会的作用等。"[①]因此,在服装区域品牌的培育过程中,建立多元的建设主体,其中政府机构、行业协会、企业、中介机构(展会主办方、咨询机构等)、服装院校对于服装区域品牌的成功塑造是非常重要的。

从纽约、洛杉矶、安特卫普等地发展服装区域品牌的经验来看,无论是培育新兴设计师,为其搭建产业平台,还是组织各种时尚活动提升产业氛围,纽约时尚设计师协会、加利福尼亚时尚协会以及法兰德斯时尚协会等行业协会都扮演了关键的角色。我国的服装行业协会也在服装区域品牌的建设中发挥了重要的作用。2001 年温州被命名为"中国鞋都",温州市鞋革工业协会向工商管理部门注册了"中国鞋都"集体商标,并在 26 种鞋革相关类别中分别注册,功勋企业品牌可以在经评委

---

① 张日波:《产业集群区域品牌的发展建议》,《滨州职业学院学报》2007 年第 3 期,第 68—69 页。

员会审定认可后批准授予首批"中国鞋都名品"的称号,获准使用鞋革协会向工商部门注册的"中国鞋都名品"专用标志。这一服装区域品牌对于温州鞋业产业集群的发展起到了良好的促进作用。①

作为行业内企业出于自身利益而集中起来的一种组织形式,行业协会能够有效地防范某些企业对于服装区域品牌所出现的"搭便车"的现象和"柠檬市场"效应,从而防止损害区域内其他企业的利益的行为出现,在经过政府的授权之后,行业协会可以承担制定行业自律标准,申请集体商标注册,组织企业参加各种项目洽谈会、展销会等活动,从而推动服装区域品牌的发展。

除了行业协会之外,服装企业也在培育服装区域品牌方面起到了重要的作用。区域品牌是外部化了的区域形象,是一种公共物品,具有非排他性、非竞争性和外部经济等基本特征。一个良好的区域品牌具有正向外部效应,不仅能给区域外部造成积极影响,使区域内许多企业通过"搭便车"来共同分享利益,导致效用增加或成本减少,有助于本区域内企业品牌的成长,产生区域品牌的搭载、辐射和协同效应。② 可以说,集群内的企业是区域品牌形成最主要的活动主体,也是区域品牌作用下最大的受益者。首先,产业集群内企业要通过集聚经济,从基础管理抓起,努力降低成本、从质量品质切入,规范企业内部管理,打牢企业品牌创立基础,构筑企业创牌平台,提升企业管理素质和整体形象,加快自主创新、生产优质产品、进行诚信交易,提高产品内涵质量和市场覆盖率,提高企业信任度,降低交易成本,最终提高企业的综合竞争力。其次,企业要通过围绕市场机会和核心企业定制生产。坚持专业化生产方向,放弃"小而全"的经营思想,围绕自己的核心能力进行经营。再次,企业应创造性地整合本地资源,将本地或企业特有的历史社会文化

---

① 洪文生:《区域品牌建设的途径》,《发展研究》2005 年第 3 期,第 85 页。

② 李新权:《基于产业集群的区域品牌相关问题分析》,机械工业出版社 2005 年版,第 22—23 页。

资源整合到产业集群的资源体系之中,真正形成企业集群自身的特色产业和品牌。同时强化技术创新,形成有深厚技术创新能力支撑的区域品牌。最后,集群企业应强化内部各企业之间的相互协作,使企业之间有效合作、产生协同效应,从而为集群内的企业生存和发展提供具有竞争力的外部环境。综上所述,企业是区域品牌形成的初始者和具体参与者,企业通过优化自身经营行为为企业品牌和区域品牌建设提供基本保障。如温州打火机、印度班加罗尔设计的软件等都佐证了在产业集群的区域品牌形成中企业的参与和原动力作用。①

作为服装区域品牌的重要受益者,我国众多的服装企业都在不断倡导和培育协作、共享、共赢的品牌经营理念,提升自身的品牌形象,积极参与区域品牌的建设,从而成为区域品牌的强大原动力。深圳服装品牌艺之卉通过选择和文化产业的对接来实现自己的传统产业的升级和改造,通过打造艺之卉时尚生活馆、时尚博物馆和新锐美术馆这些平台来实现自己的产业转轨,最终形成了一个完整的创意产业链,而作为首批入围使用深圳女装区域品牌的企业,艺之卉的发展也进一步带动了深圳女装的知名度和美誉度。

除了行业协会及企业之外,在服装区域品牌的建设过程中,其他与此有关的利害关系人的角色也不容忽视。服装咨询机构、服装展会的主办方、服装教育机构、时尚媒介等都是建设服装区域品牌的重要一环。纽约之所以成为时尚之都,除了其服装产业的聚集之外,另一些具有符号意义的组织和机构,比如,《女装日刊》、Vogue 和《芭莎》的出现,普瑞特艺术学院和帕森斯设计学院等建立的服装设计及相关专业都为纽约这一巨大的服装都市提供了支撑力量。纽约的时尚产业是一个多层面的生态系统,其中包括设计师、媒体、制造、纺织品、不动产、零售、时尚教育、剧院和旅游,产业的每一个领域的竞争和机会互相关联,

---

① 熊爱华、汪波:《基于产业集群的区域品牌形成研究》,《山东大学学报(哲学社会科学版)》2007 年第 2 期,第 89 页。

并需要为整个产业的繁荣而维持自身的健康发展。

由此可见,无论是政府主导培育服装区域品牌,还是通过行业协会、企业以及各个利害关系人的角色来培育服装区域品牌,都必须建立基于各个主体互动关系的区域品牌建设网络,这个网络应充分发挥各个主体的角色和作用,同时还要以服装区域品牌的发展阶段为基础,从而形成科学的互动机制,共同推动服装区域品牌的发展。

3. 强化服装区域品牌的管理与维护

随着各地纺织服装区域品牌打造力度的不断加大,区域品牌的影响力也在与日俱增。由于区域品牌在区域经济和消费者心目中的重要位置,区域品牌的保护已经被提上了议事日程。从目前角度来看,将区域品牌申请注册为集体商标,对区域品牌进行知识产权保护已成为纺织服装产业集群的一个共同举措。集体商标的注册可以有效整合区域内单个成员的生产经营能力,显示规模效应,并有效的提升产业区域的影响力和品牌竞争力,带动做大做强特色产业,打造优势产业品牌基地,从而用法律手段保护产业区域品牌不受非法侵害。2007 年 11 月 13 日国家发展和改革委员会发布的《关于促进产业集群发展的若干意见》中提出:"大力实施品牌战略,积极培育区域品牌。支持产业集群以品牌共享为基础,大力培育区域产业品牌(集体品牌或集体商标、原产地注册等)。鼓励有关商会、协会或其他中介组织提出地理标志产品和出口企业地理标志产品的保护申请,依法申请注册集体商标。有条件的产业集群可以发展工业旅游和产业旅游,提高区域品牌的知名度和美誉度。"

根据我国商标法的规定,集体商标是指以团体、协会或者其他组织名义注册,供该组织成员在商事活动中使用,以表明使用者在该组织中的成员资格的标志。吴江盛泽镇是中国的绸都,2007 年 10 月 7 日,由吴江盛泽中国东方丝绸市场协会申请注册的"盛泽织造"、"绸都染整"两个集体商标,经国家工商行政管理总局正式核准公告,成为全国纺织行业织物类产品及服务的首批两个集体商标。浙江省桐乡市大麻镇积极推动区域品牌的建设,2007 年 5 月,大麻家纺布艺协会正式成立,桐乡工商局运用职能优势,积极帮助大麻室内布艺行业协会申请"大麻家纺布艺＋图形"这一集体商标,2007 年 10 月 16 日,申请得到国家工商行政管理总局的正式受理,到 2007 年,大麻家纺布艺行业年产值 50 亿元,占到大麻全部工业产值的 85%,产品远销美国、俄罗斯、欧盟、东南亚、阿拉伯国家等世界各地,极大地提升了产业集群的竞争力。[1] 部分正申请集体商标的纺织服装产业集群见表 5-2。

表 5-2 部分正申请集体商标的纺织服装产业集群

产业集群 (中国纺织工业协会认定)	所属地区	申请的集体商标名称
中国家纺布艺名镇	浙江省桐乡市大麻镇	大麻布艺
中国女装名镇	广东省东莞市虎门镇	虎门服装
中国牛仔服装名镇	广东省佛山市顺德区均安镇	均安牛仔
中国羊毛衫名镇	广东省东莞市大朗镇	大朗毛织
中国童装名镇	广东省佛山市禅城区环市镇	佛山童装
中国布艺名城	浙江省杭州市余杭区	余杭家纺
中国面料名镇	广东省佛山市西樵镇	西樵面料

资料来源:作者整理。

目前,在纺织服装区域品牌保护中存在的问题主要有:

(1)只重视建设与打造,忽视区域品牌的保护

一些纺织服装产业集群地在大力推动和打造纺织服装产业区域品牌方面不遗余力,但对于如何保护花费巨资和时间建设的区域品牌并没有给予充分的重视,一些地方已经出现了恶意抢注纺织服装区域品牌集体商标的现象。西樵面料、均安牛仔、盐步内衣、环市童服等一些著名的纺织服装区域品牌都遭受过被他人抢注的命运,虽然几经努力得到了保护,但这也恰恰证明了纺织服装区域品牌保护方面的漏洞。

---

[1] 李霖:《桐乡大麻布艺这个"冬天"很红火》,《中国工商报》2008 年 10 月 14 日。

（2）管理机制不健全，导致所注册的集体商标无法得到推行

由于区域品牌是一个公共品牌，对于集群内企业来说具有公共物品的性质，具有非排他性、非竞争性和外部经济性的基本特征。由于公共物品的特性，一些品牌所有者可能加入"搭便车"的行列，甚至有些企业存有侥幸心理，利用区域品牌形象进行掠夺性经营，出现"劣币驱逐良币"的逆向淘汰现象，最终使消费者对区域品牌失去信任，从而引起"多米诺骨牌效应"，造成"公共地悲剧"。[1]

"公共地悲剧"是区域品牌面临的最大风险。20世纪80年代的温州鞋业事件就是一个缩影。1987年8月8日，杭州武林广场，5000多双温州劣质皮鞋被付之一炬。继而，上海、南京、武汉、沈阳等几十个大城市的大商场相继把温州皮鞋驱逐出境。一时间，温州成了劣质产品的代名词，区域性产品质量问题一度困扰温州的经济发展，严重影响了温州的质量形象。

也正由于区域品牌所具有的这些特点，导致一些纺织服装产业集群虽然申请了集体商标，但企业对集体商标的认知度并不高，一些企业尤其是龙头企业担心一旦部分企业出现质量问题，那么使用集体商标的企业势必受到"株连"，使得多年的质量品牌和信用付诸东流，一些纺织服装集体商标遭受了企业的冷遇。在20世纪90年代中期，国家工商行政管理局发布了《集体商标、证明商标注册和管理办法》之后，上海市工商局就将上海内衣协会列为注册集体商标的试点，协会承诺让100多家会员企业在自己品牌商标之外，再统一悬挂"上海内衣"集体商标。上海内衣协会拥有三枪、古今、飞马、黛安芬等众多内衣名牌企业，会员企业销售额占上海市场70%以上份额，但之后尽管"上海内衣"已经国家工商局核准使用，当初计划率先尝鲜的三枪、飞马等企业的产品上始终未见"上海内衣"踪影。[2]

---

[1]　李明武：《产业集群打造区域品牌》，《中华商标》2008年第4期，第30—32页。

[2]　陈江：《"上海内衣"千呼万唤难出来》，《中国纺织报》2005年1月11日。

从国家工商行政管理总局的统计数据来看,目前所审批的集体商标主要是农产品的集体商标,而集中生产同一类工业产品的区域提出集体商标要求并获得审批的,还在少数,其主要原因仍是质量控制问题。

因此,在建设服装区域品牌的过程中,对区域品牌的保护可以从以下方面进行:

(1)建立有效的服装区域品牌保护系统

纺织服装产业集群所在地的政府机构应在建设区域品牌规划中确定品牌保护战略,确定保护方式,尤其是申请集体商标的方式,明确区域品牌的管理机构,统一管理区域品牌的建设和保护,同时可委托专业机构了解商标注册信息,针对抢先注册行为及时提出异议,防止区域品牌被他人抢注或者滥用。

2005 年至 2006 年,广东佛山市南海区一些专业名镇被抢先注册商标,该区在"西樵"商标生效前最后一天向国家商标局提出异议,阻止抢注者的行为。同时,委托商标代理机构对南海各镇区区域品牌的注册情况进行摸底查询,并迅速制定了保护方案。很快,该区向国家商标局递交了第一批集体商标的注册申请。其中包括西樵面料、盐步内衣等纺织服装区域品牌的集体商标。① 广东东莞市 2004 年通过的《东莞市推进产业集群发展战略的意见》提出了建设区域品牌的相应措施,作为区域品牌试点地区的大朗镇制定了《大朗镇创建区域国际品牌试点工作方案》和《大朗品牌战略规划框架》,聘请高等院校进行营销策划和"大朗"图形商标及 VI 系统的设计制作,并拨出专款 100 多万元在国内乃至世界 80 多个相关国家和地区对"大朗"、"大朗毛织"商标(图标、英文)进行了注册。虎门服装产业经过近二十年的发展已形成一个庞大的产业集群,虎门服装生产企业在国内外注册的商标有 5000 多个,

---

① 邓琼:《阻恶意抢注保区域品牌 南海 3 个集体商标被受理》,《羊城晚报》2006年 2 月 11 日。

为了加强对虎门服装区域品牌的保护,虎门成立"虎门服装"区域品牌发展领导小组,由该镇党政主要领导负责,经贸、工商、外经、财政等部门为成员,运作"虎门服装"集体商标事宜,邀请国家权威机构制定符合"虎门服装"特质的产品品质标准、服务标准,建立完整的认证体系,制定统一规范的集体商标进入门槛。

(2)充分发挥行业协会在保护纺织服装区域品牌中的作用

作为公共品牌的区域品牌,需要政府、行业协会和企业的共同建设,但政府更应承担起搭建平台、培育环境的作用,具体有关服装区域品牌申请集体商标的工作应充分发挥行业协会的作用,使其成为塑造公共品牌的经营者。

行业协会可以利用自身优势,通过与业内企业的沟通,积极进行集体商标的申请,并在申请之后在地方政府的统一规划下对集体商标进行管理和保护。目前,我国纺织服装区域品牌的集体商标基本都是由行业协会运作,自 2001 年起,温州行业协会包括温州市服装商会、温州市鞋革行业协会以及鹿城区鞋业协会等都申请了一个或多个集体商标。《东莞市推进产业集群发展战略的意见》也指出:"通过发展区域品牌和使用集体商标,发挥集群的群体效应,将东莞市的民营、中小企业凝聚成一个具有高度竞争力的市场主体。按照高起点、高标准的原则,在政府牵头指导下,由行业协会参与制定该产业统一的产品技术标准,对符合技术标准的成员企业允许其使用"集体商标",由行业协会作为市场行为主体去实施"区域品牌"战略,大力组织行业内各成员企业使用建立在具有较高知名度区域产业基础上的"集体商标"。

(3)对纺织服装区域品牌的应用控制是保护纺织服装区域品牌的关键

由于集体商标应用的最大风险是"公用地"风险,因此,在申请了集体商标后,如何对集体商标的应用进行控制,保证集体商标的质量,不发生公用地悲剧是保护纺织服装区域品牌的关键。从我国目前的法律规定来看,集体商标的申请者必须明确集体商标的使用规范。根据国家工商行政管理总局颁布的《集体商标和证明商标注册和管理办法》的规定，以地理标志作为集体商标申请注册的，应当附送主体资格证明文件并应当详细说明其所具有的或者其委托的机构具有的专业技术人员、专业检测设备等情况，以表明其具有监督使用该地理标志商品的特定品质的能力，所报送的集体商标的使用管理规则中也应明确使用该集体商标的商品的品质；使用该集体商标的手续；使用该集体商标的权利、义务；成员违反其使用管理规则应当承担的责任；注册人对使用该集体商标商品的检验监督制度等等。

同时，在集体商标被注册之后，相关行业协会必须严格控制集体商标的使用和管理，制定符合集体商标的产品品质标准、服务标准，建立完整的认证体系，制定统一规范的集体商标进入门槛。浙江省嵊州市以领带产业集群闻名海内外。嵊州市领带行业协会会同领带龙头企业联合国家有关部门共同制定了"嵊州市领带产业标准"，后来颁布实施的国家纺织行业领带标准也是依据这一标准制定的。申请我国纺织业织物类产品首例集体商标"盛泽织造"、"绸都染整"的中国东方丝绸市场协会专门制定了《"盛泽织造"、"绸都染整"集体商标使用管理规则》，对集体商标的使用进行严格的管理，凡使用这两个集体商标的产品和服务必须达到规则所规定的质量和环保标准，以保证盛泽纺织品的优良品质。

在集体商标的使用过程中应实行"动态管理"，及时跟踪所授权的企业的产品质量，对不符合产品标准的企业撤销其使用集体商标资格，杜绝各种破坏区域品牌的短期机会主义行为，从而更好的保护区域品牌的形象。

二、服装区域品牌的建设要素

顾庆良、丁卓君（2007）提出，区域品牌是区域产业成长的最高目标，不是简单的各个品牌的加总，而是从生产集约型转向营销集约型和文化艺术集约型。区域品牌的形成不仅要以具有强大市场竞争力的地方产业集群为物质基础,而且还必须以富于创新的区域文化和高超的区域营销艺术为支撑,成功的区域品牌应是区域的环境、资源、经济和人文等构成的核心价值反应。[①]

解学梅、曾赛星(2008)提出了基于创新价值链的集群区域品牌构建模式,是从价值链理论出发,通过集群内部品牌链的聚合效应,发挥每一个集群价值环节的集聚能力,打造集群区域的品牌价值。这个模式包括三个核心维度,一是集群品牌模式构建的内在发展维度,二是集群品牌模式构建的外在维度,三是集群区域品牌同创新价值链的耦合维度。其中内在发展维度包括创新主体链和创新辅助链。创新主体链内,供应商、经销商和顾客以研发合作为纽带,通过内部成员之间的技术和知识的共享机制和相互作用模式继续创新。创新辅助链建设则是通过四个流动机制塑造集群品牌,即科技中介机构、公共服务机构、基础设施以及政府的产业和金融政策。外在延伸维度则包括整个集群的品牌定位、品牌营销、品牌维护机制以及品牌的创新过程等。[②]

从学者对区域品牌建设模式的研究中,可以看到区域品牌的建设是一个综合的过程。服装区域品牌的建设也是如此,如何使区域成为一个舞台,为相关角色提供一个具有吸引力的时尚空间,以提升产业系统的效率和创新能力,这是非常值得研究的问题。[③]服装区域品牌建设要素见图5-2。

从图上可知,服装区域品牌的建设要素主要包括:

1. 服装产业集群是形成服装区域品牌的重要载体

涂山峰、曹休宁(2005)认为:"基于产业集群的区域品牌是指产业

---

① 顾庆良、丁卓君:《文化如何为区域品牌"铸魂"》,《中国制衣》2007年第11期,第22页。

② 解学梅、曾赛星:《基于创新价值链的集群区域品牌模式构建》,《现代管理科学》2008年第12期,第47—48页。

③ Jansson Johan and Power Dominic :"Fashion a Global City:Global City Brand Channels in the Fashion and Design Industries", *Regional Studie*:19 February 2010(I First),pp. 1-16.

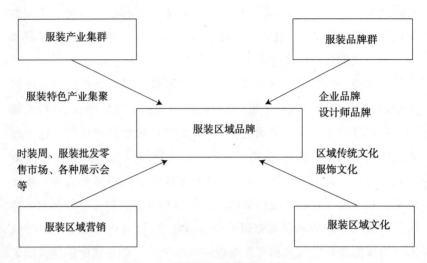

图 5－2　服装区域品牌建设要素图

区位是产品品牌的象征,即产业集群的区位具有完善的基础设施,完备的服务功能,良好的服务品质,具有一定竞争优势的核心业务,在相同或相近的产业链中,能够吸引这些产业向该区域内集聚,并且能够不断促进区域内产业的技术进步和创新,保持产业集群区位的持续发展,最终形成区域内产业和产品在市场竞争中的明显优势。①

　　迈克尔·波特提出,对于产业而言,地理集中性就好像一个磁场,会把高级人才和其他关键要素吸引进来。在全球竞争的挑战下,成功的区域和成功的企业一样,往往拥有自己的核心竞争力,区域的核心竞争力往往表现在地方特色产业集群上,这就是大量相关企业空间集聚所形成的本地化的产业氛围,它是其他区域最难模仿的。同时,本地企业家的培育和新企业的繁衍也极大地依赖于本地化的产业氛围。②

---

　　①　涂山峰、曹休宁:《基于产业集群的区域品牌与区域经济增长》,《中国软科学》2005 年第 12 期,第 112 页。

　　②　王缉慈等:《创新的空间——产业集群与区域发展》,北京大学出版社 2005 年版,第 5 页。

服装产业是一个全球化与本地化相结合的产业,服装产业集群的升级中知识创新与技术创新是非常重要的。产业集群的知识创新和知识学习是非常本地化的过程,地方产业氛围可以培养身处其中的人对该种产业相关知识与创新的敏感性,尤其是对于创造性要求高的产业,技艺的技术性与艺术性难以严格区分,对产品优劣的评判来自于某种特定的品位和生产者的基本素质,这一点在历史悠久的传统工艺、高档时装业和尖端高新技术产业之间具有某种相通性。这类产业区域中,本地化知识大量以隐含经验类知识的形式存在于日常生活之中,技术创新通过"在干中学"而传承,一旦一项创新产品或者技术的市场优越性显现出来,立即会成为众人模仿的目标。①

强大的服装产业集群是服装区域品牌产生并发展的基础。纽约服装区的形成,洛杉矶的服装制造集群都为纽约成衣和洛杉矶时尚提供了动力。在我国,无论是最初的宁波服装、温州鞋业,还是杭州女装、深圳女装、嵊州的领带都是在围绕着专业市场、出口优势、龙头企业形成的众多以生产某类产品为主的区域产业集群的基础上形成的。中国纺织工业协会推行的纺织产业集群试点工作通过授牌的方式也强有力地推动了我国服装区域品牌的建设。随着我国纺织服装产业集群的飞速发展与逐步升级,纺织服装区域品牌的打造已经成为产业集群升级的重要标志。产业集群区域品牌的水平将反映产业集群的经济发展水平,成为集群经济发展的风向标和驱动力。

2. 服装企业品牌是服装区域品牌建设的依托

孟韬认为,企业品牌是在产品品牌的基础上形成的,产品品牌的知名度和美誉度能转化为企业品牌的资产,产品品牌资产往往与企业品牌资产呈正相关关系。企业品牌推动区域品牌的形成,在某个区域内,一个或多个强势企业品牌成为代表区域品牌的符号和最佳的区域品牌

---

① 王缉慈等:《创新的空间——产业集群与区域发展》,北京大学出版社 2005 年版,第18页。

载体。李国武认为,在产业集群发展过程中,企业品牌的创建与区域品牌的创建存在密切的关系,二者相互促进。集群内企业品牌的创建有利于区域品牌的形成,但区域品牌的创建并不完全取决于企业品牌。对原发型产业集群来说,往往是区域品牌创建在先,企业品牌的成功在后。①

区域品牌是该区域内某一产品或者某一类产品的品牌,它通常是为一群生产经营该产品的企业所共同拥有和使用,因此,服装区域品牌的形成是众多知名服装企业品牌聚集形成的必然结果,这也是目前服装区域品牌形成中的一个普遍现象。世界知名时尚之都体现了这一特点,法国巴黎有迪奥、香奈尔、纪梵希等引领国际时尚潮流的品牌为支撑,意大利米兰则有阿玛尼(Armani),杜嘉班纳(Dolce & Gabbna),艾特罗(Etro),米索尼(Missoni),普拉达(Prada),以及范思哲(Versace)等处于时尚最尖端的品牌。②我国深圳提出建设深圳女装的区域品牌,也是由于其拥有"安莉芳"、"衡韵"、"玛丝菲尔"、"爱·特爱"、"季德纳"、"卡尔丹顿"、"凡思诺"、"歌力思"、"淑女屋"等一批全国知名品牌,从而奠定了深圳女装在国内的领先地位。

3. 服装区域营销是服装区域品牌形成的推动力

服装区域品牌不仅仅是一个形象的构建过程,而且是一个形象的传播和消费过程。因此,通过区域营销对服装区域品牌进行传播是建设服装区域品牌的必然选择。区域营销是指区域政府或政府联盟以及各种区域利益相关者为了增强区域竞争力,利用市场营销理念和方法将整个区域进行企业化、品牌化经营,整合区域内各种资源,以吸引和满足各类目标客户需求和愿望的同时最终实现本区域发展目标的过

---

① 孙丽辉、盛亚军、徐明:《国内区域品牌理论研究进展述评》,《经济纵横》2008 年第 11 期,第 121 页。

② Jansson Johan and Power Dominic:"Fashion a Global City:Global City Brand Channels in the Fashion and Design Industries",*Regional Studies*,19 February 2010(I First),pp. 1 - 16.

程,通过旨在塑造区域形象、提升区域品牌价值的一系列公关活动,如建立专业市场、举办博览会、展览会、组团出访、举行地方节日庆祝活动等,宣传企业集群整体形象,促进区域品牌的建立、维护和传播。

从市场营销的角度看,城市(区域)藉由城市顾客的需求而彰显其特性和价值,并通过顾客的满意而实现其价值。城市营销的努力,正是通过优化、提升城市的软硬环境及相关服务,发掘和创新城市的独特吸引力,来满足市民、投资者、旅游者、企业等城市顾客的生活和工作需求、创业和投资需求、旅游和休闲需求以及企业发展和扩张的需求等,进而树立城市正面和良好的形象,提升城市的核心竞争力。[①]

在服装区域品牌营销中,通过时装周、服装市场等影响力对区域进行宣传,已经成为一个共同的措施。杭州市政府将女装产业确定为杭州市的优势产业,将自己定位为"丝绸之府"与"女装之都",杭州女装中国万里行,相关机构组团参加每年一度的"北京·中国国际服装服饰博览会(CHIC)",连续多年举办的中国国际丝绸博览会暨国际女装展都极大推动了杭州女装这个区域品牌的传播。浙江嵊州每年组织"中国领带节暨国际领带服饰博览会",通过报纸、电视等媒体,展示嵊州领带的整体形象,向世界宣传"国际领带都市",而且积极鼓励和支持(如费用补贴等)企业参加世界性的博览会,宣传嵊州领带产品。政府可以积极建立零售、批发营销中心,形成商品的集散地,如义乌的小商品市场、绍兴的轻纺城,不仅降低了本地企业的运输、库存成本,而且具有巨大的广告宣传效应。[②]

4. 区域文化是服装区域品牌发展的核心

文化赋予区域品牌更加独特和突出的优势。文化本身构成产品和品牌的一部分,也以区域品牌的影响因素出现。特别是作为区域产品

[①]　刘彦平:《城市营销的价值导向》,《中国经济时报》2005 年 12 月 27 日。

[②]　涂山峰、曹休宁:《基于产业集群的区域品牌与区域经济增长》,《中国软科学》2005 年第 12 期,第 115 页。

的文化具有独特性、独一性和不可复制性的特点,这一特点使文化可以改变现代产品和服务品牌的生产模式。产品和服务品牌的发展依赖经济实力和技术水平,发达区域因此占尽了品牌资源优势,例如目前全球知名品牌主要来自于欧洲、美国以及日本、韩国等区域。但独特或独一的文化产品可打破常规的品牌发展模式。偏远、落后的区域通过文化产品可建立区域品牌的优势,改变在产品和服务品牌领域的落后格局。[①]

文化优势是生成区域品牌的价值导向,区域品牌所承载的区域文化属性和集群文化品质,传达了产业集群的价值观念和行为准则,培养集群企业对集群地域的归属感和认同感,同时通过一系列与集群有关的区域文化活动,增强集群文化包容性,展示集群产品的魅力,提升区域产品价值,塑造集群形象。[②]

服饰文化是服装区域品牌的内核,意大利的普拉托(Prato)作为一个传统的纺织服装产业区,从一个单纯的加工制造基地成为引领流行纱线、面料、服饰的时尚产业集群,其经验是传统文化和现代文化的结合,其产业文化表现为灵活性与柔性、流动性和创造性。[③]

我国丰富多彩的地域物质资本和精神文化,在不同地域催生了具有不同文化特色的服装产业和服装品牌。除中国纺织工业协会根据各地产业集群特点,对我国区域纺织服装产业发展特色鲜明的 10 个市(县)、29 个城(镇)授予的地域服装品牌称号外,在多年市场竞争中形成和发展起来的大连服装名城、上海国际服装都市、宁波服装加工名市、北京国际服装文化中心、温州瓯派服装基地,以及汉派服装、杭派服

---

① 蒋廉雄、朱辉煌、卢泰宏:《区域竞争的新战略:基于协同的区域品牌资产构建》,《中国软科学》2005 年第 11 期,第 108 页。

② 吉庆华:《产业集群与区域品牌生成机理研究》,《人民论坛》2009 年第 17 期,第 35 页。

③ 顾庆良、丁卓君:《文化如何为区域品牌"铸魂"》,《中国制衣》2007 年第 11 期,第 22 页。

装等等具有地域特色的区域服装品牌,作为一种地域文化语言,一种写意区域精神文明的物质载体,已成为各地域的品牌形象和区域名片。①

100多年红帮裁缝的历史为宁波服装产业集群的建立奠定了很深的文化根基,古代的黄道婆在上海传播的纺织文化与技术也使上海的服装产业优势得以延续。深圳女装产业的发展就得益于其独特的地缘优势和开放环境,一直是引进、开创、传播流行时尚的前沿阵地,居民的时尚意识在国内处于超前地位。同时,深圳又是一座移民城市,包容性强,各种新思想、新创意不会轻易被排斥消融,为时尚的产生和流行提供了适宜的土壤。展览会、流行发布会、设计师沙龙、街头时装秀等时尚活动一年四季接连不断,形成了浓厚的时装文化氛围。

第二节　文化创意产业背景下
服装区域品牌的建设

随着文化创意产业的蓬勃兴起,其对服装产业的影响日益加深,而文化、区域与服装产业之间的关系也逐渐成为研究的热点。诺马·M.兰提西(2004)提出,在过去的二十年中在文化和经济之间日益增长的互相依存性得到了更多的关注。当代资本主义的变化和市场需求的细分促进了资本聚集方面的质的改变,以更快的周转率制造创新的外观产品,承担了美学创新的重要功能。在经济发展中,这种转型已经成为对于商品的符号推动方面日益增长的兴趣,符号如何作为竞争优势,这些商品的制造商如何通过促进和加强以地区为基础的资源和形象来创建一个文化产品成为人们关注的重心。事实上,斯科特(2001)提出了在地区和手工制品之间的联系展示出那些可以开采以地区为基础的符号的区域经济不仅获得了发展前沿的位置同时也开发出了可以禁止潜

---

① 毛立辉:《区域品牌靠什么走向世界》,《中国纺织》2003年第6期,第27—29页。

在的竞争者进入或者模仿的地区特色。但是,也有一些问题会存在,例如是否只有特定的地区很容易形成某种特色的路线比如瑞士手表、巴黎时装、丹麦家具? 城市和地区的经济怎样加强或者改变它们的符号形象的基础?[①]

这样的问题同样可以适用于服装区域品牌的建设。随着我国文化创意产业的发展,我国的服装产业从制造业向时尚创意产业的转型已经是大势所趋,对品牌、设计等产业链的高端环节的建设正在初步推进。在现有的文化创意产业发展的大背景下,如何以区域为基础开发出具有自身特色的服装区域品牌,是目前每一个服装区域品牌建设地区必须要考虑的问题。文化创意产业背景下的服装区域品牌建设见图5-3。

一、服装区域品牌建设方向的转型

随着文化创意产业的发展,创意越来越成为有形产品创造差异化和增值的主要源泉以及企业之间非价格竞争的决定性因素,其对传统服装产业的影响日益深入。厉无畏、王慧敏(2006)提出,创意产业促进经济增长方式转变的模式分为资源转化模式、价值提升模式和结构优化模式。对传统产业而言,价值提升模式与结构优化模式更为明显。商品的市场价值可以分为使用价值和观念价值。价值提升模式是基于产业价值链整合和分解为视角,通过整合产业价值链,可以提升产品的附加值,通过分解产业价值链,可以提升产品的观念价值。随着经济的发展,商品的市场价值越来越取决于观念价值,人们对商品或者服务中所包含内的一些无形附加物,例如品位、感受、感觉、情趣、意味等更易产生"共鸣"和认同,并大力追求。一般而言,观念价值创造差异化,具有巨大的利润空间,由创意决定的产品差异性,对创造高附加值的贡

---

① Norma M. Rantisi:"The Ascendance of New York Fashion",*International Journal of Urban and Regional Research*,Volume 28.1,March 2004,pp. 86-106.

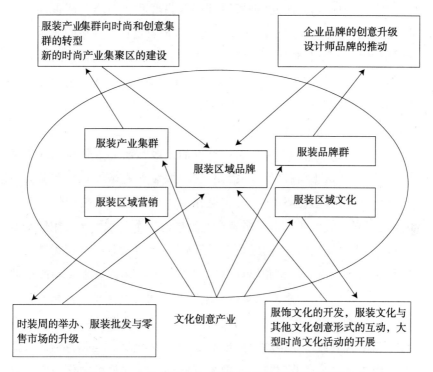

服装产业集群向时尚和创意集群的转型
新的时尚产业集聚区的建设

企业品牌的创意升级
设计师品牌的推动

服装产业集群

服装区域品牌

服装品牌群

服装区域营销

服装区域文化

文化创意产业

时装周的举办、服装批发与零售市场的升级

服饰文化的开发，服装文化与其他文化创意形式的互动，大型时尚文化活动的开展

图 5－3　文化创意产业背景下的服装区域品牌建设

献，远远超过产品质量的贡献。品牌服装就是一个非常重要的例子。结构优化模式是基于产业融合的视角，产业融合是经济增长的新动力。创意产业对传统产业结构的优化，以制造业为例子，创意产业中的工业设计、品牌策划、营销推广等不仅增加了制造业的附加价值，也使产业结构趋于柔性化。①

　　王缉慈（2008）提出文化创意产业对于制造业来说是一种知识密集型服务业，它是由于劳动分工和外包活动的发展而形成的企业集群，包括基于文化艺术的专业服务企业、工业设计企业等，这是产业导向的文

　　①　厉无畏、王慧敏：《创意产业促进经济增长方式转变——机理、模式、路径》，《中国工业经济》2006 年第 11 期，总 224 期，第 5—13 页。

化创意产业的应用。因此,创意设计产业集群必然随着我国很多地方的产业集群的升级而发展起来。其他一些创意设计企业依附于制造业集群中,比如温州服装产业集群中就有专业化的服装设计企业,这种例子不胜枚举。创意设计集群的发展有待于个人设计品牌,设计师之间相互合作,刺激新意念,通过互联网等科技手段推广并招揽新客户,以及以独有的设计意念到国内开拓市场等。[①]

因此,用创意实现对传统服装产业的升级已经成为目前我国服装产业发展的共识。周胜(2008)提出,传统服装行业是靠资本和劳力投入获得产出的资本密集型产业,但是作为时尚产业的服装设计又无处不闪现出创意的元素。对于服装产业这样的一个艺术性和实用性交织的特殊产业来说,在现有的经济发展形势下,依靠大投入获得大产出已经很难,而改变服装面料和设计款式似乎成为服装行业发展和改革的唯一途径,为此,用创意实现对传统服装产业的升级是重要选择。[②]

因此,通过实现服装与文化创意的融合,充分发挥设计和创意的主导作用,使其成为产业链的有机环节,逐步形成创新型与创意型产业集群,已经成为服装产业集群的重要发展方向。在这种由文化创意产业所带动的产业集群升级中,也必然产生了服装区域品牌的建设方向从制造中心向时尚中心的转变,从自发或者政府主导形成的区域特色产品向区域文化产品的转变,同时服装产业的发展与城市或者区域的产业功能定位紧密结合成为一个亮点。

国务院批准的《珠江三角洲地区改革发展规划纲要(2008—2020年)》明确提出:"积极采用高新技术、先进适用技术和现代管理技术改造提升优势传统产业,推动产业链条向高附加值的两端延伸,推动优势传统产业向品牌效益型转变,发挥龙头企业、名牌产品和驰名商标的带

---

① 王绯慈:《产业集群家族又添"创意"新成员》,《纺织服装周刊》2008 年第 16 期,第 74 页。

② 周胜:《EACHWAY(艺之卉)创意产业的践行之三 传统服装产业的创意升级》,《北京服装纺织(时尚北京)》2008 年第 3 期,第 21—23 页。

动作用,打造佛山家电和建材、东莞服装、中山灯饰、江门造纸等具有国际影响力的区域品牌,做大做强产业集群。"广东省服装服饰行业协会牵头草拟的《珠三角地区服装产业发展规划纲要》中提出,珠三角9个城市将全面整合服装产业资源,在空间布局上要以广州、深圳两个中心城市为龙头,发展服装业总部经济和时尚创意产业,充分利用两市强大的城市服务功能,构建完善的服装研发、资讯、金融、中介、展览、传媒、物流等产业支持体系,重点发展高附加值的中高端时尚服装和品牌服装,成为辐射全国且具有国际影响力的服装时尚中心。珠海、佛山、东莞、中山、肇庆、惠州、江门七个次中心城市以及26个国家认定的服装产业集聚基地要充分发挥各自优势,进一步做专、做特、做强,形成个性鲜明的特色产业市、镇和区域时尚中心,构成分布于珠江两岸的灿烂群星。作为传统服装产业发展重点地区的虎门在2009年提出了建设"大气大度、宜商宜居、和谐共荣的滨海国际商城"的发展定位,在未来20年,虎门将建设成为珠三角副中心城市,珠三角都市网络的重要支撑点,商贸流通中心,具有厚重历史感的"文化绿洲",体现现代和未来元素的"时尚之都",通过强化服装批发交易中心、建设品牌国际化集聚中心、发展时尚创意策源中心等带动产业升级,从而带动城市升级。

　　除了传统制造产业集群的创意升级之外,一些时尚氛围以及人才资源比较集中的大城市更易受到创意力量的影响。弗里德曼(1972—1973)认为城市增长即使主要是由人口的自然增长,而非外来移民引发的,也会给发展工业提高生产率和投入,也会使城市内、外部的规模经济都得到了利用,创新扩散得更快,经济权力和政治权利的集中更加强了大城市的优势地位。城市经济学认为经济活动的空间集中能够产生聚集效应,实践证明大都市集中的区域表现出更大的技术进步。特别是国际大都市带来人群的集中和各种文化的集中,使时尚信息在人际中传播的速度更迅速,大都市集中各种资源,劳动力、资金、智力这些要素的聚合,产生巨大的集合能,爆发出前所未有的创造力,包括时尚创造力,使时尚创意产业在大都市得以空前的发展。①

时尚是一个引导时代趋势的推动力,一个国际化大都市的文化印象的象征。在当今的世界,时尚先锋是一个城市活力的象征。② 近年来,我国很多大中城市,在全球化竞争以及文化创意产业发展的双重推动之下,都在大力发展时尚创意产业,建设"时尚之都"已经成为城市品牌化的重要方式。上海在 2000 年即提出要成为世界第六大时尚之都,北京则在 2004 年提出建设时装之都,大连、虎门等城市也都纷纷提出了建设"时尚之都"的口号。而这也正符合国外时尚中心的发展路径。正如兰提西(2004a)通过纽约成为时尚代名词的历史指出的,一个时尚和设计的城市如果是设计、组织总部和时尚出版媒介的所在地的话,不需要成为一个具有高度发达的制造产业集群。相反,应了解这些城市如何作为一个时尚和设计知识的转换、传播和商业化基础设施的场所发挥作用。③

因此,在文化创意产业的引导下,以现有的人文资源和浓厚的文化背景,吸引各大品牌和设计的进入,引领时尚消费,推动城市向时尚之都的转型将是大城市在建设服装区域品牌中的一个重要方向。

城市内的产业集群建设的着眼点在很大程度上在于对于城市内时尚空间的重新打造与规划。昆兹曼(Kunzmann,2004)提出:在经济全球化的时代,地区识别已经成为一个关键的问题,并且艺术是除了自然风景之外,唯一展现这种区别的地区资产、文化内容维持了地区识别的最后的堡垒。世界上许多城市的权力机构和城市开发机构逐渐使用与

---

① 吕洁:《时尚创意产业:上海经济转型的战略引擎》,《中国市场》2010 年第 35 期(总第 594 期),第 73 页。

② David Gilbert:"From Paris to Shanghai, The Changing Geographies of Fashion's World Cities",*Fashion world cities*,edited by Christopher Breward and David Gilbert BERG,oxford,New York,2006,p. 3.

③ Jansson Johan and Power Dominic:"Fashion a Global City:Global City Brand Channels in the Fashion and Design Industries",*Regional Studie*,19 February 2010(I First),pp. 1 - 16.

文化有关的活动来重新开发旧的区域。这种策略已经被使用来推销城市的识别，使城市进行全球化营销，尤其是，在经历产业下跌时提升城市的经济资产。①放弃工业地区向文化和娱乐地区的转变已经被认为是欧洲范围内的复兴的一个主要方法以及重新使地方经济焕发活力的方式。

无论是在洛杉矶还是安特卫普，对于城市空间的合理改造和利用对于时尚城市的推动作用不言而喻。时尚产业聚集地的改造与新建不仅有效形成了对市场、企业和创意人群都非常有利的创意研发体系，提升了城市的时尚氛围和吸引力，同时也加强了对城市内工业以及历史资源的保护、开发和利用。我国许多城市大多在建设创意产业园区，其中很多都是以时尚设计为重心，上海是我国唯一入围"全球时尚之都"排行的城市，目前拥有近80个创意产业集聚区，其中不乏田子坊、莫干山路50号等通过老建筑的重新规划和利用而产生的服装创意园区。位于苏州河南岸半岛地带的莫干山路50号，由占地面积35.45亩的原上海春明粗纺厂改建，引进了世界各地艺术家以及画廊、平面设计、建筑师事务所、影视制作、环境艺术设计、艺术品（首饰）设计等工作室。这些园区时尚产业集聚的特征非常显著，这种集聚效应在创造了巨大的商业价值的同时也在不断向外彰显着上海时尚之都的魅力。

二、服装区域品牌建设重心的提升

服装品牌群是在一定的服装产业发展条件下，某区域范围内，一定数量的服装品牌汇聚、集中而成的品牌群体，服装品牌群建立的根本目的是要发展结构合理的品牌互惠系统，以便能够产生良好的合作与沟通协同效应，去创造出远高于资本成本的收益，并带来持久的品牌价值和品牌文化力。因此，服装区域品牌以区域内的品牌群的建设为重点，

① Kavaratizis Mihalis："Branding the City through Culture and Entertainment"，AESOP 2005 Conference July 2005，Vienna，Austria，pp. 13 - 18.

企业品牌的知名度将极大推动区域品牌的发展,同时区域品牌的发展也将为企业品牌带来强大的无形资产,从而产生更加强大的品牌效应。① 文化创意产业的发展,则不断扩张与延伸服装品牌结构,从而使服装区域品牌的建设重心在创意的推动下得以提升。

首先,文化创意产业的发展,使得传统的服装产业的界限开始坍塌,服装品牌不再局限于传统的制造与销售,而是通过多角度的延伸进行品牌升级,准确传递并培育一种生活方式。正如麦克罗比(McRobbie,1998)所提出的,从服装业向一个形象制造产业的转变已经出现了。通过这种转变,公司通过创造和开发被嵌入到不同类型的可销售产品的时尚和设计知识而拥有竞争优势。曾经专注于制作和销售服装的公司已经在销售时尚和设计方面逐渐差异化:无形的商品不仅在市场上可以被利用到服装上,而且还包括配饰、化妆品、香水、床上用品等。曾经被一个服装设计师创立的公司现在已经将产品领域差异化到与服装完全没有关系的领域:范思哲餐具和旅馆,古奇蜡烛、自行车、手表和咖啡,普拉达手机。②

阿玛尼是欧洲最顶尖也是全球最时尚的男装品牌之一,公司旗下有阿玛尼黑标(Giorgio Armani Le)、安普里奥·阿玛尼(Collezioni,Emporio Armani),阿玛尼少年(Armani Junior)等多条针对各种层面的服装品牌线,此外,阿玛尼品牌经营的产品也趋于多元化,由服装扩展到香水、皮包、珠宝首饰、眼镜等多个领域,甚至还跻身主流酒吧和酒店业等,是美国销量最大的欧洲时装品牌。阿玛尼现在已经从一个单纯的时装品牌成功地转型为一个完整的时尚奢侈生活方式品牌。只要消费者喜欢,他们一天 24 小时都能接触到阿玛尼的产品和服务。阿玛

---

① 刘元风:《时间和空间,我们离世界服装品牌还有多远》,中国纺织出版社 2009 年版,第 88 页。

② Jansson Johan and Power Dominic:"Fashion a Global City:Global City Brand Channels in the Fashion and Design Industries",*Regional Studies*,19 February 2010(I First),pp.1 - 16.

尼品牌金字塔见图5-4。

图5-4　阿玛尼品牌金字塔①

当生活享乐升华至一种生活品位,不管是时装或是居家空间,都将被同等重视,时装品牌跨界家居也成为一种潮流,2010年,知名时装品牌埃斯普利特(Esprit)在北京开设了其在中国的首家家居产品店埃斯普利特家居(Esprit Home),与此同时,埃斯普利特家居产品线扩容,不再以纺织家品为主,而是涵盖家具、卫浴、灯具、地毯等多个品类。这并不是时装品牌全面涉足家居业的首个案例,此前阿玛尼、芬迪(FENDI)等知名时装品牌纷纷进军家居行业,而瑞典H&M也在欧洲

————————————

① 孙菊剑:《服装品牌延伸的势能法则》,《销售与市场·营销版》2009年第34期,第92—94页。

范围内开始经营家居产品,意图成为第二个宜家。时装品牌家具的最大特色在于它们与时尚联系紧密,其不仅采用了最新用于时装的面料和材质来打造旗下的家具产品,更将时装中特殊的剪裁、缝合、细节装饰等时尚设计方式引入家具产品中。[①]

无处不在的品牌创意设计 DNA,不仅使品牌的知名度和影响力不断提高,而且与众多行业的合作,跨越产业的广度及核心的创意产业的竞争力,使原本属于传统制造产业的服装产业升级为更加适应经济发展趋势的新型产业。[②] 服装品牌的多行业、多角度的延伸使服装区域品牌的影响日益扩张,从而创造了与区域有关的形象优势。

除了服装企业品牌在文化创意产业影响下的升级之外,设计师品牌的推动也为服装区域品牌的发展提供了又一个支撑。通过对相关国家(地区)就创意产业的定义和文献的整理可以发现,各国(地区)在进行创意产业分类时,几乎都将服装设计列入其中(见表 5 - 3),甚至还囊括了与服装相关的时尚杂志、时装模特表演、会展、咨询及产业咨询等产业链上的相关行业。服装产业与创意产业的联系,主要在于服装设计、研发、展示和资讯等需要创造性思维的领域,是一种多元产业交集的关系。相关国家(地区)创意产业分类中的服装范畴见表 5 - 3。

表 5 - 3　相关国家(地区)创意产业分类中的服装范畴[③]

国家(地区)	创意产业分类中的服装部分
英国	时装设计
意大利	服装时尚

---

①　刘朗:《时装品牌跨界家居成潮流　Esprit 开设中国家居店》,《新京报》2010 年2 月5 日。

②　周胜:《EACHWAY(艺之卉)创意产业的践行之三　传统服装产业的创意升级》,《北京服装纺织(时尚北京)》2008 年第 3 期,第 21—23 页。

③　杨以雄、刘君、李春英:《服装创意产业园区规划与建设探析》,《纺织学报》2010年第 6 期第 31 卷,第 146 页。

续表

国家（地区）	创意产业分类中的服装部分
新加坡	服装设计
美国部分	版权产业（包括服装、纺织品与鞋类等）
中国台湾	品牌时尚设计
新西兰	时尚设计
日本	时尚产业
韩国	传统服装与时尚设计
中国香港	设计
中国上海	研发设计

　　从目前世界主要时尚城市的发展路径来看，设计师品牌的出现是服装产业发展到一定阶段的必然结果，它对于服装区域品牌的发展有着重要的培育与推动作用。

　　唐娜·凯伦和卡尔文·克莱恩对于纽约或者克里斯汀·迪奥（Christian Dior）和克里斯汀·拉克鲁瓦（Christian Lacroix）对于巴黎一样，他们都是这个城市的时尚代言人。企业品牌和设计师品牌是纽约服装区域品牌发展的双核心，纽约服装设计师品牌的兴起是消费者个性化需求的必然结果，随着设计师从在百货商店中开设专门店到卡尔文·克莱恩，拉夫·劳伦和比尔·布拉斯开始开设自己的公司并且将他们作为时尚创造者的角色资本化，来寻求新的市场需求，纽约的服装设计师逐步从"帮助者"向时尚体系的明星转变。可以说，纽约设计师品牌，不仅创立了美国时尚也使其传播到世界各地，从而奠定了纽约时尚之都的地位。而对米兰而言，设计师不仅是在产品范围内的创意天才，也是城市时尚组织的名誉领袖。米兰幸运地拥有一个土生的和外国超级设计师的集合，从而获得了国际时尚媒介的曝光率。在时尚媒介对米兰的设计明星比如乔治·阿玛尼（Giorgio Armani），杜梅尼科·多尔奇（Domenico Dolce）以及斯蒂芬诺·嘉班纳（Stefano Gabbana），罗伯特·卡沃利（Roberto Cavalli）的访谈中，设计师都频繁地提到米兰在他们的创意性和商业方面的重要性,这些代言人的故事不断加强着米兰作为创意企业的全球中心的理念,同时,设计师频繁地将城市的名字作为一个标志或者构成元素纳入到其所制造的产品中,这些无疑对于米兰作为时尚之都的城市品牌具有非常重要的价值。[①]而作为新兴时尚之都的安特卫普的声誉,无疑在很大程度上是由安特卫普六君子以及之后的众多优秀设计师为其带来的。

因此,设计师品牌对于服装区域品牌而言,是创意与时尚声誉的源源不断的来源。设计师品牌最大的魅力在个性,个性突出、品位独特的品牌,面对庞大的市场,总能找到认同品牌价值观的人群,以鲜明的服装语言和个性风格赢得市场和个性之间的平衡。随着生活水平的提高,人们越来越追求个性化的生活方式,喜欢带有强烈设计风格和与众不同的服饰,设计师品牌的发展正迎合了这种趋势,为设计师搭建产业平台,大力培育设计师品牌,为时尚产业提供动力,从而依靠设计与品牌带动服装区域品牌发展,推动产业链向价值链曲线两端提升应是建设服装区域品牌的另一个重心。

三、服装区域品牌营销方式的整合

服装区域营销或者称为服装区域品牌传播,即相关地区通过一系列的活动比如举办服装服饰博览会、专业展会、庆祝地方传统节日,开办服装论坛以及有计划的设计城市标识等时尚氛围的营造方式,向消费者展示独特的地方文化和产品魅力,从而为区域的时尚品牌化奠定基础。从世界上其他时尚城市的经验来看,区域营销已经构成了其时尚创意形象的重要环节,比如伦敦的时装展会以及不同时期伦敦的时尚之都的标识设计都在向世界展示其时尚之都的魅力。随着文化创意

① Jansson Johan and Power Dominic:"Fashion a Global City:Global City Brand Channels in the Fashion and Design Industries",*Regional Studies*,19 February 2010(I First),pp. 1 – 16.

产业的发展,服装区域营销的渠道在不断扩大,从而使服装区域品牌的建设方式不断延伸。

在文化创意产业的影响下,传统的服装区域营销方式在不断升级,各主要时尚之都的服装展会、交易会在激烈的竞争中不断调整,从而吸引了更多参观者的进入,为该区域带来了更大的时尚声誉以及直接与间接的经济效益。另外,各个服装区域品牌发达的城市也逐步调整其服装零售市场,从而始终占据着时尚购买者的视线。纽约通过对展会的预先安排,加强信息披露,加强旅游设施以及增加差异性等举措来维护其在时尚批发与零售市场的竞争力。

在文化创意产业的整体氛围之下,服装区域品牌的营销方式在发生着整合。全球时尚和设计之都的地位不仅建立在它们作为工业制造系统所在地的基础上,同时,我们必须了解文化产业的价值在很多情况下是怎样与品牌具有高度联系,而这些品牌都具有与特定区域的显著的附属性和依赖性。因此,在地区和区域程度上的品牌塑造和差异化的多种渠道系统并存是由形象创造产业所支持和构成的。对于文化和形象制造产业来说,这些系统可以被解释为重要的区域优势的来源和对于更实质的区域化现象比如产业聚集和集群的必要的补充。[①]

米兰作为一个历史悠久的全球时尚城市,有一系列角色参与到这样一个城市品牌的构建中,在诸如时装展示、设计周、贸易展会等推广活动、有关米兰设计师的宣传以及赞助人、时尚产品旗舰店和样品陈列室以及针对不同受众的零售区域等渠道中,每一种渠道都有自己的特定形式并且包含了特定的角色,包括行业组织、展会组织者、明星设计师、赞助商、公共机构等都在其中推动了米兰作为时尚之都角色的发展。米兰作为意大利时尚展会的中心的兴起是由于米兰国际女装展,

---

① Jansson Johan and Power Dominic: "Fashion a Global City: Global City Brand Channels in the Fashion and Design Industries", *Regional Studies*, 19 February 2010(I First), pp. 1 - 16.

一系列展会加强了米兰和时尚之间的联系,使米兰在与其他城市竞争的过程中取得了优势。因此,扩大展会规模成为米兰巩固其时尚之都地位的重要措施。位于城市中心东部的新的展示地区取代了位于西北部的郊区内的旧的场所。马西来利亚诺·福克萨斯(Massimiliano Fuksa)设计的米兰新国际展览中心(rho-pero)是意大利最大的开发项目之一,成本在 7 亿 5 千万欧元,占地面积为 53000 百万平方米。这个场所可以被比做一个配套齐全的城市,包括旅馆、购物中心、警察局、教堂、清真寺、饭店、咖啡厅和地铁以及主线高速公路火车站。城市内的老的展示地区已经被重新开发成城市生活区,可以作为更小的展示场所和很多设计师的居住区。城市的基础设施已经被城市和地区的管理者、展会的组织者和开发商所重新调整。这里值得注意的是,地方机构已经成为米兰品牌化以及其作为时尚和设计区域的重要赞助人。公共机构在组织城市的再开发计划方面非常重要,这些计划的主要目的是运作对时尚和设计产业有支持作用的创造性区域。很明显,地方和区域的公众角色确实了解到投资到城市的基础设施和符号表达的重要性和潜力,并且默示和明示地支持时尚和设计的发展。

样品陈列室和工作室对于高端的时尚设计师是非常重要的推广空间,这样的空间对于维持艺术创造性和独特性的形象是很重要的,这是高级时装的顾客要求的。它们展现的空间特征是设计师努力来使自己与竞争者差异化的重要部分。样品陈列室和旗舰店虽然是时尚和设计公司的销售橱窗,但是同样它们也增加了城市作为可以看到差异化的高端产品和角色的地区的形象。除了店铺橱窗之外,直接的广告渠道比如广告牌,招贴以及标志看上去都成了城市风景。很多米兰的时尚集团都有意识使用城市的基础设施和建筑作为它们的营销和品牌策略的整合部分。另外,全球设计和时尚城市的一个关键因素是它们作为购买中心的角色。但是米兰不仅仅是奢侈品或者高端时尚店铺的所在地,也有一些地区是被更小规模的以时尚、古代的/仿古的、设计和艺术为特点的商店所占据。这些零售地区迎合了特定的消费者群体的需要。销售地区吸引金钱、顾客,同时也帮助创立了展现米兰的时尚复杂性和内容的巨大的店铺窗口。①

因此,在服装区域营销中,应充分发挥各个层次的营销主体的作用,政府机构、行业协会、设计师、批发和零售市场等,以地区为基础的形象和品牌被创立并且附加于产品、公司和行业中。如果一个人要了解时尚和设计知识如何支持地区产业系统,那么这个人必须也要准备了解与这些产业有关的角色怎样试图来为它们的目的而装扮城市并且使城市时尚的。②

四、服装区域品牌建设内涵的丰富

与一般的产品和服务不同,文化在区域营销中既是产品,又是品牌资产的驱动力因素。吉尔(Gilles Lipovertsky)提出,早期现代意大利的时尚文化与城市的兴起——米兰、佛罗伦萨和威尼斯有紧密的关系——同时与一个新兴的商业阶层的到来相伴随的身份和展示的政治制度有关。这些意大利城市如同之后的商业中心一样,以商业活动的集中性、推动时尚消费的公共领域,鼓励创新的需求为特点。大街、广场、商业中心以及人行道都提供了人们聚集、阶级混合以及吸引竞争的场所。③

文化和娱乐,在区域和城市品牌中扮演着重要的角色。令人兴奋的娱乐机会,文化事件和节日,尤其是小的或者更大规模的艺术、体育

---

① Jansson Johan and Power Dominic: "Fashion a Global City: Global City Brand Channels in the Fashion and Design Industries", *Regional Studies*, 19 February 2010(I First), pp. 1 – 16.

② Jansson Johan and Power Dominic: "Fashion a Global City: Global City Brand Channels in the Fashion and Design Industries", *Regional Studies*, 19 February 2010(I First), pp. 1 – 16.

③ David Gilbert: "From Paris to Shanghai, The Changing Geographies of Fashion's World Cities", *Fashion world cities*, edited by Christopher Breward and David Gilbert, BERG, oxford, Newyork, 2006, p. 25.

和其他类型的事件和节日的组织被认为在建立和加强区域品牌中起了重要的作用。① 城市历史、建筑、文化设施和事件形式的文化是城市推广活动中主要的组成部分。利用文化作为独特的产品和品牌形象属性的双重特点开展营销,是建立强大的区域品牌资产的独特途径。

区域文化是服装区域品牌发展的核心,是由时尚三元素组成,而时尚三元素又是通过消费者对服饰品牌的品质、品位的品味(营销体验)而体现,企业的特定服饰品牌是如此,区域品牌也一样,只不过后者更凝聚了本区域众多典型服饰品牌的共性(即区域品牌区别于其他地区的个性)。反观中国的许多地区的服饰产业(集群)虽然可以为世界顶级名牌进行制造,也有许多自己的杰出服饰品牌,但缺乏区域品牌共享的文化价值内涵,既无品牌个性也无区域特质,更缺区域品牌的公共营销。即使有个别服饰品牌已达到很高的技术、艺术、营销的水准,但受限于整体区域品牌的形象,而不能得到世界认同。②

文化创意产业即是将文化创意转化为产业,即把创意、产品和市场有机链接起来。服饰文化是文化的一种特定形式,服装区域文化的价值在文化创意产业中的充分展现,将为服装区域品牌的建设添加新的内涵。在服装区域品牌的建设过程中,借助于时尚活动向外部展现区域的风采和魅力,特别是通过时尚活动引导区域内外人士参与,为时尚建立一种大众化的氛围,倡导区域的时尚精神,使时尚成为推动区域的发动机。

文化创意产业的发展使各产业之间的融合性日益增强,从而培育服装产业与文化创意产业中其他产业形式之间的协同,对于服装区域品牌的独特性具有非常重要的作用。洛杉矶服装区域品牌的发展即与它发达的娱乐产业密不可分,新兴的时尚之都比利时安特卫普的经验

---

① Kavaratizis Mihalis:"Branding the City through Culture and Entertainment", AESOP 2005 Conference July 2005,Vienna,Austria,pp. 13 – 18.

② 顾庆良、丁卓君:《文化如何为区域品牌"铸魂"》,《中国制衣》2007 年第 11 期,第 22 页。

可资借鉴,它成为时尚城市的地位是通过安特卫普 93、安特卫普橱窗展以及"时尚 2001"等大型的时尚活动以及与旅游活动相联系的时尚漫步等形式产生的。

总之,作为文化经济和区域创意产业的重要组成部分,服装产业在很多方面表现出与区域的依赖性和附属性,区域如何作为一个舞台,为时尚和设计提供发展平台是非常值得研究的问题。时尚产业体系主要由五大支撑要素构成:一是产业要素。要有较为完整的产业价值链,至少包含有附加值较高的时尚研发设计、展示发布、营销消费等主体架构环节;二是环境要素,不仅要有完善优良的城市服务体系,还要有相当的时尚发言权以及特色标志;三是人文要素,民族的文化传统、城市环境和艺术氛围都是时尚产业集群得以形成和发展的丰厚土壤;四是人才要素,要有多方参与的主体,来自世界各地的时尚名流、世界顶尖的时尚设计师、时尚品牌营销者等是时尚产业集群发展中最具活力的人才要素;五是市场要素,包括稳定的消费人群、丰富多样的时尚载体、种类繁多的时尚品牌等。此外,政府的大力支持、时尚活动的营销推广以及行业协会的作用,都是时尚创意产业发展过程中必不可少的推动因素。① 因此,在我国服装产业的转型中,区域与产业之间的互动非常重要,这也是建设服装区域品牌发展的意义之一。

艾伦·斯科特(2002)在对洛杉矶服装产业研究的基础上,建立了一份洛杉矶成为时尚中心,并与纽约、巴黎和伦敦相竞争所需要的特点的清单,其中包括:(1)一个灵活的制造基础(既有外部采购,也要在当地建立强大的制造集群);(2)当地的制造集群应在专业人员和技术密集型的基础上从事快速周转的制造工作;(3)在城市地区内的时尚培训和研究机构的密集;(4)一个以地区为基础但为世界认同的宣传和推广工具(包括时尚媒体、主要的时装周和其他的时尚活动);(5)一个强大

---

　　① 　张仁良:《发展时尚创意产业,打造国际时尚中心》,《科学发展》2010 年第 8 期,第 108 页。

的具有地区特色的因素同时不断进化的时尚和设计系统;(6)在时尚产业和地区内其他文化产业中的正式的和非正式的联系(在洛杉矶,与好莱坞的联系尤其重要)。① 这个清单对于我国目前的服装区域品牌的发展具有非常重要的借鉴意义。

---

① David Gilbert ; "From Paris to Shanghai, The Changing Geographies of Fashion's World Cities", *Fashion world cities* , edited by Christopher Breward and David Gilbert, BERG, oxford, New York, 2006, pp. 1 - 32.

第六章 北京服装区域品牌的
探索与实践

第一节 北京服装区域品牌的发展状况

北京是我国的政治文化中心,时尚在这里有着独特的色彩,北京服装区域品牌的发展与北京服装产业及城市定位紧密相关,自 2004 年北京市政府提出《促进北京时装产业发展,建设"时装之都"规划纲要》以来,北京服装产业已经逐渐向文化创意产业转变,拥有一批高附加值的设计师品牌与成衣品牌,原创设计和品牌自主创新使得北京服装区域品牌不断向前发展,并逐步显现出时尚之都的国际化形象。

一、北京服装区域品牌的发展历程

北京服装产业已有近百年的发展历史。由解放前提供服装定制生产的作坊式经营到跨入 21 世纪后的产业链整合优化,北京服装产业正逐步向产业基础雄厚、经营理念先进、科技水平领先的现代都市时尚创意产业发展。

第一阶段:纺织工业发展拉动服装业起步(1978 年至 20 世纪 80年代末)

北京服装工业在该时期开始起步,多数采用合作社的经济形式。1958 年,北京市服装技术委员会成立,初步推广服装生产加工的标准化、规范化。北京服装企业初步实现了服装工业化生产。20 世纪 60年代,北京开始发展服装出口,逐渐涉足国际服装市场。"文化大革命"

期间,服装业处于停滞不前的状态①。

改革开放初期,随着国民经济的全面发展,北京纺织工业发展迅速,棉纺、毛纺、针织、化纤、纺机、服装等行业门类均得到长足发展,形成了相当的产业规模,产品在国内国际均具有一定影响力。此时的北京服装工业也逐渐发展壮大,从 20 世纪 70 年代末到 80 年代末 10 年的时间里,北京的服装产业进入了一个新的阶段。轻工、商业、纺织、外贸等部门纷纷成立自己的服装厂,服装企业数量不断增长。到 80 年代后期,北京服装业出现了"雪莲"牌羊绒衫、"铜牛"牌针织内衣、"天坛"牌衬衫、"雷蒙"牌西服等诸多知名品牌,北京也逐渐成为北方地区一个重要的服装工业基地②。

第二阶段:企业品牌发展时期(1990 年至 2000 年)

这一时期,服装工业和零售业发展为服装企业品牌发展奠定基础。20 世纪 90 年代初,国内纺织工业出现大批亏损和倒闭,纺织工业遭遇严重困难,企业结构、产品结构等方面发生了较大变化,北京纺织工业开始逐步整合转移,到 20 世纪末,北京服装产业已初步构筑起以服装、面料、家纺装饰、产业用纺织品等为支撑的都市产业格局。此时期服装消费品需求不断增长,北京服装产销均得到迅猛发展,服装市场更是依靠北京服装产业基础得到快速增长,进而为本地服装企业提供了良好的发展空间,形成以顺义、通州、平谷等六大服装基地为代表的北京东部服装工业带。随着服装市场繁荣和服装加工业的不断成熟,服装品牌的作用也逐渐得到重视,品牌运作模式和手段也呈现出多样化发展,"顺美"、"白领"、"赛斯特"等本土服装品牌已经开始崭露头角。

第三阶段:从制造业向时尚之都的转变期(2000 年至 2005 年)

进入 21 世纪后,特别是 2001 年中国加入世界贸易组织(WTO)以

---

① 刘元风:《北京服装消费文化的变迁》,《纺织学报》2009 年第 3 期第 30 卷,第 95 页。

② 赵宵、郭平建:《北京时装产业创意发展研究》,《商业经济》2010 年第 9 期,总第 358 期,第 77 页。

后，经济全球化浪潮冲击下，传统国人的服装消费理念发生了巨大变化，在注重服装基本功能性的同时，对服装的文化、内涵有着更加个性化地追求。越来越多的国外服装品牌进入北京，并以其丰富的产品和国际化概念迅速抢占市场，这促使北京服装改变了以生产为导向的发展模式，不断加强品牌运作能力建设，强化品牌文化、时尚设计在服装业中的重要地位。

北京服装产业经过数十年的发展变革，已有一定的产业规模和品牌优势。2003年年末，全市各类服装纺织企业上千家，现价工业总产值超过130亿元。在原有铜牛、顺美、雪莲等北京品牌进一步发展壮大的同时，一批女装、休闲装、童装品牌脱颖而出，如李宁、白领、滕氏、爱慕、婷美、派克兰帝等已成为区域性知名品牌，形成明显的优势。北京年销售额过亿元的服装企业已有20多家。北京拥有为国内外著名、知名品牌建立面对中国市场或出口市场的生产要素资源条件，有利于发展劳动密集型产业①。

但同一时期，国内纺织服装产业加速向长江三角洲、珠江三角洲聚集，形成了一批纺织服装特色产业集群，杭州、虎门等地区纷纷提出建设"女装之都"、"虎门服装"等区域品牌，并大力推动时尚产业的建设，上海、大连等也提出建设时尚之都。在服装产业与区域发展的竞争压力之下，在构建现代化国际大都市的基本框架中，北京将服装产业纳入都市工业的发展规划，并逐步确立了建设"时装之都"的战略目标，明确了北京服装产业的发展方向。

2000年年底，北京市经济委员会在《2001—2005年北京服装纺织行业发展规划》中提出："力争用五到十年的时间，使北京成为名师聚集地、时装信息集散地、人才培养中心，形成和发展一批国际知名品牌，为把首都北京建成世界服装时尚中心城市奠定基础。"2003年8月，北京市经济

---

①　北京市人民政府、中国纺织工业协会：《促进北京时装产业发展建设"时装之都"规划纲要》，2004年。

委员会制定了《建设北京国际服装名城,推动北京服装产业发展的规划方案》。方案中进一步提出:"经过八到十年的努力,把北京建设成为服装服饰文化的研发中心、国内外一流设计师的聚集地、引导时尚潮流的信息集散地,逐步确立北京在全国和全世界的'服装名城'地位。"

2004 年 9 月,北京市人民政府与中国纺织工业协会共同发布了《促进北京时装产业发展,建设"时装之都"规划纲要》。其总体思路是:"北京服装产业的发展,要紧紧围绕建设现代化国际大都市的目标,以奥运为契机,以首都的文化资源和产业基础为依托,突出设计龙头,发挥品牌效应,营造时尚氛围,努力把北京建设成为引导中国服装业发展的设计研发中心、信息发布中心、流行时尚展示中心、精品名品商贸中心、特色产业集群和产业链集成中心,树立北京成为全国和世界'时装之都'的城市形象。"自此,北京服装区域品牌的发展从制造业逐渐向时尚之都转变,开始了新的历程。

第四阶段:时装之都建设逐步与文化创意产业相融合(2005 年至今)

从 2005 年起,在建设"时装之都"的战略目标引导下,北京服装产业通过重点建设设计研发等价值链高端环节,实施品牌战略和人才培养计划,提升产品附加值,增强服装产业竞争力,使时装之都建设逐步与文化创意产业相融合,服装区域品牌的建设跨入了新阶段。

北京市工业促进局于 2005 年年底制定了《北京服装产业"十一五"发展规划》,明确了北京服装产业的发展目标和发展格局,确立了到 2010 年,北京服装产业总产值突破 200 亿元的目标,并提出了促进产业链建设、促进设计研发平台建设、促进品牌工程建设、促进产业基地建设、促进市场平台建设、促进服务体系建设以及促进人才开发环境建设等建设"时装之都"的具体举措。

自 2004 年 9 月时装之都规划纲要颁布以来,时装之都的建设使北京服装产业的实力不断增强。根据 2009 年第二次经济普查公报,北京市独立核算的服装纺织企业 2780 家,资产总额 258 亿元,主营销售收入

210.1亿元,与2004年第一次经济普查相比增长了36.6％。目前销售收入3000万元以上企业近百家,其中年销售额过亿元的服装纺织企业有55家,其中5亿元以上企业10家左右,提前实现全行业"十一五"规划目标。规模以上服装企业近510户,比2004年增长114户;工业总产值比2004年增长62.9％;产品销售收入171亿元,增长49.3％;利润总额同比增长17％,服装行业利润总额同比增长22.9％,比2004年增长3.7倍①。

北京文化创意产业的发展为北京服装产业提供了重要的契机。作为一个新型产业,文化创意产业是文化、科技和经济深度融合的产物,是当代社会经济发展的重要趋势。文化创意产业的发展对于北京市调整产业结构、转变增长方式、巩固全国文化中心地位和全面落实科学发展观具有重要意义。《北京市文化创意产业分类标准》,将《国民经济行业分类》中的82个行业小类和6个行业种类纳入文化创意产业统计范围,并根据文化创意活动的特点将文化创意产业分为9个大类,即文化艺术,新闻出版,广播、电视、电影,软件、网络及计算机服务,广告会展,艺术品交易,设计服务,旅游、休闲娱乐,其他辅助服务。丰厚的文化资源不仅让北京彰显古都魅力,也使文化创意产业成为首都经济新的增长极。"十一五"时期北京文化创意产业发展迅速,已成为仅次于金融业的第二大支柱产业。2006年至2009年,北京市文化创意产业增加值年均增长21.9％。2009年北京市文化创意产业实现增加值1489.9亿元,占全市地区生产总值的12.3％,从业人员114.9万人。2010年前三个季度,北京市文化创意产业实现增加值1245.9亿元,占全市GDP比重提高到12.8％②。

北京服装纺织产业加快了产业结构调整步伐,以品牌创新和科技

① 张培华:《北京服装纺织行业协会第七届理事会工作报告》,2010年5月11日,http://www.bjct.org.cn/news.asp? id＝6278。

② 黄海:《文化创意产业成为北京市第二大支柱产业》,http://www.cnci.gov.cn/content/201129/news_61687.shtml。

创新增强产业竞争力,以文化创意产业发展引领传统产业升级,以高品质会展活动营造时尚环境,时装之都建设逐渐显现出对首都经济社会发展的独特影响力和促进作用。

二、北京服装区域品牌的发展特点

北京服装区域品牌的发展依托于北京服装产业基础与城市氛围,具有鲜明的发展特色。

(一)依托城市的文化、人才、信息传播的中心优势

1. 文化优势

北京是一座举世闻名的千年古都,是全国的文化中心,随着我国经济飞速发展,经济全球化趋势日益深入,首都北京成为中国进入世界的窗口,更是世界了解中国文化的窗口。几千年的岁月积淀,构筑了北京独特魅力的内涵。30多年的改革开放,又为北京服装产业营造了良好的国际化氛围,让北京服装产业在交流融通的兼收并蓄之中,增强了辐射四方的影响力,孕育出了崭新的富有生命力的"首都时装文化"。

北京是中华文化和东方神韵的代表,服装文化更是民族特色与文化内涵的鲜活代表。建设国际化大都市,传承中华传统文化,提升首善之都形象,北京自然地将目光汇聚在"时装"之上,建设"时装之都"更是顺应时代需求,促进北京建设创新型城市,提高创新能力,转变经济增长方式的绝佳道路。

2. 人才优势

北京的人力资源优势在全国首屈一指。北京集中了大批的大专院校、科研院所,在服装业方面拥有全国顶尖级的清华大学美术学院和实力雄厚的北京服装学院等专业学府,是培养服装著名设计师、高级技师和模特的人才基地。每年,各类院校培养研究生、本科生、高职和中专等不同层次专业人才近2000人。各大院校还通过与企业联手构建校外人才培养基地、校外学生实习基地等人才培养平台,为企业直接输送所需人才。

同时,在京的中国纺织工业协会、中国服装协会、中国服装设计师协会和中国纺织信息中心等全国专业性协会组织和机构,集中了服装界的各类专业人才和组织资源,并不断推出丰富多彩的专业活动,使北京具有丰富的人才资源和组织资源优势。北京市政府部门还启动了"北京时装之都人才培训平台建设"项目,并且通过一系列优惠政策、人才招聘活动和人才评比奖励活动,积极吸引优秀专业人才来京发展。

3. 信息传播优势

众多的纺织、服装设计、研发机构云集,使北京成为各类新工艺、新技术和流行趋势等相关信息的集散地。

时尚产业具有极强的时效性,极快的变化性以及极广的国际性,而北京作为中国的首都以及文化中心,集中了一批国内外重要的媒体资源,是全国最集中和最有影响力的媒体资源中心,《风采》、《时尚》、《世界都市》、《中国纺织报》、《服装时报》、《中国服饰报》等报刊杂志均在京编辑出版,数量居全国首位,这使北京时装界对国际时尚具有高度的敏感性;同时,北京坐拥全国最高水平和最大规模的展会资源,这决定了品牌的宣传推广和拓展客户的优势是任何城市无可比拟的[①]。

(二)强大的服装市场为服装区域品牌提供空间

1. 巨大的服装品牌聚集效应

北京巨大的市场需求空间、发达的商业设施、无可比拟的消费示范和辐射作用,吸引着国内外流行服装品牌的进入。目前这些流行的服装品牌在北京的一些大型商场,已经形成了明显的聚集趋势。北京市场潜力巨大、消费品位很高,是全球品牌企业市场营销规划中最受重视的城市之一。2009 年,北京市大型零售百货商场服装类产品销售额均超过企业全年销售的 50%,2010 年上半年北京市服装类商品实现零售

---

① 北京市经济和信息化委员会:《北京:打造"时装之都"建设世界城市》,全国纺织产业转移工作会专题报道,http://www. nsae. miit. gov. cn/n11293472/n11293877/n13504312/n13504359/13506828. html。

额 267.8 亿元,显示了北京强劲的服装品牌消费能力。根据瑞银集团的调查,北京在穿衣的花费上名列全球第 12 位,甚至高于洛杉矶和芝加哥。另外,北京是驻华使领馆和世界 500 强在华总部的主要基地,是中央政府各部门和绝大多数中央企业总部所在地。云集的高层人士的品位需求和频繁重要的政务、商务活动的需要都决定了北京服装消费紧随国际流行趋势,引领国内市场发展方向。可以说,在服装品牌市场竞争中,"不入北京,难得天下"①。

日益增长的消费需求和时尚氛围,使北京成为著名服装品牌的聚集地。这些品牌中相当一部分都设立了专卖店,并且已在一些大型商场和商业区呈明显的聚集趋势,既满足了人们对品牌商品的消费需求,也为国际和国内知名品牌企业提供了展示和销售渠道。

2. 多元的服装市场结构

随着外来时尚文化进入北京,除大众消费群体外,服装市场上形成了"精英"群体,其高端的服装需求特征将越来越明显,而大众消费群体对服装的"时尚、变化、低价"的需求特征也日益突出。北京服装市场多元化特征决定了北京多元化的品牌与多元化的销售市场。从服装批发市场,到专业服装零售市场,到高档时尚品牌专卖店,北京的服装商场层次分明,档次齐全。2009 年北京市衣着类消费品占亿元商场销售额的 60%,零售总额 496.6 亿元,比 2004 年增长 105.2%,占全市社会消费品零售额比重为 9.4%。2008 年全市服装、鞋帽、针纺织品批发零售企业总销售额 642 亿元,同比增长 11%,全市服装专业市场近百家,并涌现了大红门服装商贸区、新世纪、百荣世贸、天雅、方仕等一批具有相当经济规模的服装及原辅料专业市场。

(三)服装区域品牌的建设突出品牌与设计

北京服装产业的发展从最初开始即不在以量取胜,因此服装区域

---

① 北京市经济和信息化委员会:《北京:打造"时装之都"建设世界城市》,全国纺织产业转移工作会专题报道,http://www.nsae.miit.gov.cn/n11293472/n11293877/n13504312/n13504359/13506828.html。

品牌的建设突出产业链的高端环节——品牌和设计。

1. 品牌结构完善，突出中高端品牌的培育

北京良好的基础设施及时尚氛围使其本土品牌具有了最佳的成长环境，其集中的媒介资源、展会资源以及商业资源的优势都使北京本地服装企业相比其他地区的服装品牌具有更大的成功几率。

不同于国内一些特色服装城市，北京服装品牌产品结构完善，目前已经形成了以女装为龙头的女装、男装、运动休闲装、童装、针织装、毛纺织服装等多元化的产品类别结构。如以白领、滕氏等女装品牌；李宁等体育休闲品牌；雪莲羊绒等高档羊毛衫品牌；顺美、依文、威克多等男装品牌；铜牛、爱慕等针织服装品牌；天坛、绅士等衬衫品牌。值得一提的是，这些品牌大多定位于中高端市场，爱慕、派克兰帝、探路者等都已经成为各自细分市场中的领军企业，而这些品牌从创立到现在都仅仅在 10 年左右，而体育服装中的李宁则是在总部设立在北京后获得了令世界都为之瞩目的成长。

随着时装之都建设的有序推进，北京服装品牌企业业绩不断增长，至 2009 年年底品牌企业销售额占到全行业比重在六成以上，服装自主品牌企业持有中国驰名商标 12 件，中国名牌产品 5 个，北京市著名商标 51 件，北京名牌产品 20 余个。依文、爱慕、铜牛、雪莲、顺美、光华、京工服装等七家企业进入"2008—2009 年度中国纺织服装企业竞争力 500 强"行列。运动装"李宁"，内衣"爱慕"，童装"派克兰帝"，羊绒衫"雪莲"，户外休闲服"探路者"以及女装"白领"、"滕氏"等一批品牌在全国同类服装企业中影响力突出。北京雪莲毛纺服装集团公司、铜牛针织集团公司分别进入 2005—2006 年度中国毛纺织行业和中国针织行业竞争力十强企业；并荣获"中国纺织品牌文化优秀奖"。继白领、依文品牌分别荣获中国服装品牌风格大奖、中国服装品牌创新大奖后，派克兰帝品牌又荣获 2004—2005 中国服装品牌创新大奖。

2. 服装设计人才聚集

北京良好的服装产业氛围吸引了大批优秀服装设计人才和在国内

外大赛中的获奖者、知名设计师和时尚界人士。从存在方式来看,北京地区的服装设计师可以划分为两个主要类型:企业内部设计师和设计师工作室①。

　　北京知名的服装企业在服装设计方面都进行了大量的投入。作为国内运动装品牌的领跑者,在产品开发方面,李宁公司投资数千万元建立了亚洲一流的产品设计开发中心,引进了国际先进的开发管理机制,并聘请了国内外一流的设计师、版师以及专业的开发管理人才,在市场终端,设计所产生的作用已经显现出来了,其产品的多样性以及中国运动品牌的形象树立,不仅在全国获得了普遍的认同,更通过赞助国外的运动队,将品牌的形象和影响力扩展到国际舞台。其他知名服装企业有的形成了以国内优秀设计师形成的设计团队,如爱慕公司的设计师架构比较完善,旗下四个品牌各自有专门的设计师团队,其中"爱慕"品牌的首席设计师张虹宇先后获评 2006 年中国十佳服装设计师和 2007年中国设计业十大杰出青年;爱慕旗下的另一品牌 LACLOVER 的主设计师王海玲也获得了中国十佳服装设计师的称号。中国设计师协会内衣设计研发基地的设立,进一步加强了其可持续的品牌竞争力。②有的知名服装企业则聘请了国外的优秀设计师,其中以雪莲和顺美分别聘请意大利设计师为代表。

　　另外,众多服装设计工作室为北京服装设计提供了强大支撑。2005 年,根据北京服装纺织行业协会的统计,北京有服装设计工作室200 多家。其中,80%以上的工作室主要为中小服装企业提供设计服务;10%的工作室主要开展流行趋势研究、品牌产品设计、纹样设计、形象设计等;5%是"高级定制"工作室,分布在 CBD、中关村、电影制片厂等附近,主要为名人提供单件高级定制的设计服务,为影视剧装及其个

---

　　① 邹游:《北京服装设计师生存状态分析》,《装饰》2008 年第 7 期,总第 183 期,第16—19 页。

　　② 邹游:《北京服装设计师生存状态分析》,《装饰》2008 年第 7 期,总第 183 期,第16—19 页。

性化需求服务；其余 5％是服装设计师自创品牌，既设计又经营①。2009 年北京市设计师工作室则达到了 300 多个，设计师品牌"吉芬"作为中国自主女装品牌走出国门，进入巴黎时装周；以设计师高级定制为特色的玫瑰坊作品在各类展会和重大活动中频频亮相，显示北京服装设计已达到了一个新的水平。

（四）浓郁的时尚氛围提升了北京服装区域品牌的影响力

1. 城市时尚氛围的营建

经过多年的建设，北京的城市面貌有了很大的改观，城市建设步伐加快，向国际化大都市方向发展。消费环境有了全新的面貌：国贸、王府、东方广场、建外 SOHO、赛特等商业场所云集了世界顶级大牌的旗舰店和专卖店；遍布京城的星巴克咖啡厅，各式主题、风格的酒吧，发型、美容沙龙，健身休闲场所和顶级俱乐部的出现，表明了人们的消费与生活方式已经大为改变，追求生活品质成为更多人的共性。北京的文化活动领航全国由来已久。通过艺术展览、艺术节、研讨会和时尚论坛等形式多样的活动，为北京文化与时尚产业的发展提供了得天独厚的资源。文化活动以各大会馆为主流平台，如：中国美术馆、历史博物馆等；辅以众多独具个性的艺术文化交流场所，如 798 工厂等艺术沙龙、后海和三里屯的艺术、时尚酒吧；加上北京艺术团体、高等学府、媒体的云集，使文化的传播途径能够多角度交织错落，覆盖面和影响力极大②。

2. 打造引领潮流的时尚传播中心

北京市相关政府机构积极鼓励服装会展业在北京的发展，促进国际交流和商贸活动的进行，支持各类具有影响力的国际服装服饰博览会、国际设计师大赛、名模大赛等高档次、高水平专业会展在京举办，巩固北京作为服装专业会展中心的基础地位，培育引领潮流的时尚氛围，

---

① 北京市工业与信息化委员会、北京服装学院：《2005 北京服装产业发展白皮书》。

② 胡月：《抓住奥运契机，发展时尚产业》，《北京观察》2006 年第 2 期，第 36—37 页。

致力于把北京打造为新的国际时尚传播中心。

中国国际时装周自 1997 年创立以来,经历了 440 余场设计师和时尚品牌发布会、54 场专业大赛和 11 次中国时尚大奖颁奖盛典,已经成为中外设计师和知名品牌发布流行趋势、展示创新设计、建立品牌形象的国际化时尚舞台,也是北京时装之都建设的重要内容之一。每年的中国国际服装服饰博览会和在博览会期间举办的众多商业活动,为世界了解北京、了解中国提供了一个开放的平台。时装周体现着国际性、时尚性与文化性,包括流行趋势的发布、知名品牌的汇演、设计大赛的决赛、中国十佳服装设计师的评选——丰富的内容,给首都北京增添了时尚的气息,引导着新一季的流行,影响着人们的消费观①。

围绕"时装之都"建设举办的各类会展、活动有声有色,在国内外形成了前所未有的共识与声势。目前北京业已发展成为集聚国内外时装设计师的国际闻名的时装发布中心,每年都有大批的国内外时装设计师、时装模特和知名品牌云集北京展示最新时装或成衣作品,"时装发布"已经成为首都文化事业和时尚生活的重要组成部分。

3. 文化交流活动

各种文化交流活动以及大型赛事使北京服装区域品牌的知名度日益提升,时装之都的影响力逐渐扩大。2008 年奥运会的举办就是一个典型的例子,北京服装产业抓住奥运商机,大力提高品牌的知名度,促进北京服装产业在与国际时尚接轨中得到进一步提升。李宁品牌自创建开始就紧紧和中国体育和奥林匹克运动结合在一起,致力于民族体育品牌的开拓与创新,该品牌被选为 2008 年奥运会中国体育代表团专用领奖装备,赞助了中国跳水、体操、射击、乒乓球等 4 支金牌梦之队的奥运比赛服;同时还赞助了西班牙奥运代表团、瑞典奥运代表团、阿根廷篮球队、苏丹田径队、美国乒乓球队等多个国际团队,成为历届奥运

---

① 胡月:《抓住奥运契机,发展时尚产业》,《北京观察》2006 年第 2 期,第 36—37 页。

会中外国代表团穿着中国品牌装备最多的一届奥运会。北京服装纺织行业通过多种渠道向北京奥组委郑重推荐李宁担任 29 届奥运会开幕式主会场火炬手,点燃奥运圣火。点火 3 分钟,走完中国人的百年梦想,同时作为中国第一体育品牌曝光度得到了最大体现。2008 奥运会为世界瞩目,北京服装产业通过服装这个最为大众所接受的载体,借助与奥运有关的各项活动融汇时尚东方文化,扩大国际交流,吸引全球注目。奥运期间展现在世界观众面前的包括各项活动的演出服饰、礼仪服饰、入场服饰、参赛服饰、拉拉队服饰等等,都宣扬了时尚、文化与运动结合之美。

由北京服装纺织行业协会主办的"迎奥运　盛世中华"民族服装服饰展演活动,以服装为载体用时尚的元素充分地演绎了中华民族源远流长的文化内涵,是民族服饰文化与时尚的一次展示、推进和提升;由中国服装设计师协会举办的"奥运北京·时尚中华"系列活动,不仅宣传了奥运精神,同时也成为展示北京品牌、交流服装艺术的舞台,推进和提升了民族服饰文化的新的发展方向。由中国服装设计师协会、北京市工业促进局、北京服装纺织行业协会等单位共同主办的"人文奥运"中国概念时尚成衣设计作品发布会,吸引了 20 位时装设计师、8 家知名企业和 4 家时装院校的 140 余套设计作品参加发布,展示了中国当代时装设计水平。李宁公司承办的第五届"中国印记·2008 时尚北京之夜"晚会在第 29 届奥运会倒计时 80 天的日子里举行,让人们共同感受了"奥运与时尚"的完美结合。

第二节　文化创意产业引领下的北京服装区域品牌创新与发展

一、北京服装区域品牌发展创新

文化创意产业已成为首都经济增长的新亮点和城市形象的新符号。北京服装产业以文化创意产业为引导,全面提升服装创意水平,以创意贯穿服装产业链各个环节,进而推动产业实现升级。这一产业的转型也使北京服装区域品牌的建设在发展中不断创新。

(一)政府机构对服装区域品牌建设的导向性作用

政府机构的培育是服装区域品牌发展的关键因素,而北京服装区域品牌的提升正是在相关机构对产业的明确定位与导向之下形成的。从目前北京服装产业的发展政策来看,培育企业品牌,推广北京的整体形象与品牌,是服装区域品牌建设的一个明确方向。

1. 对服装企业品牌的多层次,多梯队的培育策略

北京市相关部门和行业协会对北京现有的服装品牌进行分类排队,将其分为三个梯队。第一梯队是已经具有比较大的美誉度有市场影响力的品牌;第二梯队是有较好影响的成长性的品牌;第三梯队是已经具备了一定的基础,而且有很好的发展潜力的品牌。对三个梯队的品牌,采取不同推进方式有重点的培育和支持。

《加强北京工业品牌建设的措施》等规划政策确立了北京服装自主品牌发展的战略方向,北京十大时装品牌评比、北京十大热销服装品牌发布作为北京"时装之都"建设的重要内容,已经成为北京"时装之都"品牌建设、繁荣商业、服务消费者的代表性活动之一。北京十大时装品牌(2006—2010 年)见表 6-1。

表 6-1　北京十大时装品牌(2006—2010 年)

年份	品牌名称
2006 年	李宁、白领、爱慕、依文、顺美、派克兰帝、雪莲、铜牛、绅士、纤丝鸟
2007 年	北京十大时装品牌:爱慕、白领、李宁、派克兰帝、绅士、顺美、铜牛、威克多、雪莲、依文、庄子
	北京十大最具潜力时装品牌:水孩儿、婷美、五木、天坛、雷蒙、杰奥、雪伦、蓝地、赛丝特、绿典
	北京时装之都贡献奖:北京服装学院、北京鹏达制衣有限公司
	知名特色时装品牌奖:木真了
	著名高级成衣定制品牌奖:红都

年份	品牌名称
2008 年	北京十大时装品牌金奖:李宁、爱慕、雪莲、依文、铜牛、白领、顺美、派克兰帝、绅士(对连续三年获得"北京十大时装品牌"的企业授予"北京时装品牌金奖")
	北京十大时装品牌:威可多、纤丝鸟、杰奥、水孩儿、庄子、天坛、赛斯特、五木、蓝地、绿典
	北京最具潜力时装品牌:雪伦、朗姿、亿都川、木真了、奥克斯特、昱璐、恺王、雷蒙、圣媛、巴比龙、宗洋、杰恩
	时装之都建设设计创新奖:格格、靓诺
	时装之都特别贡献奖:北京服装学院 　　　　　　　　　　李宁(中国)体育用品有限公司
	时装之都市场建设奖:百荣投资控股集团有限公司 　　　　　　　　　　北京鑫福海工贸集团
	百年中山装制作技艺特别贡献奖:红都
2009 年	北京时装品牌金奖:李宁、爱慕、雪莲、绅士、铜牛、依文、白领、顺美、派克兰帝、威可多、庄子
	北京十大时装品牌:纤丝鸟、水孩儿、五木、赛斯特、天坛、恺王、玫而美、杰奥、雷蒙、朗姿
	北京十大最具潜力时装品牌:蓝地、小护士、雪伦、亿都川、诺丁山、木真了、思诺芙德、红都、圣媛、绿典
	最佳设计师品牌贡献奖:谢峰
	最佳高级时装定制贡献奖:郭培
	媒体传播贡献奖:BTV生活时尚装苑
	品牌推广贡献奖:北京翠微大厦
2010 年	北京十大时装品牌金奖:李宁、白领、爱慕、雪莲、铜牛、依文、绅士、派克兰帝、顺美、威可多、庄子、纤丝鸟、赛斯特、杰奥、天坛、水孩儿、五木
	北京十大时装品牌:雷蒙、木真了、诺丁山、朗姿、玫而美、小护士、探路者、绿典、红都、蓝地、罗马世家
	北京最具潜力时装品牌:雅派朗迪、思诺芙德、宗洋、恺王、雪伦、巴比龙、圣媛、格格、亿都川、奥豹、靓诺、奥克斯特
	时装之都媒体传播贡献奖:《时尚北京》
	时装之都品牌推广贡献奖:金源燕莎 MALL
	时装之都营销创新品牌贡献奖:凡客诚品(北京)科技有限公司
	时装之都国际营销品牌贡献奖:京珠盛世服饰有限公司

注:十大时装品牌根据得分排序,在 2007 年和 2010 年出现了并列第十名,所以有 11 个品牌
　　获得了"十大时装品牌"的称号。

资料来源:作者根据北京"时装之都"网站资料整理。

2. 北京整体服装品牌推广活动

北京服装的整体品牌推广活动是建设服装区域品牌的重要措施之一。每年一度的"国际时装品牌推广周"活动,有北京十几家亿元商场协办,多场品牌的专场发布,而借助中国国际服装服饰博览会这一专业平台,从 2009 年起,以北京重点服装品牌为主,北京服装纺织行业协会连续两年推出了"北京时装之都"主题展,在展会上整体亮相,共同打响北京服装区域品牌形象。时尚北京活动已成功地举办了六届,活动始终坚持为品牌企业搭建宣传推广平台、大力营造时尚氛围的宗旨,通过作品发布、文艺表演等多种表现形式的结合,展示北京服装创意的新风采、品牌企业的新形象。爱慕、李宁、雪莲等品牌先后承办并冠名。该活动已成为推动时尚创意文化产业发展,促进时装之都建设,建立产业特色品牌的创新平台。

北京市工业促进局以及北京服装纺织行业协会等建立起以《时尚北京》、《北京服装产业发展白皮书》和《TRANSTREND 潮流报告》为主的平面信息平台;以时装之都网、中国国际服装纺织网为主的网络信息平台,既为业内企业提供了大量政策法规、市场行情、流行趋势、资源物流等方面的资讯,同时也成为企业和行业对外宣传的重要窗口,进一步扩大了北京"时装之都"建设的影响力。

与此同时,一些品牌开始走出国门,如设计师品牌"吉芬"作为中国自主女装品牌进入巴黎时装周;白领、爱慕、派克兰帝、依文、顺美、雪莲等品牌在法国的专业展会中亮相,向世界展现了北京服装品牌。各种服装时尚推广活动不但提高具体服装品牌影响,更为营造时尚氛围、提高北京服装区域品牌影响力发挥了巨大作用。

(二)服装区域品牌引导服装产业集群的创意转型

服装区域品牌的基础在于服装产业集群。产业集群的升级也将同时带动服装区域品牌的升级;反之,服装品牌的提升也会促进服装产业集群的创新与转型。这在北京服装区域品牌的建设中已经得到了逐步展现。

1. **传统加工型产业集群和商贸区的创意升级**

按照区域功能定位和现有的产业基础,北京将服装产业确定为重点发展的产业之一,并作为农村劳动力转移的现实途径,聚集服装企业,大力培育服装产业基地、服装商贸核心区,积极建设物流配送、生活设施等产业配套项目,使北京服装产业的集群效应日渐明显。北京的服装加工产业主要聚集在大兴、顺义、通州、平谷、密云和延庆 6 个区县,正在形成各具特色、功能配套的东部服装产业带。产业带内集中了 260 多家企业,产值达 83.81 亿元,占全行业的 53.05%。① 随着文化创意产业的发展以及北京时装之都的建设,这些加工型服装产业集群都在逐步进行着创意转型。

作为传统服装加工产业集群所在地的大兴区,共有服装纺织企业 600 余家,有雪莲、滕氏、威可多、派克兰帝、朗利夫、巴比龙、杰奥、杰西卡等 20 多个知名品牌,拥有 500 余名专业设计人员对自主品牌进行研发设计,年研发设计服装近 2 万套件,销售收入近 15 亿元。强大的研发队伍,知名的品牌企业,为大兴区发展高端服装时尚产业提供了良好的产业基础。通过整合资源、科学规划,大兴沿南中轴路延长线发展文化创意产业,依托文化创意产业,大兴服装产业也逐步向设计创意转型,大兴区将建设一座集服装科技研发、展示发布、生产加工、仓储物流等功能于一体的现代化服装产业园,聚集一批包括国际、国内知名品牌在内的服装生产厂家及配套企业,使大兴成为引领首都服饰潮流的"时尚之都"。② 此外,密云经济开发区、亦庄经济开发区等也都在逐步建设有特色的服装文化创意产业园,打造从服饰设计、发布、展示、新品展销到尾货销售完整的服装文化产业链。

传统服装商贸区也在进行着创意转型,丰台区大红门商贸区与 20 世纪 80 年代京南"浙江村"的形成有密切关系,一开始依托市场

---

① 《北京服装业重心转向时尚产业链》,《服装时报》2008 年 2 月 23 日。
② 《中部文化创意产业带崛起大兴》,《北京晨报》2008 年 4 月 22 日。

初步形成以服装加工贸易为主导地位的"支柱产业",到了 20 世纪 90 年代中期以后,已经具备中、低档服装贸易基地雏形。2008 年,大红门服装商贸区被北京市认定为服装服饰文化创意产业集聚区,由传统的服装加工、商贸、物流等低端产业向设计、会展、品牌培育、流行信息发布等高端产业挺进。目前,大红门地区拥有日用百货交易市场 39 家,营业面积 100 余万平方米,经营商户 2 万余家,经过二十余年的发展,逐步形成了以批发流通为主,带动产销的商品流通市场体系,构成了较大规模的服装商业圈。大红门地区服装交易量约占北京市服装总交易量的 54%,交易额约占北京市总交易额的 40%,其交易商品中约有 80% 进入三北地区。[①] 2008 年,大红门服装服饰文化创意产业集聚区启动了"CBC 服装设计师走廊"项目,建成后的设计师走廊将引进国际国内著名设计师工作室以及服装纺织品检测中心、服装院校专业培训基地等,为服装品牌企业提供全方位的服务和技术支持。

2. 新兴时尚产业聚集地的兴起

通过政府的规划引导和政策扶持,以服装创意为发展方向的创意产业园逐步建立,服装创意产业基地有效形成了对市场、企业与创意力量的成长都有利的创意研发体系,有利于北京服装纺织产业结构的调整,也加强了对现有工业资源的保护、开发和利用。北京的文化创意艺术区,给古老的北京带来了五彩缤纷的艺术创意空间,这些艺术新地标,给北京城增加了新的文化内涵。

北京国际时尚中心、大红门服装商贸区、百荣世贸商城三期、时尚岛、鹏润国际时尚交易中心、英超国际服装研发设计产业园等六家超大型服装产业基地处在不同阶段的推进之中。恒基时尚发布中心和融合体育精神创意设计的李宁体育服装研发创意中心的落成,成为北京服

---

① 张旭:《京南城将现"时装之都核心区"》,新华网,http://www. bj. xinhuanet. com/bjpd_sdzx/2009−11/09/content_18181635. htm。

装品牌企业发展、发布和推广交流的专业平台。被誉为中国北方重要面辅料基地的方仕国际轻纺城等的相继开业,充实和完善了服装产业链。

2006年12月,北京798艺术区被列入北京市第一批文化创意产业集聚区,2008年3月北京时尚设计广场、惠通时代广场以及大红门服装服饰文化创意产业集聚区被列入第二批文化创意产业集聚区,对提升北京服装设计创意的新颖性与实用性,提高北京服装产业竞争力产生了重要的推动作用。北京时尚设计广场项目建设是北京服装设计产业的一大亮点,2009年,北京市相关部门加大力度,加快推进了该项目的实施。10位著名时装设计师和30多位优秀青年设计师已入驻广场,广场还吸引了一批与时尚设计相关的知名模特经纪公司和会展设计公司。在内容上主要涵盖时装服饰设计、配饰设计、广告艺术、网络传播、创意设计、策划咨询、配套服务等。与此同时,资讯传播、职业培训、时尚会所等公共服务平台,也为更多时尚设计精英的集聚和创意提供专业环境。李宁、爱慕、嘉曼、京棉集团等文化创意产业项目,都列入了北京重点支持的文化创意产业项目。

(三)企业品牌在创意中升级

品牌是服装创意产业发展的基础之一,文化创意的融入大大提升了产品附加值,可以使得服装品牌在高端市场的争夺中更具竞争力,对品牌拓展、传播和上游价值链的延伸都起到关键性的作用。北京的众多服装品牌已经开始走向了以服装创意产业为核心的品牌发展之路。

随着文化创意产业的发展和北京"时装之都"建设的逐步推进,国内外大量服装设计创意人才不断进入,各服装品牌企业也逐渐加大对创意设计的投入,服装设计研发也在文化创意中不断提升。设计师郭培"一千零二夜"高级定制时装发布会、北京服装学院的"中山装概念"创意时装发布会、"莲裳"邹游秋冬时装发布会、白领2010春夏"幸福6号"发布会、"爱慕·绽放2010春夏发布会"等服装时尚发布会以及"白领艺术空间"、"爱慕时尚空间"、"李宁体育服装研发创意中心"、"依文

LOTUS4 设计师空间"等项目已完成;"滕氏罗兰城时尚主题公园"、"恺王国际服饰研发基地"、"嘉曼童装设计中心"、"木真了中式服装与传统文化研发基地"、"赛斯特研发设计中心"、"京棉集团文化创意产业园"等项目正在建设中,体现了北京服装品牌正在实现从"中国制造"到"中国设计"的改变。

在爱慕时尚空间的文化空间里,我们可以身临其境的体验到不同历史时期,中西方内衣文化所折射于生活中的不同感受和内衣发展在各个时期的"不同使命"。在体验空间内,宽大的三维立体视频环绕四周,仿若亲临一幕幕顶级内衣时尚发布会现场。通过强烈的视觉冲击和一个个精心制作的时尚短片,我们可以感受到自己就是顶级内衣时尚发布会的创造者或演绎者。时尚记忆空间展出了爱慕最具代表性的作品。"爱慕时尚空间"完全将创意灵感融入三维视频、实物、文字图纹和创意作品等多种形式组成的时尚文化创意空间中,体现出大色彩文化的"语言感"。爱慕坚持自己特色的品牌之路,将现代时尚与中国文化相结合,寻找各种机会和采取多种途径将中国深厚的文化底蕴源源不断地输入"爱慕"品牌之中,让其迸发中国神韵,让神秘的内衣文化被中国女性所认知、所接受,这是爱慕所要完成的使命。2002 年"爱慕·敦煌"大型主题内衣发布会,第一次将中华文化与现代内衣时尚融会贯通,引发全新的时尚品牌文化新概念。2003 年推出"在禁锢与释放之间"大型主题内衣文化展,把百年内衣文化历史用直观的方式展示给大众,在品味内衣、历史、紧身衣、电影、科技、品牌的同时,向广大消费者普及了鲜为人知的内衣文化知识。2005 年爱慕"新丝绸之路"不仅拉开了北京欲为时装之都的演出序幕,也让中国品牌内衣专业发布会第一次进入主流时尚舞台。同年,爱慕在中国国际时装周上举行了国际内衣流行趋势的发布。特别是 2006 年"爱慕·美丽中国行"全面铺开内衣文化工程,在全国掀起"内衣艺术视觉体验"。经过多年的努力,爱慕已经成为中国内衣行业的领军品牌。作为中国内衣产业的一员,主动地承担起了一个品牌的责任,努力开拓和打造产业升级的空间,将内衣行业带入服装产业的主流门槛①。

二、北京服装区域品牌的发展对策

自 2005 年以来,北京市通过支持服装产业结构升级整合,着力培育时尚氛围,提高服装品牌文化内涵,增强对时尚市场的扶持引导等手段,积极推动服装区域品牌的发展,并始终坚持以"文化创意"为内在动力,以"服装设计"为突破点,服务"时装之都"建设稳步推进。

2010 年,北京市人民政府提出建设"世界城市"的目标,根据北京市政府 2010 年 1 月发布的《政府工作报告及计划报告、财政报告名词解释》,"世界城市"是指国际大都市的高端形态,对全球的经济、政治、文化等方面有重要的影响力。其具体特征表现为国际金融中心、决策控制中心、国际活动聚集地、信息发布中心和高端人才聚集中心。建设时尚城市,其内涵就是把北京打造成时尚、文化、历史和创意的结合体,对世界潮流起到引导和带动作用,因此,时尚城市的建设也是北京建设世界城市的重要环节之一。

经过五六年的快速发展与产业结构调整升级,北京服装区域品牌在品牌文化内涵、时尚创意能力、品牌营销手段等方面的建设已经取得一定成绩,为促进北京服装产业发展和国际"时装之都"建设起到积极推进作用。但是北京服装区域品牌在服装品牌集群化、区域品牌影响力、专业人才队伍体系建设等方面还存在着很大发展空间。从时尚城市的影响力来看,北京还无法与世界主要的时尚之都相媲美。北京与世界时尚之都的差距在哪里,在现有的文化创意产业发展的背景下,如何找到一条加快北京服装区域品牌建设的途径是非常值得研究的问题。

(一)设计师品牌、成衣品牌齐头并进

根据《北京市文化创意产业分类标准》,时装设计属于文化创意产

---

① 赵宵、郭平建:《北京时装产业创意发展研究》,《商业经济》2010 年第 9 期,第 78 页。

业九大类中的第七类——设计服务。因此，对于服装设计的投入是发展服装区域品牌的必要措施。

1. 新锐设计师品牌

服装产业，尤其是融入创意文化产业的服装设计需要年轻、优秀、有想法的新锐设计师贡献力量，年轻设计师的持续流入可以使整个北京服装产业受益。本土新晋设计师受到欧美服装产业影响，往往希望通过自己设计、生产的服装受人赏识、开始职业生涯，并自己创立服装品牌。设计师会对自己的服装进行整体掌控与主题设定，自行完成与设计相关的一系列工作后，往往需要制作与制造商的支持，并且自行运作品牌进入市场对于他们来说风险重重，这就需要政府或行业协会介入，作为协调方，扶持新晋设计师品牌孵化成长。

(1)针对其特点给予相应支持

设计师品牌服装具有量少款多的特点，由于资金有限，很多设计师往往不愿意自己建立制作工作室，作为协调方应给予相应的配套支持。一是可以联络生产商，在生产商那里建立一条特定流水线或制作室，为北京设计师品牌服务。或者在设计师品牌较多的时尚广场或创意园中集中设立服装制作工作室，像某些地区创立的前店后厂的形式，设计师负责各自品牌的设计及面料，由统一服装制作工作室完成缝制工作，这样能够减轻小品牌的负担及运作成本，避免不必要的浪费。

基于公正与互信的原则，协调方可以提供设计师品牌与成衣品牌商接触的机会。设计师可以对其设计专利进行有偿转让，成衣品牌商可以利用其市场资源与人力资源等作为投资，帮助设计师品牌实现初期经营与拓展，或双方合作，共同将设计师品牌市场化。

(2)聚焦"Design in Beijing"形象，统一对外宣传

为了助推本土设计师品牌的发展，帮助区域品牌升级，协调方应该考虑将原创设计进行推广，譬如在时尚广场或创意园设立设计师走廊，在商场中设立设计师空间等，专门销售个性化、小众化的设计师品牌商品，也可以开展定制等业务。

同时，应将"北京设计"这一整体形象进行素质包装，并对外积极宣传，可以在外省市主要流通渠道设立"北京设计形象店"，用于展示北京服装设计师的作品，也可以将其作为商品销售，有助于北京服装区域品牌的宣传推广。

2. 高级定制

（1）高级定制品牌重点扶持

高级定制是身份与地位的象征，讲究为客人的特殊需求而单独设计、裁剪、纯手工制作，精益求精，打造专属个人的尊贵感，是服装领域中唯一可以不计成本彻底追求完美的方式。高级定制能够代表某一地域服装设计的最高水平。中国高级定制第一人郭培和她的玫瑰坊总部位于北京市朝阳区，她和她的服装以及 GUOPEI 高级时装发布会已经成为北京文化创意产业中不可或缺的一部分，同时也为北京服装区域品牌的发展添上了浓重而亮丽的一笔。政府应从各个方面对高级定制进行保护及扶持，同时，在区域品牌的宣传中也可以重点强调，以打造在文化创意产业影响下的北京区域品牌新形象。

（2）鼓励高级成衣品牌发展

与高级定制不同，高级成衣是使用一定程度的高级时装制作技术，按照标准型号生产的小批量成衣时装。北京服装业的品牌发展已经进入了提速阶段，也有资格有能力有基础以全球化的思路去谋划原创品牌腾飞之路，为了提升北京服装区域品牌的整体形象，增强北京在服装业界的号召力，北京需要鼓励发展高级成衣品牌，使之逐渐成为北京服装产业的代表性品牌，以其流行的触觉推动北京时尚力的兴起。政府和行业协会可以举办相应展会、制定相应的政策帮助其健康有序的成长。

3. 成衣品牌

北京的成衣品牌在工业制造及市场销售等方面都取得了非常优异的成绩，并在整个市场中展开了有序的竞争，各自也形成了较完善的商业运作体系，北京服装品牌群是服装区域品牌建设中不可或缺的一环。

（1）进一步加强网络信息化建设

网络信息化建设不应该仅服务于企业内部，支持企业内部各部门运作的系统联合，同时要将消费者反应、消费者心理和行为特征纳入其中，深度挖掘目标市场主要消费群体的时尚需求。因为北京服装市场日益成熟，消费者已经走出对于国际时尚潮流的盲从，开始在清晰了解自己的基础上，根据自己的特点，消费服装的选择也更加多样和自主。让企业真正做到从市场出发，从消费者出发，根据其喜好等特征设计、生产、销售服装，在提高北京服装品牌竞争力的同时，更好地引导服装市场的发展。

（2）以品牌集群优势吸引强势品牌进入

北京优秀的成衣品牌通过资源优化配置整合，影响力正在逐步增强，并且已经形成了具有一定规模的品牌集群。政府为北京服装品牌企业提供了相当良好的产业支撑体系，如时尚信息汇集平台、人才交流平台、配套金融服务、专业的投融资机构、传媒策划、平面设计以及信息化、互联网的建设等等。北京应以此为基础，依靠北京经济的凝聚力和国际大都市的市场引力，凝聚吸引不同地域的投资者及品牌商，在形成多元时尚文化的同时，不断壮大北京服装品牌群，推进北京服装区域品牌继续向前发展。

（二）以文化注入灵魂，以 CHIC 引爆时尚，点燃城市热情

从前面介绍的各个地区服装区域品牌的培植过程中能够看出，各地的文化都成为其区域品牌发展的灵魂，尤其是纽约、伦敦、洛杉矶等地，全面、多方位地将城市文化融入区域品牌发展，能够使区域品牌更具个性。

1. 融合城市文化，增加区域品牌差异性

作为国际大都市，北京的文化包容性极强，不仅拥有数千年深厚的文化底蕴和异彩纷呈的传统文化，也融合了各具特色的现代文化，两者有机地融合在一起，形成的独特文化才是北京服装区域品牌发展的灵魂。有了灵魂的躯体是有朝气的，有了文化的区域品牌才更具发展潜力，依托深厚文化底蕴，形成具有北京特点的服装产业链条，才能使北京服装区域品牌具有鲜明的区隔性。

2. 提高服装展会的专业性和影响力

应努力吸引更多的国外服装业内人士和零售业买家参展,在提高服装服饰博览会专业性的基础上,同时适当扩大其服务领域,不仅对各式成衣品牌进行宣传推广,还应考虑高级成衣品牌推广、服装行业高端人才推介、北京服装区域品牌整体形象展示等内容,使博览会内容更加丰富、全面。政府可以有倾向性的培育具有竞争力的大型服装展览集团,鼓励这些集团公司占领并进军国际市场,扩大经营服务范围,参与国内外展的竞争,吸收先进经验。

3. 增加信息曝光率和推介力度

为了增强北京服装区域品牌的影响力,政府、行业协会应鼓励北京服装品牌在国内及世界各地进行展示,以北京服装品牌整体形象或品牌商各自形象参加各类服装展会,加大对北京服装品牌及区域品牌的宣传推介力度,政府还可考虑对企业相关推广活动给予广告、网站、参展等方面的补贴和协助。同时,政府部门应该积极发挥其协调作用,对各品牌资源加以整合、包装,提高区域品牌各类信息的曝光率,借此提高区域品牌的美誉度。

(三)提升时尚艺术氛围,掌握时尚话语权

要想成为时装中心的国际时尚大都市,还需要高素质的城市居民,各式各样的文化生活以及敏锐的时尚意识,北京在提升服装区域品牌的前进道路中,应重视普通市民艺术感和审美能力的提高,同时通过各式各样的文化活动营造城市的艺术氛围。

1. 以时尚、文化引导生活

时尚氛围的塑造需要每一位市民的亲身参与,人们的文化内涵,人们的消费理念,人们对于时尚的认可都会大大促进北京的服装市场消费,继而推动北京服装产业的迅速发展。政府、行业协会可以利用文化创意产业园、时尚广场,甚至是社区街道举办各式各样的活动,例如探讨品牌消费与着装文化、围绕文化、个性、消费等关键词策划的宣传讲解、设计师和品牌故事的宣传窗等等。北京更要发挥其文化中心的优势，将老北京的传统文化及艺术形式展现给普通市民，同时将西方的时装、绘画、建筑、戏剧等引入北京，使之为北京市民所理解、欣赏，这对于北京城市文化的提升大有帮助。

2. 加强与传媒之间的互动

在现今的信息时代，媒体的重要性与日俱增，它能够带来世界各地的时尚信息及服装潮流，同时也能够将我们的成就传播出去。政府、行业协会、品牌商应增加与媒体间的互动，请媒体利用它们的优势与便利为我们带回最新的资讯，以便行业、企业学习。北京各类时尚媒体也应充分认识到自己是服装产业中紧密的一环，是北京服装区域品牌建设的一员，只有这样才能主动地对相关信息进行正面积极的报道。

3. 与其他文化活动相融合

政府、行业协会、北京顶尖时尚栏目联手，制作北京服装品牌系列介绍栏目、北京服装区域品牌整体形象宣传片，借此展示北京的时尚产业。

借中国国际服装服饰博览会（CHIC）之机，创办时尚旅游等活动，将展会、服装服饰博物馆、文化创意产业园、时尚广场、服装品牌企业创意艺术空间、时尚消费场所有机地整合在一起，集中地向外展示北京的时尚形象，借此带动北京服装区域品牌的魅力提升。

（四）凝聚人才优势，以知识资本带动品牌发展

无论是服装产业还是品牌建设，人才都是决定性因素。服装企业一定要注重人才的引进、培养和使用，从人才战略的角度开展高层级竞争，才能帮助企业进一步壮大，从而使得北京服装区域品牌得到发展、提升。依据北京服装行业的发展，品牌商需要的多是企划、管理、设计、营销等人才，企业应注意合理引入人才，优化人才结构。

1. 引入紧缺人才

合理引进人才有助于北京服装集群与国际、国内时尚城市、地区的交流与互动，同时对于企业存在的薄弱环节和实际问题，应实现多种方式并举的人才引进战略，这样能够较快解决企业的设计、营销管理等问

题。譬如依托北京地区具有影响力的设计大赛发掘人才,依靠服装展会凝聚人才或与专业院校、培训机构对接培养人才等方式。

2. 培养专业人员

根据品牌发展模式,重点培养服装品牌设计人员、营销推广人员、管理人员、具有品牌营销知识、适合国际市场竞争的复合型专业人才,进一步提升高级技术人员(包括样衣师、工艺师、制版师)的专业技能,同时能使人才队伍的结构更加完整。同时,可以联合服装大专院校,鼓励企业给予学生实践机会,发挥企业魅力,吸引学生进入企业工作。在凝聚人才、提升企业员工就业能力的过程中,可推出技能比赛等多形式的奖项,对优秀人才进行表彰和鼓励,加大宣传力度,使优秀人才、创新人才尽快脱颖而出。对于普通从业人员,可以开展职业教育培训,依托高校资源或利用社会力量,开办多层次、多主题的长、中、短期培训课程,加强服装从业人员的素质和技能。

3. 设立人才信息库

行业协会应建立相关的人才数据库,包括专业院校的毕业生信息、各企业需要的专业人才信息、相关专业网站上的人才信息等等,以便为企业提供更为适用的中介服务。

北京服装区域品牌的发展应以高端化为目标,在文化创意产业发展的积极引导下,通过大力开展各种时尚活动,促进企业品牌的创意升级与设计师品牌的提升,并有机地将中国传统文化精华与世界优秀文化融合,依托有中国特色的文化底蕴,培养一批富有创造力的时装设计师,打造一批世界级时装品牌,形成具有北京文化特点的时装设计、生产与销售的时装产业链条,才能将北京建设成为具有中国文化特色的世界时装之都①。

---

① 杨莉:《资本、创意、时尚联手创造时装之都》,《中国服饰》2010 年第 10 期,第 70—71 页。

参考文献

1. ［美］Allen J. Scott：《城市文化经济学》，董树宝、张宁译，中国人民大学出版社 2009 年版。

2. 陈国强：《宁波服装业发展的战略构想》，《宁波经济：财经观点》2002 年第 2 期。

3. 陈国强：《中国服装产业蓝本寓言——宁波服装观察》，中国纺织出版社 2008 年版。

4. 陈国强：《宁波打造一流的中国服装产业园》，《今日浙江》2002 年第 21 期。

5. 陈秋红、赵瑞安：《区域品牌的特性与发展策略》，《商业时代》2008 年第 13 期。

6. 陈丽芬：《我国集群品牌的管理》，《管理学家》2008 年第 1 期。

7. 查志强：《都市型产业集群研究——以杭州女装产业集群为例》，《上海经济研究》2006 年第 1 期。

8. 蔡建、张瑞：《宁波服装区域品牌发展的 SWOT 分析》，《中外企业家》2006 年第 4 期。

9. 陈珂：《锐意创新，战略发展——深圳服装产业打造时尚创意高地》，《时尚北京》2010 年第 4 期。

10. 蔡伟琨：《关于自发型产业集群构建区域品牌策略的研究》，《企业活力》2009 年第 7 期。

11. 陈江：《"上海内衣"千呼万唤难出来》，《中国纺织报》2005 年 1 月 11 日第 5 版。

12. 董有华：《我国近代服装之源——宁波红帮裁缝》，《今日浙江》2001年第6期。

13. 邓宇鹏：《虎门服装品牌的发展路径、原因与未来趋势》，《东莞理工学院学报》2007年第12期。

14. 范明辉：《文化创意产业的环境研究》，浙江大学硕士学位论文2008年。

15. 龚双红：《试论产业集群竞争力的培育》，《求实》2007年第3期。

16. 顾庆良、丁卓君：《文化如何为区域品牌"铸魂"》，《中国制衣》2007年第11期。

17. 顾庆良：《政府的有为与无为》，《中国制衣》2007年第11期。

18. 古赞歌：《基于产业集群的杭州女装业问题分析》，《经济论坛》2006年第12期。

19. 郭黎阳：《2009年上海纺织服装经济运行简析》，《纺织服装周刊》2010年4月5日。

20. 葛姬华：《宁波诞生国内首家服装博物馆》，《今日浙江》1998年第19期。

21. 郭鹏洲：《基于产业集群的福建区域品牌建设初探》，《价值工程》2009年第5期。

22. 《杭派一个政府主导的区域品牌模本》，《中国制衣》2007年第11期。

23. 贺赛龙：《基于产业集群的宁波服装产业国际竞争力研究》，《当代财经》2005年第4期。

24. 洪文生：《区域品牌建设的途径》，《发展研究》2005年第3期。

25. 胡月：《抓住奥运契机，发展时尚产业》，《北京观察》2006年第2期。

26. 纪峰：《区域品牌的构成要素和重要作用》，《中国产业集群》第3辑，中国机械出版社2005年版。

27. 蒋廉雄、朱辉煌、卢泰宏：《区域竞争的新战略：基于协同的区域品牌资产构建》，《中国软科学》2005 年第 11 期。

28. 贾亦真：《服装品牌要靠文化创意从"中国制造"到"中国创造"》，《中国文化报》2006 年 7 月 24 日第 6 版。

29. 吉庆华：《产业集群与区域品牌生成机理研究》，《人民论坛》2009 年第 17 期。

30. 林风霞：《后危机时代中国纺织服装产业转型升级的障碍、路径与对策探析》，《纺织导报》2010 年第 3 期。

31. 刘光宇：《杭州丝绸女装走多元化设计之路》，《中国商界》2010 年第 4 期。

32. 《冷思考：政府主导是否会惯坏企业》，《中国制衣》2007 年第 11 期。

33. 芦茵：《中国服装产业集群呼唤区域品牌》，《服装时报》2009 年 7 月 27 日。

34. 刘丽、张星：《宁波服装产业集群发展影响因素分析》，《西安工程科技学院学报》2006 年第 20 卷第 3 期（总 79 期）。

35. 李璠、王跃龙：《深圳女装为何在北京市场傲立潮头》，《时尚北京》2008 年第 8 期。

36. 老谢：《服务无极限　记深圳市服装行业协会秘书长沈永芳》，《纺织服装周刊》2007 年第 24 期。

37. 乐正：《深圳市六区文化创意产业 2009 年发展情况与 2010 年发展思路，深圳蓝皮书——深圳与香港文化创意产业发展报告[2010]》，社会科学文献出版社 2010 年版。

38. 罗俊钦：《最好的面料就在 première vision 展》，《中国纺织》2006 年第 12 期。

39. 李新权：《基于产业集群的区域品牌相关问题分析》，《中国产业集群》2005 年版。

40. 李世杰、李凯：《区域品牌建设对策研究》，《中国经济评论》

2004 年第 11 期。

41. 李新权:《基于产业集群的区域品牌相关问题分析》,机械工业出版社 2005 年版。

42. 李明武:《产业集群打造区域品牌》,《中华商标》2008 年第 4 期。

43. 厉无畏、王慧敏:《创意产业促进经济增长方式转变——机理、模式、路径》,《中国工业经济》2006 年第 11 期,总第 224 期。

44. 吕洁:《时尚创意产业:上海经济转型的战略引擎》,《中国市场》2010 年第 35 期,总第 594 期。

45. 刘元风:《时间和空间,我们离世界服装品牌还有多远》,中国纺织出版社 2009 年版。

46. 刘元风:《北京服装消费文化的变迁》,《纺织学报》2009 年第 30 卷第 3 期。

47. 刘冰:《纽约市服装区的创新能力及对我国产业集群升级的启示》,《中小企业管理与科技》2009 年 9 月下旬刊。

48. 刘朗:《时装品牌跨界家居成潮流　Esprit 开设中国家居店》,《新京报》2010 年 2 月 5 日。

49. 孟杨:《上海服装:复兴亦或重生?国际服装品牌经营中心之路或许更辉煌》,《纺织服装周刊》2006 年第 31 期。

50. 孟杨:《树大好招风　虎门服装交易会孵化区域品牌》,《中国纺织》2003 年第 12 期。

51. 毛立辉:《区域品牌靠什么走向世界》,《中国纺织》2003 年第 6 期。

52. 倪焱平:《基于博弈论的区域产业品牌培育途径及主体问题探讨》,《经济前沿》2008 年第 2 期。

53.《宁波服装:蹒跚的大象之舞》,《中国制衣》2007 年第 9 期。

54.《宁波叫响"服装名城"》,《宁波经济》2009 年第 12 期。

55. 潘坤柔:《培育区域品牌　加速中国服装业的发展》,《江苏纺织》2000 年第 8 期。

56. 全清、杨晓芹:《区域产业集群品牌理论研究梳理及评论——基于广东学者研究文献的考察》,《经济前沿》2008 年第 12 期。

57. 宋永高:《"孔雀"缘何东南飞,透析区域品牌的"马太效应"》,《中国制衣》2007 年第 11 期。

58. 孙丽辉、毕楠、李阳、孙领:《国外区域品牌化理论研究进展探析》,《外国经济与管理》2009 年第 31 卷第 2 期。

59. 孙丽辉、盛亚军、徐明:《国内区域品牌理论研究进展述评》,《经济纵横》2008 年第 11 期。

60. 孙丽辉:《基于中小企业集群的区域品牌形成机制研究——以温州为例》,《市场营销导刊》2007 年第 3—4 合期。

61. 孙海燕:《营造时尚产业链》,《21 世纪商业评论》2006 年第 5 期。

62. 申香英:《印象·杭州·设计》,《纺织服装周刊》2008 年第 24 期。

63. 丝之人:《四界联动推动杭州丝绸业发展》,《纺织服装周刊》2009 年第 11 期。

64.《数读 2009:杭州文化创意产业发展现状大盘点》,《杭州科技》2010 年第 5 期。

65. 孙艳兰:《杭州女装"十年计划":世界级大师和全球市场》,《观察与思考》2007 年第 15 期。

66.《深圳特色:女装之都的未来》,《中国服饰》2010 年第 6 期。

67. 沈鹏熠、郭克锋:《基于产业集群的区域品牌建设——模式、路径与动力机制》,《特区经济》2008 年第 6 期。

68.《深圳女装打响区域品牌知名度》,《深圳特区报》2009 年 11 月 10 日。

69. 孙菊剑:《服装品牌延伸的势能法则》,《销售与市场·营销版》2009 年第 34 期。

70. Sharon:《同心协力创建的时装之都 Made in Antewerp》,《明日时尚》2010 年第 3 期。

71. 谭志强:《虎门服装打造名牌战略》,《中国制造信息化》2006 年第 9 期。

72. 唐玉生、李叶义、廖少光:《广西区域品牌建设研究:以工业为例》,《广西民族大学学报(哲学社会科学版)》2009 年第 2 期。

73. 杨建梅、黄喜忠、张胜涛:《区域品牌的生成机理与路径研究》,《科技进步与对策》2005 年第 12 期。

74. 涂山峰、曹休宁:《基于产业集群的区域品牌与区域经济增长》,《中国软科学》2005 年第 12 期。

75. 王哲:《产业集群、区域品牌与区域经济转型》,《商业时代》2007 年第 21 期。

76. 吴传清、刘宏伟:《区域产业集群整体品牌的名称术语规范研究》,《中国经济评论》2008 年第 8 卷第 1 期,总第 74 期。

77. 魏俊:《试析杭州女装产业发展形成的原因》,《浙江树人大学学报》2005 年第 5 卷第 3 期。

78. 吴传清、李群峰、朱兰春:《区域产业集群品牌的权属和效应探讨》,《学习与实践》2008 年第 5 期。

79. 魏明:《宁波服装企业多元化经营战略分析》,《三江论坛》2008 年第 7 期。

80. 王跃明:《我国服装产业文化创意研究》,中南大学硕士学位论文,2008 年 5 月。

81. 王继晟:《杭州倾力打造女装之都》,《市场报》2002 年 3 月 26 日第八版。

82. 王美绒:《宁波服装:弄潮十载能否续写辉煌》,《中国制衣》2006 年第 12 期。

83. 吴茗:《深圳服装行业推行"五名"战略》,《中国对外贸易》1999 年第 5 期。

84. 温佩佩、黄飞:《产业集聚与对外贸易——基于宁波服装产业的实证分析》,《经济论坛》2008 年第 6 期。

85. 王翔生:《深圳女装靠什么飘红全国》,《中国制衣》2005 年第 5 期。

86. 王缉慈等:《创新的空间——产业集群与区域发展》,北京大学出版社 2005 年版。

87. 王缉慈:《产业集群家族又添"创意"新成员》,《纺织服装周刊》2008 年第 16 期。

88. 夏曾玉、谢健:《区域品牌建设探讨——温州案例研究》,《中国工业经济》2003 年第 10 期。

89. 晓斋:《上海服装市场分析》,《上海商业》2005 年第 12 期。

90. 薛青:《宁波服装产业集群现状分析及发展对策》,《经济论坛》2005 年第 8 期。

91. 徐明亮:《宁波市文化创意产业集群发展研究》,《经济丛刊》2010 年第 1 期。

92. 熊爱华、汪波:《基于产业集群的区域品牌形成研究》,《山东大学学报哲学社会科学版》2007 年第 2 期。

93. 熊爱华:《基于产业集群的区域品牌培植模式比较分析》,《经济管理》2008 年第 16 期。

94. 熊爱华:《基于产业集群的区域品牌培植模式比较分析》,《经济管理》2008 年第 16 期。

95. 邢伟:《宁波红帮营销理念存在的问题及对策》,《浙江工商职业技术学院学报》2003 年第 2 卷第 4 期。

96. 解学梅、曾赛星:《基于创新价值链的集群区域品牌模式构建》,《现代管理科学》2008 年第 12 期。

97. 杨丹萍、温佩佩、曾洁:《产业集聚与对外贸易:基于浙江服装产业的实证分析》,《宁波大学学报(人文科学版)》2009 年第 22 卷第 3 期。

98. 杨度:《盛世骄阳？落日斜阳？我眼中的区域品牌》,《中国纺织》2007 年第 3 期。

99. 杨度:《两种视角看中国服装区域品牌变迁》,《中国制衣》2007 年 11 月。

100. 袁欣、许楠:《我国纺织服装业发展历程与现状分析》,《经济研究导刊》2010 年第 14 期,总第 88 期。

101. 俞丹桦:《宁波市服装出口现状与发展趋势》,《中共宁波市委党校学报》1998 年第 1 期。

102. 亦闻:《深圳服装业高速发展探秘》,《纺织服装周刊》2007 年第 24 期。

103. 杨雪:《创意产业与北京时装业发展研究》,北京服装学院硕士论文,2009 年 12 月。

104. 姚颖:《安特卫普:城市发展的"刚柔"之道》,《21 世纪商业评论》2006 年第 5 期。

105. 于永慧:《时尚之都——虎门服装产业集群变迁》,广东人民出版社 2008 年版。

106. 亦闻:《深圳服装业高速发展探秘》,《纺织服装周刊》2007 年第 24 期。

107. 尹生:《深圳 VS 杭州:谁是"中国女装之都"》,《CO. 公司》2004 年第 3 期。

108. 杨以雄、刘君、李春英:《服装创意产业园区规划与建设探析》,《纺织学报》2010 年第 31 卷第 6 期。

109. 杨莉:《资本、创意、时尚联手创造时装之都》,《中国服饰》2010 年第 10 期。

110. 曾焱:《安特卫普,以时尚的名义思想》,《三联生活周刊》2009 年第 6 期。

111. 张京成:《中国创意产业发展报告（2007）》,中国经济出版社 2007 年版。

112. 张晓军:《文化创意产业的概念、特质与发展关键》,《安徽电子信息职业技术学院学报》2006 年第 6 期。

113. 周华:《文化是服装品牌的灵魂》,《光明日报》2007 年 4 月 8 日。

114. 张振鹏、王玲:《我国文化创意产业的定义及发展问题探讨》,《科技管理研究》2009 年第 6 期。

115. 子睿:《助推产业发展——深圳市服装行业协会经验介绍》,《中国服饰》2007 年第 2 期。

116. 张辛可:《杭州女装以文化为核心竞争力的研究》,《中国服饰报》2005 年 4 月 18 日。

117. 郑潞茜:《杭州女装品牌的现状分析及品牌提升的对策研究》,《商场现代化》2007 年 10 月,总第 517 期。

118. 张瑞、徐明:《上海纺织产业在创新中实现产业结构向现代纺织转型》,《中国上海》2007 年第 3 期。

119. 张孝辉:《借文化创意产业发展,助上海城市形象》,《东华大学学报(社会科学版)》2009 年第 9 期。

120.《专业展会的定位回归——由宁波国际服装展引发的逆向思考》,《中国纺织》2007 年第 11 期。

121. 周凌:《虎门服装产业集群的发展战略思考》,《山东纺织经济》2007 年第 4 期。

122. 张杰:《区域品牌成长轨迹》,《中国中小企业》2007 年第 9 期。

123. 张屈征、张月华、贾继荣:《区享品牌的产权特点与政府作用》,《经济师》2003 年第 8 期。

124. 赵广华:《我国产业集群品牌提升的政府促导机制》,《财贸经济》2007 年第 5 期。

125. 张日波:《产业集群区域品牌的发展建议》,《滨州职业学院学报》2007 年第 3 期。

126. 周胜:《EACHWAY(艺之卉)创意产业的践行之三　传统服

装产业的创意升级》,《北京服装纺织(时尚北京)》2008 年第 3 期。

127. 张仁良:《发展时尚创意产业,打造国际时尚都心》,《科学发展》2010 年第 8 期。

128. 赵宵、郭平建:《北京时装产业创意发展研究》,《商业经济》2010 年第 9 期,总第 358 期。

129. 邹游:《北京服装设计师生存状态分析》,《装饰》2008 年第 7 期,总第 183 期。

130. Allyson Bailey-Todd, Molly Eckman and Kenneth Tremblay:"Evolution of the Los Angels County Apparel Industry", *Journal of Fashion Marketing and Management*, Vol. 12, No. 2,2008.

131. Allen J. Scott:"Competitive Dynamics of South California's Clothing Industry: The Widening Global Connection and its Local Ramification", *Urban Studies*, Vol. 39, No. 8,2002.

132. Cecilia Pasquinelli: " Place Branding for Endogenous Development. The Case Study of Tuscany and the Arnovalley Brand", *Regional Studies Association International Conference "Understanding and Shaping Regions:Spatial,Social and Economic Futures"*,Leuven,Belgium 6th and 8th,April 2009.

133. Frederick H. Abernathy, Anthony Volpe, and David Weil: "The Future of the Apparel and Textile Industries:Prospects and Choices for Public and Private Actors", *Harvard Center for Textile and Apparel Research Version*, December 22, 2005, http://www. hctar. org/pdfs/GS10. pdf.

134. Fiscal Policy Institute, NYC's Garment Industry, A New Look,August,2003.

135. Florence Palpacuer:"Subcontracting Networks in the NYC Garment Industry:Changing Characteristics in a Global Era from

Free Trade and Uneven Development: the North American Apparel Industry after NAFTA, 2002.

136. Grunsven, L. and Smakman, F. : "Competitive Adjustment and Advancement in Global Commodity Chains I. Firm Strategies and Trajectories in the East Asian Apparel Industry", *Singapore Journal of Tropical Geography*, Vol. 22, No. 2, 2001.

137. Jansson Johan and Power Dominic : "Fashion a Global City: Global City Brand Channels in the Fashion and Design Industries", *Regional Studies*, 19 February 2010(I First).

138. Javier Gimeno Martinez: " Selling Avant-garde: How Antwerp Became a Fashion Capital (1990—2002)", *Urban Studies*, Vol. 44, No. 12, November 2007.

139. Kavaratizis Mihalis: "Branding the City through Culture and Entertainment", *AESOP* 2005 *Conference July* 2005, *Vienna, Austria*.

140. Kotler, P. Gertner, David: "Country as Brand, Product and Beyond: A Place Marketing and Brand Management", *Journal of Brand Management*, 2002, 9 (4—5).

141. Kilduff, P. : "Evolving Strategies, Structures and Relationships in Complex and Turbulent Business Environments: the Textile and Apparel Industries of the New Millennium", *Journal of Textile and Apparel Technology and Management*, Vol. 1 No. 2, 2001.

142. Los Angels County Economic Development Corporation: The Los Angels Area Fashion Profile, December 2003, http://www. laedc. org/reports/fashion—2003. pdf.

143. Melissa L. Jakubauskas, Elena Karpova: "The Future of the Los Angeles County Apparel Industry in the Post-Quota Era", *International Textile and Apparel Association, Inc. ITAA Proceedings*, ♯66, 2009.

144. Norma M. Rantisi:"How New York Stole Modern Fashion, *Fashion's World Cities*, edited by Christopher Branward and David Gilbert,BERG,OXFORD,New York,2006.

145. Norma M. Rantisi: "The Ascendance of New York Fashion", *International Journal of Urban and Regional Research*, Volume 28. 1 March 2004.

146. Norma M. Rantisi: "The Local Innovation System as a Source of Variety: Openness and Adaptability in New York Ctiy's Garment industry",*Regional Studies*,2002(36:6).

147. Strengthening NYC's Fashion Wholesale Market: 2009 NYCEDC Study Fashion Industry Report.